American Chica

DOS MUNDOS, UNA INFANCIA

American Chica

DOS MUNDOS, UNA INFANCIA

MARIE ARANA

Traducción de Margarita Luna

RANDOM HOUSE ESPAÑOL™

New York

Primera edición en español de Random House Español, 2003

Para proteger su privacidad, se han dado nombres ficticios a algunos personajes que aparecen en esta historia. Son los siguientes: Juan Diaz, Pepe Canales, Tommy Pineda, Ralph y Carmen Cunningham, Kelly O'Neill, Lucilla, Erika y Minna.

Traducción copyright © 2003 por Marie Arana

www.rhespanol.com

La información CIP (Clasificación de publicación) se dispone a petición.

Edición a cargo de Mary Lee.
Traducción de Margarita Luna.
Diseño de la cubierta por Tigist Getachew.
Diseño del libro por Tina Malaney.
Producción del libro a cargo de John Whitman y Lisa Montebello.
Fotografías del interior del libro y de la portada por cortesía de la autora.
Fotografías del interior del libro: p. ii, *de izquierda a derecha*, George Arana, Vicki Arana, Marie Clapp de Arana, Jorge Arana, y Marie Arana; p. 1., Marie Arana; p. 6, Marie Arana; p. 22, Jorge Arana; p. 43, *de izquierda a derecha*, Victor Manuel Arana, Jorge Arana, Rosa Cisneros y Cisneros de Arana, y Chaba Arana; p. 65, *de izquierda a derecha*, George Arana, Marie Clapp de Arana, y Vicki Arana; p. 83, Marie Clapp de Arana; p. 107, Victor Manuel Arana; p. 143, George Arana; p. 190, James B. y Lolelia Clapp; p. 236, Rosa Cisneros y Cisneros de Arana; p. 286, Marie Arana; p. 335, Marie Clapp de Arana y Jorge Arana.

ISBN 1–4000-0199-4
Primera edición

Impreso en los Estados Unidos de América
10 9 8 7 6 5 4 3 2 1

A mis padres,

Jorge Arana Cisneros

y Marie Elverine Clapp,

quienes me enseñaron que mi América

tiene dos lados y que hay dos

Américas en este mundo.

Estoy mirando, oyendo,

con la mitad del alma en el mar y la

mitad del alma en la tierra, y con las dos

mitades del alma miro el mundo.

Pablo Neruda

PRÓLOGO

Se oyen risas. Se oye un portazo cortante y el repiqueteo de tacones altos que cruzan las losetas del jardín del atrio. Un toque de diana en los cuartos de los criados y un arrastrar de chancletas hacia el corral, el cacareo de las gallinas al sacarlas de sus jaulas, una por una, a la noche tinta. Son las tres antes de la luz del día.

Me froto los ojos para quitarme el sueño, mientras giro las piernas a un lado de la cama hasta que las puntas de mis pies tocan la alfombra piel de llama, y aspiro el aire de una mañana (como todas mis mañanas) colmada del aroma de plátanos maduros, azúcar cruda, ron... y el olor penetrante, férrico de sangre fresca.

Atravieso la habitación, me empino hasta el alféizar de la ventana, jalo la pesada reja de hierro forjado y me asomo a la oscuridad. La posición ventajosa desde el segundo piso me ofrece una imagen espléndida del patio de abajo. Mi madre parece flotar y su vestido verde ondula como un ala de finísima gasa; su largo, dorado pelo despide luz como un filamento de tungsteno; su rostro americano, tan de Hollywood, se ve encendido por la expectativa. A su lado está mi padre peruano: pelinegro, buen mozo, que sonríe y vocifera en español mirando sobre su hombro y blandiendo una botella como si fuera el pregonero de una feria en día de inauguración. Sus amigos se aglutinan detrás de ellos. Por la ventana de la cocina, veo a la cocinera que bosteza y despluma una gallina de cuyo pescuezo fluye la sangre hacia una sartén para una sangrecita temprano en la mañana. No lo considero un presagio. Todavía no he aprendido a leer señales.

Mis padres son jóvenes. Están en su momento. Todo matrimonio lo tiene. Cuando el amor parece infinito, el camino se siente libre y las noches brincan alegremente hacia el día.

Yo tenía sólo cuatro años pero la vida ya había tenido trastornos. El año que llegué al mundo, el Perú fue sacudido por cinco terremotos. Parada frente a esa ventana, ya había experimentado dieciocho de ellos. No recuerdo ninguno. Lejos, en el laboratorio de un geólogo, una aguja bailaba, desenfrenada, registrando un desastre tras otro.

Tres días antes de que asomara mi cabeza hacia ese patio, un sismo desgarró el litoral peruano alcanzando casi ocho puntos en la escala de Richter. Comenzó un poco pasadas las cinco de la tarde. Los hombres estaban en su trabajo, las mujeres en la cocina y sus hijos jugaban. ¿Dónde me encontraba yo? Toda la población de nuestra hacienda debió haber escuchado el estruendo bajo sus pies, sentido el meneo en sus estómagos, visto las planchas de concreto desprenderse violentamente y deslizarse por el suelo. Por los lados, hacia arriba, en fragmentos... eructando polvo gris. Las paredes suelen rajarse antes de que la mente las tome en cuenta, los techos se caen, los bebés vuelan por los aires.

Sólo sé que sucedió porque el Centro Mundial de Información sobre Sismología así me lo dice. *Terremoto, 2 de diciembre, 1953, América del Sur: latitud 4°, longitud 80°, magnitud 7,8. Desplazados: miles. Mortalidad: severa.*

Días temblorosos. Sin embargo, todo lo que puedo recordar es una escena al amanecer, en que mi madre y mi padre irrumpen en nuestro jardín felices.

Al crecer y aprender a reconocer el suelo bajo mis pies, observé que el matrimonio de mis padres estaba acribillado de grietas. Algo semejante a los terremotos vendría luego —sacudones geológicos, cuando los cimientos de su unión crujirían con dislocaciones y anhelos— pero ahora, en este momento, en el octavo año de matrimonio, con tres niños durmiendo en casa y la carrera de ingeniero de mi padre en ascenso —en ese cuadro inmóvil antes del amanecer—, la brecha entre ellos no tenía mayor importancia. Estaban plenos. Eran uno. Y yo, suspendida sobre su mundo, no tenía dobleces, era impecable, entera.

Un sudamericano y una norteamericana: contra toda esperanza, tendían un puente frágil sobre la división, tratando de asegurar las vigas en la arena. Les quedaba todavía por aprender una gran lección cuando irrumpieron en el jardín con sus amigos, sedientos de ron y hambrientos de sangre frita. Existe una fisura fundamental entre América del Norte y América del Sur, una falla tan profunda que resulta tectónica. Las placas no encajan. La tierra está suelta. Una grieta la atraviesa. Suceden terremotos. Las paredes suelen caerse.

Al observarlos en su esplendor fugaz, no me imaginaba que pasaría el resto de mi vida intrigada por ellos: eran tan diferentes entre sí, tan opuestos en todo sentido. No sabía que, a pesar de que ellos habían construido resueltamente su puente, yo deambularía por el medio sin alcanzar nunca ninguno de sus extremos. Éstas eran cosas que era lenta en aprender.

Veo ahora tales momentos de la infancia en marcado relieve. El pasado resurge como el golpe de la roca a través de la tierra, transportado por visiones y ruidos, pura casualidad. Son réplicas. Una me estremeció no hace mucho tiempo, en una tarde de invierno, mientras holgazaneaba con una amiga.

Era una mujer de la selva. Nunca había visto un campo abierto hasta el año anterior al que yo la conocí, cuando dio un paso fuera de la jungla a una parcela de tierra donde la esperaba un helicóptero que la sacaría de ahí. Nunca había visto una carretera, un techo, una rueda, un cuchillo. Era una nómada del Amazonas, una *yanomama*, una de las de la «gente brava». Tenía la cara perforada por púas. No estaba acostumbraba a las posesiones. No había tenido motivo para llevarlas con ella: máximo una hilera de cuentas, una piedra afilada. Ninguna necesidad de ropa. Ninguna necesidad de muros para albergarlas. Su cama era una hamaca de lianas. Pero llegó el día en que un antropólogo de Filadelfia se abrió camino a través de la maleza para decirle que había llegado a estudiar su lengua y sus costumbres. Antes de que ella cumpliera dieciséis años la había convertido en su esposa, le había dado tres hijos, la había llevado en ese helicóptero de regreso a su casa en Nueva Jersey.

Esa tarde de enero, sentada con ella en el suelo de su sala en Hackensack, mientras mirábamos una serie inacabable de videos sobre la investigación de su esposo, mis ojos recayeron en su hija de cinco años. La niña no miraba la pantalla. Esa película la había visto innumerables veces: un cacique *yanomama*, claramente tambaleante, acerca una caña gruesa de bambú a su nariz y le gesticula a alguien para que le sople a través de ella una pequeña bomba de *ayahuasca* —un poderoso alucinógeno— al cerebro. La niña no prestaba atención a eso. Su mirada iba de su madre, tendida sobre la alfombra malva de pared a pared, a su padre en la otra habitación. Su mirada iba de acá para allá, una y otra vez. La madre se manoseaba las perforaciones de la cara con la vista clavada sobre la imagen de su cacique en la caja eléctrica. El padre, inclinado sobre la mesa del comedor cubierta de papeles, se rascaba la barba catedrática mientras hacía anotaciones en un libro.

Yo supongo que al observar a esta niña dando vueltas en su camiseta verde limón, meciendo su linda cabeza de izquierda a derecha, podría haber pensado en un millón de cosas, pero lo que me impresionó fue la mirada de sus ojos. Cuán ansiosa parecía. Qué puente tan delicado era ella entre el hombre del norte y la mujer del sur.

Lo que pensé fue en mí.

PISHTACOS

Ghosts

Los pasadizos de mi cabeza están encantados. Ahí llevo el aroma del azúcar. Los olores de una fábrica —caña mojada, hierro chorreado, pozos de melaza— están todos ahí metidos detrás de la frente, profundamente dentro de la garganta. Recuerdo esos olores cuando los niños me ofrecen caramelos en una palma húmeda, cuando el hombre que amo suspira y percibo el vino sobre su lengua, cuando inhalo la desgarradora dulzura de fruta podrida y desecho humano que emana de los campamentos de basura a lo largo del camino hacia Lima.

Siempre me sorprende saber que la gente no vive con la memoria de fragancias como me sucede a mí. El olor del azúcar es tan fuerte en mi mente. ¿Cómo es posible que hayan pasado los primeros años de sus vidas en lugares como Pittsburg o Hong Kong y no lleven por el resto de sus días el hedor de un horno de acero o el aroma de hongos y camarones en sal enquistados en algún pliegue interno del córtex cerebral?

Tuve una vez un amigo de Bombay que me contó lo desconcertante que era viajar por el mundo oliendo palillo, culantro y cardamomo en las esquinas más improbables de Nantucket o Palo Alto, y descubrir que sólo eran fantasías del olfato, bocanadas de su imaginación, sirenas del curry de su madre flotando en el aire como gatas que sacuden sus rabos seductores.

Iba a la caza de esos olores cocinando curry en casas alquiladas en Nueva Jersey, en pulcros chalés de Suiza, en cuartos de moteles a lo largo del Shenandoah, creando pastas con polvos que salían de botellas con apellidos escoceses, tostando aceite de manteca clarificada en aluminio desechable, lavando envases de plástico en las paradas de descanso de las autopistas de Maryland, todo para tratar de recuperarlos. Recuperarlos. Arriba hasta los senos nasales, bajando por la garganta. Nunca le fue posible volver a captar esa mezcla de la infancia: machacada en piedra, secada bajo el sol de Mahabarata, rellenada en recipientes de alfarería, puesta en venta en la tienda de un anciano, traída a casa en paquetes amarrados con pita, racionada en los morteros de su madre, encerrada en las cámaras de su corazón.

Lo mismo me sucede a mí con el azúcar. Mirando hacia atrás veo montones, en cristales resplandecientes: quemada, pulverizada, superfina. Huelo azúcar por todas partes. En susurros, en libros, en el barro de un jardín. En todos los rincones de la vida. Y siempre —siempre— es el azúcar de mi padre el que añoro: crudo, áspero, moreno de Cartavio.

Cartavio era el nombre de nuestra hacienda: el pueblo de una compañía con un propósito tan simple como el de Akron o Erie o Turín o cualquier lugar donde los pistones y el acero manejan las vidas de sus residentes. Era mediados de los años cincuenta y días de auge para el azúcar en el Perú, y el gigante industrial americano W. R. Grace aprovechaba el máximo de ella en este apartado villorrio costero 500 millas al norte de Lima. Cartavio estaba rodeada de campos de caña de azúcar, bordeada por un Pacífico feroz, y la vida que en ella transcurría era un inquietante espejo del Perú en tiempos de la conquista. En un lado de la hacienda, estaban los indígenas de piel canela en una madriguera de ladrillos de cemento. En el otro, en casas cuyo tamaño y encanto dependían del rango de sus habitantes, vivían peruanos de ascendencia española, europeos y norteamericanos, la élite. Había una iglesia en la plaza, una mansión para el gerente, una casa de estilo suizo para invitados, un club y una clínica. Pero en medio de todo esto apuntaban hacia lo alto unas chimeneas que no dejaban duda alguna sobre la razón de esta multitud inverosímil: las fábricas de mi padre.

Cartavio se anidaba en el corazón de la nación justamente bajo el seno izquierdo del torso femenino que define el territorio del Perú. Pero en muchos sentidos, era un lugar extranjero, una invención del siglo veinte, una colonia del mundo. Su fuerza motora era la industria y las gentes ahí reunidas eran, de una manera u otra, tenaces industriales. Los americanos habían llegado con dólares, los limeños con poder político, los lugareños con sus manos. Aunque compartían sus objetivos —una producción activa de azúcar—, los ciudadanos de Cartavio vivían en una armonía incierta. Los trabajadores estaban dispuestos a someterse a la utilidad práctica de una ciudad de hierro durante el día, pero en sus propios hogares por la noche volvían a sus antiguas supersticiones. Los ingenieros de Lima estaban dispuestos a obedecer las directivas de los gringos, pero sospechaban que sabían mucho más sobre estas fábricas que cualquier jefe con su escritorio de caoba en Nueva York. Los americanos aprendieron rápidamente que si los indígenas creían en fantasmas y los jefes criollos resentían el poder de los gringos, la suerte de la Grace dependía de meras quimeras como fantasmas y el orgullo. Comprendieron la dinámica social, y con un tradicional pragmatismo americano, lo hicieron funcionar a su favor.

Con una certeza que calaba mis huesos, yo sabía que era profundamente peruana. Que estaba enraizada en el polvo andino. Que creía en fantasmas que vivían en los árboles, en mi pelo, bajo el aparador acechando detrás de la platería, entrando y saliendo de los ojos de los retratos de mis antepasados. Sabía también que aunque mi padre asintiera y le sonriera a los gringos, él también creía en fantasmas. ¿Cómo no creer en ellos? Los enfrentaba día a día.

Para la hacienda Cartavio, Papi era el Doctor Ingeniero. Un joven ingeniero peruano a cargo de la gente y el mantenimiento de este pueblo industrial de propietarios americanos que zumbaba y vomitaba. Un hombre alegre de cara franca. Aunque pequeñas, sus manos eran hábiles. Aunque no era alto, sus hombros llenaban una habitación. Mi madre señalaba unas fotografías cuando quería que supiéramos que ella lo consideraba buen mozo, pero eran de un hombre que yo no reconocía: macilento y anguloso, con pelo negro ondulado y ojos como los de ternera y labios en espiral. El Papi que conocía era de pecho embarrilado y labios llenos. El nacimiento de su pelo delineaba ahora una V. Sus mejillas eran querúbicas y redondas. Sus ojos saltones. En el calor subecuatorial, la camisa que llevaba fuera se batía al viento revelando una piel morena, suave y lampiña. No era gordo pero sí tenso como una salchicha. «Bien papeado», como les gusta decir a los peruanos. Cuando se reía no emitía sonidos. Se agachaba hacia delante como si algo le hubiera saltado sobre la espalda y lo mantuviera en una cosquilla irresistible. Entrecerraba sus ojos, sacaba la punta de la lengua y sus hombros rebotaban. Así se reía larga e intensamente —callado, salvo por el siseo que salía de entre sus dientes— hasta que le faltaba el aliento, se le ponía roja la cara y le salían las lágrimas.

Cuando no reía, vociferaba órdenes. Y si no, su boca daba vueltas a un cigarrillo que aspiraba con fruición y sus párpados se batían pensando. Más que caminar, Papi se pavoneaba. Más que beber, se atragantaba. Más que conversar con una mujer, coqueteaba, guiñaba el ojo, fijaba la mirada. Claramente no era el hombre espiritual y delgado que aparecía en las fotografías de Mother. Ya no. Desde el momento que está registrado en mi mente era papeado. Sus botones estaban tan tirantes que amenazaban con reventar.

Era un virtuoso de la máquina, improvisando formas de convertir el desierto en azúcar, las plantas quemadas en rollos hercúleos de papel. Podía meter un campo de caña de azúcar en su coloso de acero. Empujar las cañas a través de trilladoras chillonas, empaparlas con agua salada procesada para sacarles la última gota de cristales y pasarlas a través de los rodillos para que emergieran tibias y secas al otro lado como hojas voladoras de papel. Podía tomar una turbina alemana defectuosa, cuya única esperanza para sobrevivir era un repuesto a ocho mil millas de distancia en Stuttgart y, con una chuchería por aquí y un alambre por allá, hacerla funcionar nuevamente. Podía tranquilizar a los gringos cuando llegaban de Nueva York, ya que estaba a su nivel en los enredos de macro mecánica o trigonometría esférica o física de partículas. Inspiraba una lealtad ferviente por parte de sus trabajadores, caminando a pasos largos a través de su ciudad de acero en un terno blanco impecable, mostrándoles el camino para un futuro industrial. Al estilo americano.

Cada mañana se dirigía hacia la bestia de eructos mucho antes de que sonara el pito. En las tardes regresaba a darle una mirada a su linda esposa, almorzaba con ella y echaba una siesta breve en su sillón. Pero su trabajo parecía no terminar nunca. Aun cuando regresaba y atravesaba la puerta para un almuerzo tardío o para la cena, alborotando a los sirvientes que anunciaban en la cocina que el señor había llegado, siempre estaba de turno. Listo para salir.

Que tuviera que trabajar con fantasmas era una realidad de la vida y todos lo sabían. Las quijadas de acero del trapiche podrían haber atrapado la mano de un trabajador al meter la caña y jalarla en su trilladora. Un dedo, un pie, todo un hombre podía haberse perdido en esas fauces voraces conforme chirriaba, sacudía, trillaba y tamizaba todo en azúcar líquida y bagazo fino.

Los *pishtacos*, decían entre ellos los trabajadores cuando ocurrían estas tragedias. *Pishtacos*, susurraban al día siguiente sus esposas y madres al revisar el mercado o pulir los juegos de plata en los aparadores profusamente tallados de los ingenieros. Fantasmas. Fantasmas de las máquinas. *Pishtacos* norteamericanos. Cualquiera que conocía los mitos peruanos lo comprendía: *pishtacos* norteamericanos que necesitaban el cebo de los indios para engrasar sus máquinas.

▦ ▦ ▦

Nuestra casa se encontraba en una de las esquinas de mejor ubicación, detrás de las oficinas de los ingenieros jefes y suficientemente lejos de la fábrica como para permitirnos ignorar los aspectos menos agradables de una industria agitada. Acabada en estuco blanco y protegida por hileras de botánica tropical, se elevaba más arriba de sus muros como un castillo detrás de una barricada. Las flores caían en cascadas por sus murallas. En el jardín, los árboles daban piñas, lúcumas, plátanos y mangos. Una reja de entrada dejaba al mundo afuera. Detrás de ella, del muro y del jardín, la casa en sí era impenetrable a vendedores, obreros de fábrica, peruanos comunes, a la humanidad desparramada que luchaba a unos cuantos metros de su puerta.

Una amplia terraza bordeaba la casa que en su interior estaba conformada por habitaciones blancas de techos altos, puertas pesadas, cerraduras bostezantes, corredores con arcos y losetas españolas adornadas con mosaicos. La sala estaba dominada por el gran piano ornamentado de ébano de mi madre. Atrás de él, al otro lado de una puerta doble tallada, se encontraba el cuarto principal, de manera que, cuando estas puertas se abrían de par en par, se podía ver toda la sala desde la cama de mis padres. Un detalle extraño, pero las casas en haciendas remotas eran generalmente caprichosas e irregulares. A través de un arco abierto, se llegaba al comedor que albergaba dos piezas de mobiliario masivas, una mesa y un aparador tallados con conchas ondulantes y guirnaldas. La cocina austera, desvestida y sin gracia, era un cuarto de trabajo para el servicio doméstico. Un lavadero esmaltado, cavernoso, quiñado y amarillo sobresalía de la pared. Había una mesa azul simple donde nosotros, los tres niños y las empleadas comíamos. La puerta de la cocina conducía a un jardín posterior y detrás de una pared estaba el área de servicio, una pequeña edificación ruinosa donde podían dormir seis en dos habitaciones. Había un pozo con una canilla donde el mayordomo y las amas se podían lavar, un área de depósito y una escalera de cemento que conducía a sus habitaciones. A la izquierda de estas escaleras, bajo un cobertizo de madera tosca y alambre de gallinero, estaban las jaulas de los animales. Como se les había dicho a mis hermanos George y Vicki, me advirtieron claramente, a los cuatro años de edad, que no estaba autorizada para ir a las habitaciones del servicio. Las jaulas eran mi línea de demarcación; era el punto más allá del cual no podía ir.

Nuestros propios cuartos estaban en los altos, bastante lejos del dormitorio de nuestros padres y fuera del circuito de los invitados cuando había fiesta. Después de la comida, que nosotros hacíamos normalmente en la cocina, las amas nos llevaban trotando arriba y nos bañaban, luchando con sus pequeños brazos para balancearnos en la tina. Ya en nuestros piyamas retozábamos. Nunca parecía haber ninguna urgencia para llevarnos a la cama, lo cual nos venía muy bien, pues la oscuridad nos aterraba. Teníamos miedo de mirar por las ventanas pues las amas nos habían enseñado muy bien que los *pishtacos* se sentaban en las ramas de los árboles babeando y ojeándonos.

Si hubiéramos superado nuestros miedos, habríamos visto por esas ventanas la calle residencial más importante de Cartavio y, más allá de la nuestra, otras cinco casas de primer rango igualmente imponentes, igualmente amuralladas. Detrás de ellas, una fila de casas modestas para las familias de los empleados menores. Nuestros vecinos inmediatos eran los Latto, escoceses de caras pecosas cuyo español de fuerte acento hacía que George y yo nos riéramos cubriendo con nuestras manos las carcajadas. Su hijo Billy de ocho años, era sin duda el objeto del afecto de Vicki. Puro y buen mozo, era un niño de sonrisa fácil. Dirigía abiertamente sus sonrisas a Vicki, pero a George y a mí —que nos considerábamos mucho más atractivos que nuestra quisquillosa hermana— nos costaba mucho atraer sus encantos: podíamos pararnos de cabeza, mecernos de los árboles, ridiculizarnos si fuera necesario por el gozo incomparable de contemplar sus dientes.

De muy niña mis días transcurrían en el jardín. Como todo jardín en el desierto costero era un jardín artificial: inventado, engañoso, precario. Sin manos humanas que lo cuidaran, la frondosa vegetación se habría secado como una cáscara para convertirse en una duna árida.

Pasé años sin darme cuenta cuán promisorio era ese ambiente de mi niñez. Protegido por muros con un follaje que abrumaba nuestros sentidos y la dulzura profunda de fruta y azúcar en el aire, tenía una sensación de pertenencia como si mi mundo fuera a estar siempre tan bien armado. Pero era una ilusión que muchos habían contribuido a crear. Hacernos sentir como si fuéramos emperadores de un oasis verde a orillas del Amazonas al norte de los Andes, donde el follaje era ilimitado.

Engañados, felices, ignorantes, George y yo chapuceábamos en el estanque de patos que mi padre nos construyó. Jugábamos con los animales que teníamos en las jaulas ahí atrás donde vivían los criados. Mimábamos a los conejos alimentándolos con verbena fragante. Poníamos a las gallinas en el lomo de las cabras y chillábamos de risa cuando los animales, sorprendidos, corrían en círculos, las cabras traían los ojos espantados bajo sus jinetes salvajes, las gallinas golpeaban el viento.

George era mi héroe, mi general, mi dios. Tan brillante y hermoso era él como gorda y lenta era yo. Podía pavonearse y alardear tan bien como cualquier vaquero en la letanía de los cuentos de mi madre sobre los valientes del Oeste Salvaje. Él amenazaba. Yo lo seguía. Hacía travesuras y yo lo encubría y si lo descubrían, yo confesaba todo. Le caían palmazos, yo me bajaba los pantalones. Daba alaridos, yo lloraba a gritos. Y así pasábamos nuestros días, arrastrándonos bajo la casa, inventando tretas para escandalizar al mayordomo, asustar a Claudia, la cocinera, hasta ponerla fuera de sus casillas o fastidiar a Vicki, cuyas formas remilgadas clamaban por ser corregidas y desquitadas. Aunque sólo fuera para forzarla a que nos mirara por encima de su eterna ruma de libros.

Después del almuerzo, luego de que mi padre llegaba a la casa y contemplaba la cara de Hollywood de su esposa, dormitaba y regresaba al trabajo, Mother venía a la cocina a buscarnos. Primero ponía a George en la cama para que descansara y luego me llevaba a su cuarto para una siesta musical.

Mother no nos contaba mucho sobre ella más allá del hecho de que había sido una violinista cuando ella y Papi se conocie-

ron en Boston. Que era diferente y rara, lo sabía. Blanca, aporce-
lanada y casi transparente, despedía un resplandor por donde
fuera. Hablaba un español vacilante tan extraño en sus detalles
como el de nuestros vecinos escoceses. Recuerdo que me fijaba
en las caras de los demás para ver si esto les daba risa.
Generalmente les daba, pero ella no alternaba mucho con
peruanos si es que mi padre no estaba alrededor. No era una
persona sociable. Parecía más inclinada a pasar el tiempo con sus
hijos que con mujeres de su edad. Pero en realidad, era muy
diferente a cualquier otra mujer en Cartavio. Lo que más la distinguía de ellas era la manera como se movía —como no he
visto hacerlo a ninguna peruana—, decidida y deslizándose con
un movimiento que partía del tórax, no de las caderas. Era una
forma de caminar que decía poco sobre la forma de su cuerpo.
Su ropa decía menos. Era suelta y sedosa y más que revelar las
líneas esenciales de su figura, caía desde los hombros. No poseía
un vestido de cinturón ajustado que le levantara el busto y
luciera sus caderas como los que se ponían las señoras peruanas.

Sin embargo, muy pronto —no recuerdo exactamente por
qué— de la misma manera en que no me atrevía a imaginar lo
que había debajo de sus trajes, aprendí a no preguntar sobre su
vida antes de que se casara con Papi. La dulce suavidad de su
comportamiento, como la seda de sus ropas, escondía una cosa
indeterminada bajo ellas. Había una dureza detrás de su lumino-
sidad. Un hielo. Sentía que podía preguntarle cuanto quisiera
sobre música, lo que se convirtió en el lenguaje entre nosotras,
pero más allá —como más allá de las jaulas de los animales— se
encontraba una zona que yo no debía conocer.

Su pasado era lo único sobre lo que mi madre era avara.
Atenta con sus hijos, hasta el punto de la obsesión, nos consentía
y se preocupaba por nosotros. Cualquier dolor de cabeza era
el inicio de alguna temida calentura cerebral. Cada dolor de

estómago, la posibilidad de que estuviéramos llenos de parásitos tropicales. Podía hacerla transpirar de amor diciéndole que había comido una fresa salvaje en la calle. Durante días la ansiedad de que hubiera contraído alguna enfermedad andina rara hacía que me tomara la temperatura a cada momento, entrando a mi dormitorio en la noche para palpar mi frente con su mano fría. No obstante, su amor era más evidente en la forma en que nos impartía su música. Para ella era una vocación constante. Cualquier drama, cualquier espectáculo, cualquier acertijo matemático tenía una frase de música correspondiente, una melodía que podía enmarcarlo más efectivamente que las palabras. Era como si necesitara transmitirnos el vocabulario y la sintaxis de la música con tanta urgencia como necesitaba comunicarnos el inglés. A los tres nos enseñaba hasta cierto nivel el lenguaje de la música pero, con el tiempo, resultó claro que yo era la escogida para ser la beneficiaria de este don particular. Fue a través de la música que por último me habló más directamente.

A la hora de la siesta me recitaba de memoria largas sartas de poesía o trataba de cantarme para que me durmiera, esfuerzo imposible, pues más me seducían la poesía y las canciones que cualquier perspectiva de adormecerme. Fuera de su habitación yo hablaba español, pero adentro éramos americanos trashumantes, herederos del inglés correcto, y Mother desenvolvía ese mundo en verso: «*Leaves of Grass*» de Whitman, «*Rime of the Ancient Mariner*» de Coleridge, los piratas y sirenas de Gilbert y Sullivan, los soñadores y las carrozas de Stephen Foster, las riberas y los valles de Robert Burns, la bandera y el saludo de George M. Cohan, la luna y el champán de Irving Berlin.

Yo yacía con los ojos abiertos y soñadora mientras ella narraba visiones de un país lejano donde reinaban los vaqueros, los valles eran verdes, las flores silvestres brotaban a los pies de los grandes robles, el agua se bebía —sin hervirla— de los arroyos, el teatro de la ópera estaba forrado de terciopelo rojo y las veredas guiñaban sus puntos de luces radiantes de mica. «Lo verás algún día, Mareezie —me decía respecto a sus historias llenas de melodía—. Lo verás por ti misma».

Ella cantaba y luego atisbaba para ver si me había quedado dormida. A la quinta o sexta canción, yo sabía disimular. Escondía mi oreja entre su hombro y su seno grande y firme, pasaba mi brazo a través de su cuello blanco para sentir su pelo de maíz y seda y fingía una profunda y pesada respiración. Cuando dejaba de cantar, yo abría un ojo y veía que estaba dormida.

Era una mujer hermosa. De huesos grandes y, sin embargo, delgada. Su frente era profunda, sin líneas, casi sin cejas, lo que le daba un aire de muñeca perpetuamente sorprendida. Se pintaba los labios simulando un grosor que no tenían, pero cuando estaban quietos su finura se apreciaba bajo el color. Era una boca engañosa e ilusoria inclinada ligeramente hacia un lado, de manera que si uno se ubicaba a su izquierda, veía a una mujer pensativa, a su derecha, a una mujer traviesa. «Mi carota de balde» la llamaba, dejándome intrigada en mi peruanidad estrecha, sobre qué podían tener que ver alguna de esas palabras con esa cara preciosa. Cuando sonreía y mostraba el pequeño espacio entre sus dos dientes delanteros, era suficiente para que se me partiera el corazón.

Me encantaba verla dormir, pues entonces había una vulnerabilidad en su rostro que estaba ausente cuando sus ojos se fijaban en mí. Normalmente su mirada era tan dura como la de una estatua, ilegible hasta que algo la ponía al borde de la indignación. A esas alturas, sus ojos azules cambiaban a un inquietante tono verde. Era un color que no me gustaba ver. Pero sus rasgos más inquietantes eran de hecho sus manos de violinista, anchas y cuadradas con dedos musculosos y carnosos que parecían pertenecer a otro cuerpo y no a la delicada reina que yacía en la cama ancha y tallada. Cuando había cumplido con estudiarla, me resbalaba cuidadosamente fuera de sus brazos. Iba en puntas de pie a despertar a George e instantáneamente estábamos en el jardín con los bolsillos llenos de pan, libres de padres, libres del mayordomo roncador y de las amas. Solos. Listos para nuestro ritual diario con «el Gringo».

Más vívido que cualquier otro sonido en la memoria —el canto del gallo al amanecer, el arrullo de las palomas afligidas— era el ritmo de su llegada. Un golpe seco y el arrastrar de un pie siniestro y regular al abrirse paso por la calle. Parados bajo el árbol de lúcuma, escuchábamos su paso, aguzábamos nuestros oídos y sentíamos que el pelo en nuestros cuellos se erizaba conforme se acercaba.

El loco —susurrábamos— y veíamos cómo crecía el negro en los ojos de cada uno de nosotros. Cuando llegábamos al árbol de la verbena, ya él estaba golpeando el estuco blanco con sus nudillos, duros como huesos y filudos como armas. Cuando llegábamos a la reja de la entrada, lo veíamos completo. Sin ojos. Harapos como alas de cuero. Un muñón morado donde debió estar un pie. Una caña de azúcar seca como muleta. Cuando llevaba su cabeza hacia atrás y dejaba que el sol llenara las cuencas de sus ojos, un gemido se elevaba desde su pecho como el llanto de un animal herido. Luego un chorro de palabras que nos deslizaba plañideramente y que teníamos que esforzarnos para captar. *¡Fuera, pequeños desgraciados!* Y golpeaba la reja con su vara. *¡Fuera!* O llamaré a los pishtacos. *¡Los arrancará de ese arbusto y se comerá sus corazones de pigmeos!*

La gente lo llamaba El Gringo. El americano. De alguna forma así lo creíamos aunque toda la evidencia demostraba lo contrario. Era pequeño. Casi tan pequeño como nosotros. Oscuro, como nosotros.

¿Es que no todos los americanos eran tan grandes, rubios y

de ojos claros como nuestra madre? Teníamos nuestras dudas graves acerca de ella —era como de otro mundo, tan tensa, tan renuente a conformarse, tan loca a su manera—, pero era terrible pensar que terminaría loca y ciega, tambaleándose por algún remoto y apartado lugar andino buscando su tierra iluminada. Sin respirar por su mal olor, salíamos a su encuentro con el pan y dejábamos caer nuestras ofrendas una por una dentro del costal sucio del gringo —comprando el futuro de nuestra madre y manteniendo a raya a los *pishtacos*. Luego, nos íbamos corriendo, jadeando y chillando, hasta nuestro espacio debajo de la casa. Desde ahí lo observábamos cojear hasta donde los vecinos. Y nos preocupábamos.

Pero había tardes en las que mi madre cantaba y yo, en realidad, me quedaba dormida. Entonces le tocaba a ella su turno de escaparse.

Un día, me desperté y vi las puertas dobles abiertas y a ella sentada en la sala, su perfil como un camafeo se dibujaba contra la madera del piano.

No estaba sola.

Con el espaldar hacia mí y sentada de costado a un lado del sofá, tenía su brazo estirado a lo largo del lomo. Al frente, en el otro extremo del mismo sofá, estaba un hombre. No sabía su nombre. Su brazo, como el de ella, estaba estirado sobre el espaldar y era largo y rojizo con un halo de vellos sobre la piel. Sus dedos estaban cerca. Pero no se tocaban.

La casa de solteros, quedaba al frente de nosotros. Ahí, un grupo rotativo de jóvenes americanos y europeos del norte venían atraídos por la aventura del tercer mundo y a probar su suerte con el auge. Eran toscos y piernilargos. Casi tan dorados como mi madre. Con frecuencia, veteranos de la guerra, ex ingenieros del ejército, aficionados a la botella y con historias sobre batallas ganadas con mucho esfuerzo.

«Oye, déjame contarte cómo casi me matan en *Midway*», gritaba uno con un vaso que rebalsaba de ron en una de las fiestas de mis padres en el jardín. Así continuaban, tejiendo leyendas cada una más valerosa que la anterior.

Me gustaban estos solteros. Me gustaban porque parecían estar en el centro frenético de una locura con alma infantil que alcanzaba a los adultos de vez en cuando. Me gustaban por su risa. Me gustaban por el dulce olor de Ron Cartavio. Me gustaban sobre todo cuando con sus largas extremidades atravesaban cómodamente nuestra puerta, el cielo se abría y los ojos de mi madre bailaban.

El hombre sentado con mi madre era soltero. De eso estaba segura. Si habían estado hablando, no podía decirlo. Me restregué los ojos y enfoqué mi mirada. Mi madre tenía una expresión dulce y pacífica en el rostro. El hombre la miraba perfectamente tranquilo y dijo algo que yo no pude oír.

Súbitamente la mano estirada de mi madre voló a su propia frente y sus dedos largos y gruesos se quedaron ahí, creo que por un buen rato, con los ojos entornados. Luego, él se paró, hizo torpemente una venia y partió.

Fue un gesto fugaz, ese aleteo de la mano del sillón a la frente, pero aún lo puedo ver grabado en mi memoria como un augurio irrevocable. Arriba, aprieta. *Presto, fermata*. Un pasaje que suena una y otra vez como si sus notas llevaran hacia algo más, hacia algún otro movimiento. Pero ese algo más hace una venia, gira y se va flotando. Se acabó. Arriba. Fuera de la vista. Para que nunca se explicara.

La mano de mi madre bajó lentamente. Volteó su cara a las puertas abiertas del dormitorio y me miró profundamente a los ojos. Hizo una pausa y luego, con una sonrisa radiante, me dijo: «¡Te quedaste dormida esta vez!». Su voz estaba tan llena de alegría que el corazón se me escurrió un poquito. No había causa de alegría en mi siesta. Había sido un desliz de mi parte: no había despertado a George. Me había quedado dormida para nuestra cita con El Gringo. No le había dado al mendigo sus mendrugos de pan. No había apartado a los fantasmas. No había protegido a mi madre de un destino totalmente ciego.

Sin embargo, sus ojos azules me miraban ahora con tanto cariño que tuve que contestarle con una sonrisa. Me tiré de la cama, me puse las viejas botas de George y di inicio a la tarde.

Durante las siguientes décadas, pregunté muchas veces por el extraño del sofá —hasta causé una escena horripilante con mis preguntas—, pero ella simplemente movía su cabeza y decía que no lo recordaba. «No puedo imaginarme a quién viste Mareezie. No me puedo imaginar». Hasta que llegué a pensar que quizás no había sido sino un sueño y el hombre, otro fantasma en mi cabeza.

PADRES

Fathers

Veinte años antes de que me asomara a esa ventana y viera a mis padres riéndose al entrar al jardín, el padre de mi padre, el temible doctor ingeniero Víctor Manuel Arana Sobrevilla, dejó de bajar las escaleras. Él y su esposa, Rosa Cisneros y Cisneros de Arana, y cuatro de sus seis hijos vivían a mil kilómetros de nuestra hacienda Cartavio, en una vieja casa estilo colonial en la calle San Martín de Miraflores, un distrito tranquilo y soñoliento en el extremo de Lima que da al mar. Era una casa oscura y unida por escaleras angostas que conducían a donde nosotros, siendo niños, teníamos miedo de llegar. En cada uno de los cuartos de armarios mohosos y reliquias, la vida colgaba como un vestigio, como un murciélago en una cueva sin aire.

Nadie reconocía que había algo raro en esto. Que un hombre brillante, muy bien educado, viajero del mundo, pudiera recortar progresivamente su vida hasta dejar de poner el pie fuera de su casa, hasta convertirse en un espectro en los altos de la escalera.

Mi padre, que se preocupaba por su padre, no se atrevía a preguntarse por la extrañeza que lo había llevado a un pequeño cuarto lejos de su familia. Era atento con su madre, dispuesto a asegurarle que su alacena no estaría vacía y que la humillación no los arrastraría con ella. En los años treinta, en la cumbre de la depresión mundial, cuando era obvio que alguien tendría que salir a trabajar, mi padre, el mayor de seis hijos, fue el primero en ofrecerse. Durante años mi abuelo se quedó en el segundo piso, aventurándose a bajar sólo para un almuerzo especial o un té de familia. De lo contrario, se quedaba arriba, detrás de una puerta, visto rara vez. Mientras tanto, encaramada en su asiento de brocado granate, mi abuelita se preocupaba de cómo podría pagarles a las empleadas, mantener una familia, encarar a Lima.

Era una diva de pelo negro, una persona diminuta en tacones de cuatro pulgadas que repiqueteaban por la casa como si hiciera su entrada en el escenario. Abuelita era una Cisneros y Cisneros, una aristócrata del nuevo mundo con un linaje del viejo mundo: cinco siglos de documentos a través de los virreyes hasta España. Tan cálida y graciosa era mi abuela como cortante y seco era mi abuelo. Ella adoraba las fiestas tanto como a él lo cautivaban los libros. Su carga de alto voltaje equivalía a las millas de alambre que él había planeado para la electrificación de Lima. Hasta donde cualquiera lo sabía, amaba a su esposo, lo respetaba y lo admiraba, y acataba su autoridad. Pero cuando quedó claro que él se había retirado, fue como si parte de ella se hubiera ido con él. Ese arrastre nunca se hizo evidente en la adoración que ella le demostró o en el humor que desplegaba ante todo el mundo, pero estaba profundamente grabado en su rostro, donde todo —labios, ojos, nariz— había comenzado un descenso inexorable hacia el sur.

Abuelito era la esencia del escrúpulo. Lo consumía la idea del honor marcado por un remordimiento sin nombre. Antiguo profesor de la Escuela de Ingenieros de Lima, era prudente con la familia y distante con sus asociados, soberbio con los estudiantes e hiperbóreo con el resto del mundo. Pero a pesar de toda la importancia que se le concedía en su casa, era casi como si no estuviera ahí. Si no estaba parado en lo alto de la escalera vestido con su terno de tres piezas, corbata y bastón mirando nuestras caras que miraban a lo alto, estaba solo y olvidado en su estudio, concentrado en una de las columnas de ciencia arcana que escribía para *El Comercio*, vestido formalmente con chaleco, corbata y una chaqueta de fumar que sólo la familia veía.

Era un hombre pequeño y se movía con movimientos pequeños. Llevaba la cabeza como si se tratara de un navío frágil, anidándola entre sus hombros y girándola cuidadosamente. Había perdido gran parte de su pelo y lo que le quedaba estaba sobre todo concentrado en un mechón de bigote blanco bajo una nariz larga y derecha. Cuando se asomaba sobre los balaustres sus cejas formaban un signo de interrogación, como si estuviera revisando la superficie de un estanque a la expectativa del peligro. Si decidía bajar para el té, se movía con torpeza, perdido en sus pensamientos con un cuaderno y un lápiz donde anotaba palabras y fórmulas que nadie podía desentrañar. Estaba trabajando en algo, nos decía; no lo podíamos molestar.

En la mesa, inclinado sobre su plato, comía lentamente y sus ojos rara vez abandonaban los límites de la porcelana. Mientras que mi abuela ocupaba el sitio de la anfitriona al extremo de la mesa dirigiendo la conversación sobre las últimas noticias del día, mi abuelo se sentaba a un costado —una isla sombría de soledad— y engullía lo que le ponían delante. Nadie se dirigía a él directamente, aunque de tiempo en tiempo Abuelita le ordenaba a una de mis tías: «Cuéntale ahora a tu papá sobre la fiesta a la que fuiste anoche», o a nosotros: "Cuéntale al abuelo esa anécdota sobre tal y tal", y en ese momento sus ojos parpadeaban y miraban alrededor de la mesa, momentáneamente sorprendidos antes de que se apagaran nuevamente con lo que se le estaba contando y se hundía en sus pensamientos.

Había sido buen mozo alguna vez como era evidente en el retrato que colgaba en la sala. Mostraba un gallardo joven elegantemente vestido, almidonado y con una corbata impecablemente prendida. Su pelo era abundante y de un negro brillante; partido en el medio, revelaba una frente inteligente y ancha. Sus ojos eran profundos y vibrantes; su mentón suave y fuerte; su sonrisa enigmática, ensombrecida por un elegante bigote, cuyos extremos se torcían hacia arriba.

Podía concentrarme y contemplar ese retrato durante largo rato e intrigarme sobre la disparidad entre el hombre que ahí figuraba y el hombre que conocía… o que no conocía. Para mí, mi abuelo estaba definido por el nunca jamás. Nunca lo vi tomar. Jamás lo vi fumar. Nunca lo escuché levantar la voz. Casi nunca escuché su voz. El resto de su familia —un zoológico bullicioso de mujeres irreprimibles y jóvenes hiper-kinéticos— caminaban en punta de pies, siseando, haciendo callar y cerrando las cortinas para que el señor pudiera pensar.

Al comienzo, todo indicaba que se convertiría en una fuerza en el país: un ingeniero con un deseo de llevar al Perú de la pobreza del tercer mundo a la era moderna. Era el hijo de un político prominente, educado en el extranjero —como lo eran muchos de las clases sociales altas—, en la Universidad de Notre Dame. Pero en algún momento a lo largo del camino, su estrella comenzó a apagarse. Se retiró de su trabajo. Pocos sabían por qué y entre los pocos que lo sabían nadie quería decirlo. Cuando llegaron los años treinta y, con ellos una depresión mundial, se metió en su estudio, prendió las luces y ahí se sentó durante cuarenta años.

Al principio, entre los años 1910 y 1920, había establecido

una consultoría tratando de utilizar su erudición. Se había codeado con los miembros del exclusivo Club Nacional y había sido llamado para proyectos de electrificación importantes. Pero justamente cuando el sexto niño se agregó a su mesa, su carrera se interrumpió estruendosamente. No tenía estómago para la política, ni paciencia para la hipocresía. Dejó de buscar trabajo, comenzó a tener desacuerdos con clientes, resentimientos contra grupos de personas. Un distanciamiento general. Había algo más acerca de él, infinitamente más desgarrador: un sentido extravagante del orgullo. Sus hijos conocían muy bien este aspecto, pero aprendieron muy bien a no cuestionarlo jamás. Su porte era señorial y caminaba con el mentón hacia arriba. Pero era una trayectoria hacia atrás, un viaje hacia adentro, una retirada solemne como si algo hubiera corroído su corazón.

Durante nueve años fue profesor de la Facultad de Ingenieros; pero era estricto con las notas, insular y difícil. No compartía las intrigas académicas y era tenazmente leal al mundo que conocía, nada menos que a su propia educación universitaria en Estados Unidos. Cuando uno de sus adversarios intelectuales, el doctor Laroza, un hombre igualmente digno que había estudiado en París, fue nombrado director de la escuela, mi abuelo les escribió a sus empleadores una carta corta presentando su renuncia. Era insostenible, decía sencillamente, imaginar que él pudiera trabajar para alguien con quien rara vez estaba de acuerdo y que se había formado, de todos los países, en Francia. Aunque mi abuelo difícilmente podía esperar mantener a sus seis hijos sin un salario, su esposa nunca cuestionó su retiro. Se les dijo a los niños que no tocaran el tema. Abuelito se levantaba todas las mañanas, se vestía, se retiraba a su estudio, bajaba para una comida, hablaba poco, y escribió durante el resto de su vida. Produjo tratados científicos; artículos incisivos; un libro sobre el futuro del Perú cuya copia está en la Biblioteca del Congreso de los Estados Unidos; un diccionario valioso e inédito, todo sin haber salido de esa habitación oculta en lo alto de las escaleras.

Como resultado de esto, cuando mi padre tenía quince años, comprendió que la responsabilidad de la familia le tocaba a él. Era un estudiante excelente, el primero de la clase en todas las escuelas a las que asistió, pero terminada su jornada escolar, comenzaba su jornada de trabajo. Se subía al tranvía de Lima hasta la fundición Negri, donde controlaba la asistencia, pagaba a los obreros y dibujaba diseños. Él ayudó a hacer los postes de alumbrado público que rodean la Plaza San Martín. Cuando Jorge Arana se graduó de la Universidad en 1940 a los veintidós años con una beca completa y honores, había mantenido a la familia durante siete años.

▨ ▨ ▨

El primer trabajo de mi padre lo llevó a la selva amazónica, la extensión vasta de bosque tropical que se extendía al norte de la cordillera de los Andes. Fue contratado por el Ministerio de Obras Públicas del Perú como ingeniero de puentes, una buena ocupación para un joven de veintidós años. Estaban construyendo un puente sobre la nueva carretera de Lima a Pucallpa, pero sus cables se habían partido y el marco se había desplomado en el río Previsto. Su trabajo fue recuperar las vigas torcidas, arreglarlas y continuar dentro de la selva por la trocha que los españoles habían comenzado hace cinco siglos.

Vivía en casa de su padre, yendo y viniendo del norte a Lima, ayudando a mantener a sus cinco hermanos y acompañándose de una mujer que frecuentaba bares de boleros, a quien era fácil llevarse a la cama y cuya piel era de varios tonos más oscura que su propia piel. En eso llegó una oportunidad que cambió el curso de su vida. El doctor Laroza, director de la

Facultad de Ingenieros, ex rival de Abuelito, le ofreció una beca para la escuela de postgrado del *Massachusetts Institute of Technology*, en Boston, con todos los gastos pagados por el Departamento de Estado de los Estados Unidos. La guerra en Europa estaba devorando gringos; las escuelas americanas habían sido privadas de hombres jóvenes. El Perú se había declarado en contra del Eje y parecía que el gobierno de los Estados Unidos estaba agradecido. El país y la universidad ofrecían un lugar para un ingeniero peruano. «¿Em, ay, ti?» le dijo mi padre a Laroza – ¿*MIT*? Nunca he oído hablar de eso.

Pasó un año. La guerra en el Pacífico se intensificó cambiándole la cara a los Estados Unidos. El pesado despliegue de jóvenes americanos no sólo había vaciado las escuelas gringas, sino que estaba reduciendo la fuerza de trabajo gringa. Cualquier trabajo que las mujeres no estaban capacitadas para realizar se les ofrecía en ese momento a los extranjeros. El Perú estaba poco perturbado por la guerra, salvo los peruanos japoneses que fueron detenidos y enviados a campamentos de internamiento en los Estados Unidos, entre ellos una familia de apellido Fujimori que produciría cuarenta años después un presidente del Perú.

En Lima, mi padre continuaba el vaivén al interior del Perú, visitando a su amante cobriza y consternando a la familia. Abuelita expresó su desaprobación: «¡La mujer no es gente decente!».

Cuando era niña siempre pensé que éste era el momento en que, si no se hubieran dado los cambios, quizá yo nunca hubiera existido y mi padre podía haber tomado otro camino. Pero cuatro factores pequeños cambiaron todo. El primero, la censura de mi abuela sobre su mujer. El segundo, el aburrimiento creciente sobre sus encantos. El tercero, una oferta reafirmada de la beca. El cuarto, una conversación en el Ministerio de Obras Públicas; sus jefes le seguirían pagando su sueldo mientras estudiaba en los Estados Unidos, asumiendo que regresaría a trabajar en el mismo departamento. «¿MIT? —uno de sus compadres dijo— ¡Caramba! ¡Eso es lo mejor que tienen los gringos en ciencias!»

※ ※ ※

A mi padre le encanta contar la historia de su viaje a América del Norte y se la cuenta a cualquiera que quiera escucharla, en verbo presente e inmediato. Me la narra ahora para que pueda escribir este libro. Comienza de esta forma: a principios de junio de 1943, cuando el general Patton planeaba su salto desde la costa africana, Jorge Arana vuela a la Ciudad de Panamá. Pero se encuentra deambulando en esa capital preguntándose si en algún momento podría continuar su viaje. Los aviones están llenos. Panamá esta repleto de soldados y todos los vuelos que salen y llegan al istmo tienen prioridad de uso militar.

Se pasa los días mirando la pista, haciendo cola, esperando anuncios, soltándose el cuello de la camisa para combatir el horno del sol. Al anochecer le dicen que rece para tener suerte, que regrese al día siguiente. Las noches en la ciudad son tolerables con otros latinos jóvenes tentados por el norte con la promesa de carreras mejores. Van a las tabernas de los marineros; sentados en bancos se balancean con los mambos; entre jarras de ron, echan el ojo a las mujeres.

Pasan siete días y los vuelos de los civiles siguen paralizados. Los dólares que ha acumulado se van raleando. *MIT* le ha enviado sólo lo necesario para llevarlo a Boston y cada día que pasa en esa parada obligatoria consume su futuro.

Una mañana, sentado en el aeropuerto fangoso con una maleta a su lado y las fotografías de sus padres en el bolsillo, un funcionario del aeropuerto aparece vociferando al gentío. El avión de hoy que va a Miami está ligero, dice. Necesitamos diez libras para completar el peso del correo. ¿Hay alguien que pese cincuenta kilos o menos?

Mi padre avanza: un hombre delgado y fuerte, un atado ajustado de energía. Pueden apreciar que no pesa más que un costal de correo. Lo pesan, lo apuran a través de las puertas de salida, lo amarran. Llega a Estados Unidos como debe llegar una carta: con un destinatario apenas y una astilla de esperanza. Ahí, además del verde de los jóvenes soldados y el polvo del yute viejo, siente que su suerte se levanta.

Miami, adonde llega, es una ciudad dinámica, movida por la vida de la calle y el dinero. La guerra es evidente en todas partes: en los uniformes y en la propaganda de las paredes. Se queda dos noches, esquiva la confusión y trata de abordar el tren. Hay otros hispanos que se dirigen a universidades. Gran parte de América del Sur ha tomado el lado del coloso del norte; los extranjeros son bienvenidos. Es un vínculo de conveniencia entre un país en guerra y jóvenes latinos educados. Vienen desde bastante lejos para aprender lo que puedan de los gringos, cortejar a una rubia, ocuparse de las máquinas mientras tanto.

Tarde una noche gris a fines de junio baja del tren en Boston. Camina a través de la ciudad de cemento hasta un edificio que le han asegurado será su hogar. Una serie de cicerones intrigados le señalan el camino. El edificio de los dormitorios es de piedra e imponente. Adentro, un hombre uniformado está sentado. ¿*Sí señor?* le dice el marinero bruscamente bajo un rubio corte militar.

Buenas noches le dice mi padre, pronunciando las palabras en inglés lentamente, saludando educadamente con la cabeza. Registra sus bolsillos y saca la carta que lo ha llevado hasta allí. El militar la revisa rápidamente, mueve la cabeza.

Esto fue un edificio del MIT hasta la semana pasada. No esta noche, le dice extendiéndole de vuelta el papel a mi padre.

Ahora es el cuartel general para un programa de entrenamiento V-12 naval. Habrá una tripulación completa en la mañana.

La cara de mi padre se ensombrece, la del marinero se suaviza. *Bueno, déjeme darle una mirada a eso nuevamente,* le dice el gringo y lee el gastado documento por segunda vez. Cuando levanta la vista, los ojos muestran un razonamiento diferente. *Bueno, no veo por qué no pueda pasar una noche aquí.*

Esa simple oración hace que a Jorge Arana le comience a gustar Estados Unidos. Su comida es insulsa. Sus mujeres parlotean incomprensiblemente. Sus tardes retumban con truenos y torrentes que caen del cielo. Sus calles se resumen en bocinas y codazos. Pero hay una buena voluntad en la atmósfera: una camaradería de guiño, un vínculo con todo el hemisferio.

A los pocos días mi padre se inscribe en la división de graduados de *MIT*, pagando dos dólares al día por un cuarto alquilado y dos comidas, luchando por descifrar las imprecaciones de Boston sentado en un aula sin tener idea de lo que el profesor ha dicho. Ha estudiado inglés durante años en Lima pero se siente incapaz de manifestarlo ante el fuego de la metralleta sin remedio de la jerga americana.

Jack Coombs, el hombre en cuyo departamento vive, es un irlandés de clase trabajadora con un vocabulario colorido y una poderosa sed por la cerveza. Coombs es bajo, cuadrado; y así también es su esposa. Juntos resultan un monumento al azar. Los Coombs son aficionados al juego, su conversación se centra en los caballos y el albur: jinetes y desventajas. Mi padre se sienta en su mesa con un diccionario a su lado, intrigado por el léxico y maravillándose con la suerte que ha tenido.

¿Cómo es la vida por allá de donde vienes Jorgei? le grita Coombs entre sorbidos de cerveza. *¿Todos ustedes se visten con plumas y danzan descalzos?*

Usamos zapatos, señor Coombs. De cuero y finos. Los ordena-

mos a París desde el siglo XVI antes que su gente pisara este país, le replica después de haberse reído estrepitosamente y haber buscado las palabras en su diccionario.

La escuela de postgraduados es difícil y su inglés no es lo suficientemente bueno. Sus profesores son directos: si no obtiene un puntaje perfecto en su proyecto de ingeniería, no se le otorgará el grado. El proyecto tiene que ser una invención, algo que nadie en la facultad haya visto antes. En las primeras semanas decide la forma que éste tomará. Construirá un instrumento que graduará el peso sobre un puente. No como se construye con la carga sobre los trechos, pues ya hay varios de esos artefactos. No, su instrumento experimentará un puente de suspensión que ya se ha erigido sin que nadie lo haya probado, un cable considerado inseguro, una estructura que todos imaginan se caerá.

Más de cinco décadas después le pregunto sobre eso. Tiene ahora más de ochenta años, barrigón y canoso, casi ciego en uno de sus ojos pero reconozco lo intenso y reflexivo que debe haber sido de joven. Saca un lápiz y me lo dibuja: un cable y un delicado instrumento que se emplaza sobre él. La vez siguiente que lo visito, ha construido un modelo. Aquí está, me dice instalando el invento ante mí. Hay un cable de metal entre dos poleas, con pesos en ambos lados. Una pinza triangular presiona hacia abajo desde arriba desplazando el cable en incrementos, midiendo matemáticamente el peso. El modelo está hecho —como todas las cosas que él hace ahora— de algo completamente práctico: una jaba de fruta de madera, pintada cuidadosamente, lijada hasta la suavidad, marcada claramente con ecuaciones. Lo explica meticulosamente. Mi madre, de ochenta y seis años, se inclina, absorta en su frágil equilibrio. Tiene el pelo platinado, es preciosa. Tiene en su mano una mandarina.

▧ ▧ ▧

La primera vez que la veo, me cuenta, *es a través de una ventana*. Él está dentro del dormitorio, ella está caminando a lo largo del Fenway con un grupo de mujeres a su alrededor. La registra como un color dentro del arco iris, una línea rauda sobre un campo veteado. Es majestuosa en su sastre verde helecho, su pelo liso recogido en un rollo dorado y una pluma marrón que tiembla por ahí. Sus compañeras son niñas de caras frescas. Ella es una década mayor, aclimatada y con un flujo diferente en el manantial de sus ojos.

La ve con frecuencia luego de esto. Cada día hasta que llega el invierno. Él vive en una casa llena de latinos, tres pisos de ellos en un edificio alquilado por el *Boston Conservatory of Music*. En el espíritu frugal de la época de la guerra, los músicos comparten un comedor en el sótano con los hombres de *MIT*.

Sube las escaleras de 24 Fenway con su violín bajo el brazo, sacude la nieve de su abrigo de piel, ingresa a un recinto lleno de galanteadores de ojos oscuros y se dirige a una mesa en la parte de atrás. Advierte el alboroto y las risas pero está apartada y de alguna manera desconectada.

No es casada, pues su dedo no está adornado, observa él. Es más elegante, suave y estudiada que el resto. Tiene el aire atildado y perfumado de una mujer que ha estado en el mundo hace un tiempo.

Al principio él observa que está bien acompañada y que camina enérgicamente desde el conservatorio con una serie de pretendientes. Él se fija sólo cuando pasa. Hay, en su lado de la ventana, preocupaciones más urgentes. La ciencia ha barrido el romance de sus perspectivas hacia una esquina lejana de su vida. Otros como él lavan platos, sirven mesas, toman cualquier trabajo para ganar dinero para una juerga en el fin de semana. Pasa sus días en una biblioteca, en un laboratorio, entre un diccionario y una ruma de libros. Algunos sábados hace fiestas, mezclando el ponche en la tina, dirigiendo el baile de rumbas y mambos, sosteniendo un trago en el aire. Los latinos de *MIT* son conocidos por sus fiestas, por conseguir champán, por servirlo en zapatos. Principalmente, sin embargo, ve el mundo desde la ventana de un tercer piso, descifrando jerga que ha copiado de una pizarra, estudiando e investigando afanosamente. Todos saben cómo los Estados Unidos se deshace de los estudiantes latinos que no dan la talla, los envían a la isla Ellis y, aun peor, a los campamentos de detención antes de deportarlos a sus países.

Entre sirenas, apagones y racionamiento de carne hay una noche de conga y ron. Ven aquí, la llama cuando, para su sorpresa, ella aparece en la puerta. Déjame que te enseñe. Le pone una mano en la cintura y la acerca hacia él. Es cálida y tiene una fosforescencia extraña, un brillo en la nuca. Inclina la cabeza hacia un lado y se ríe y entonces hay un momento en que el aire se detiene.

¿Quién puede decir cuándo el primer cabo cruza el arroyo? El filamento es lanzado. Un tramo frágil se arquea al llegar al otro lado. Las historias difieren en los aspectos exactos del momento. ¿Es cuando ella le trae helado tarde en la noche antes de los exámenes? ¿Cuando él se sienta en las gradas del edificio del conservatorio esperándola? ¿Cuando él le pide ayuda con una frase incomprensible?

Las cartas que envía a su familia dicen que los americanos son inteligentes, industriosos, admirables en todo sentido. Pero tienen una forma extraña de vida. No puede imaginarse con una mujer de esta raza aburrida y pálida. Llega la primavera y puede imaginarse. Están juntos, asoleándose en el parque, escuchando a los *Boston Pops*, estirándose sobre el césped, imaginando una vida, juntos, en el Perú.

Ahora, le dice él acariciándole el pelo, *cuéntame sobre tu familia, Marie.*

Nada que decir, le contesta ella simplemente. *Mi apellido es Campbell. Nací en 1921. Tengo una madre y un padre, eso es todo.*

Bueno, comienza por el principio. ¿De dónde eres? le dice él, construyendo de la nada un ladrillo sobre otro.

Seattle. La conversación se detiene ahí. Es de Seattle. Originalmente del Canadá. De allá lejos. De por allá. Se levanta y sacude el polvo de su ropa.

Estoy pasando el tiempo con una gringa bonita, le escribe a su madre, *pero como sabes, no soy de los que andan en busca de misterios o apostando a los caballos. Estas mujeres son cosas del momento.*

En realidad, se encuentra intrigado por su misterio, confundido por las señales. En el Perú las cosas son más sencillas. Hay dos tipos de mujeres: las que te encuentras por ahí y las que llevas al altar. La que enamoras no es una extranjera al azar, que camina por el Fenway, que viene a comer al comedor del sótano. Te la presenta la familia, la visitas en la casa de su padre en presencia de una chaperona. No en un dormitorio de un colegio, bebiendo champán de un zapato.

La mujer con la que te casas es una criatura cortés con una educación adecuada que le permite charlar a la hora de la cena o que puede guiar la educación escolar de un niño. La más importante de sus virtudes es la castidad, un compromiso firme con el hombre, sus hijos y, por asociación, con su árbol genealógico.

Las gringas del conservatorio, por otro lado, lo dejan perplejo. Parecen moderadamente cultivadas, señoritas decentes, pero autosuficientes e insolentes como los hombres. Hay otra cualidad desembarazada, una libertad que sería considerada escandalosa en Lima. Quizá sea una diferencia entre las culturas. Quizá sea la naturaleza de una época inestable.

La guerra se ha convertido en la explicación para todo. Hay

una sensación de que el tiempo es corto. Cada cigarrillo es un milagro. Cada canción una seducción. Una fiesta se alarga durante días.

Las mujeres son diferentes; no sé cómo juzgarlas, le escribe a su madre. *Hay un cierto código aquí, no sé qué pensar. En los restaurantes uno dice lo que comió, y el camarero confía en él y le escribe la cuenta. Es un país patas arriba. Un laberinto de espejos. Cuando creo que lo comprendo, descubro que estoy equivocado.*

En lo que se refiere a ella está bastante equivocado. Él piensa que ella tiene veintitrés años. Tiene treinta y uno. Él piensa que es rica. Ella sólo aparenta serlo, en su abrigo de piel y cuando carga a su cuenta los taxis. Él se imagina que ella va y viene a Seattle porque sus padres la esperan. Lo que hay ahí no es una familia, es su propio pasado.

En junio, cuando Hitler sale cojeando de Italia y marchan sobre Roma jóvenes americanos, termina su tesis. El aparato del puente funciona. Recibe una maestría con honores. Pero para entonces, está absorto en un currículum de naturaleza diferente. Está enamorado y buscando la forma de quedarse. Cuando un ejecutivo de General Electric de Schenectady le ofrece trabajo inspeccionando turbinas para buques cisternas, lo acepta.

Ese invierno toma también una esposa. De acuerdo con su historia, él y mi madre han pasado muchos meses separados: ella en Manhattan, estudiando con el distinguido maestro de violín Emmanuel Ondricek; él en Schenectady, conduciendo vapor a través de una válvula. Un fin de semana se encuentran en Boston. El lunes buscan un juez.

Aquí es donde la historia se desenvuelve, donde la cuerda fluctúa en oraciones inacabadas, como un hilo en un viento de febrero. Es ella, después de todos estos años, la que llena las lagunas. Comienza con su visita a un sacerdote católico el domingo, me cuenta. Le pide que los case pero, luego de una corta conversación, la despacha. Cuando le informa a mi padre que el sacerdote la ha rechazado, no le dice por qué. A la mañana siguiente encuentran a un juez de paz que accede a casarlos. Les toma los datos y les dice que regresen con sus documentos.

Regresan otro día, listos para hacer sus votos pero hay preguntas inesperadas en la mente del juez. *¿Dónde está su acta de nacimiento?* le pregunta a mi padre. *No puede casarse si no lo tiene.* Mi padre le presenta su pasaporte pero el letrado mueve la cabeza.

Y usted, jovencita, le dice a mi madre en su vestido azul verdoso. *La información que me dio en esta solicitud no es correcta. Su permiso de conducir dice que usted nació en 1913, no en 1921, y Campbell no debe ser su apellido de soltera. Usted ha estado casada antes.*

Mi padre se fija en la página mientras ella saca un lapicero y la corrige. Cruza el año con una línea y escribe encima 1913. Y al llegar al final de la página, matrimonios anteriores, lo lee y escribe su respuesta, tres.

Bien, dice el juez. *Así está mejor.* Se está ablandando como el marinero de pelo muy corto de esa primera noche en Boston. *Ahora podemos continuar,* le dice a mi padre aturdido, interpretando su trauma como impaciencia *pero usted debe prometerme que después me va a traer una copia de su acta de nacimiento, ¿verdad? ¿Llamamos a dos testigos y lo hacemos?* Gesticula en dirección de los rezagados en el *hall.*

Sí, dice mi padre componiéndose, y la boda se celebra. El puente se construye.

❊ ❊ ❊

Papi decide aceptar el misterioso pasado de mi madre en una fracción de segundo como yo he llegado a aceptarlo con los años. Me he preguntado sobre el corazón de mi madre durante casi la mitad de un siglo. Ella me ha dicho tan poco sobre su funcionamiento. Pero ahora que soy mayor, sé que tiene derecho a sus secretos. Me contento con comprender que mi madre ha tenido un amor verdadero, un amor difícil, y que se le ha roto el corazón. Sé que mientras mi padre le ha ofrecido los dos primeros, nunca le causará lo último.

Sólo cuando tenía cuarenta años y mi madre ochenta pude finalmente preguntarle abiertamente. Habíamos viajado a Nueva York juntas. No lo había planeado, no lo había ensayado pero luego de unas copas de vino en una tratoría de Manhattan, se me salió.

—Mother —le dije— me he pasado la vida tratando de hacerte una pregunta.

Me miró con sus ojos azules fijos y asintió con su cabeza plateada. Sus dedos inclinaban el vaso de adelante hacia atrás como si estuviera buscando equilibrio en un arco de violín. «¿Me estás preguntando sobre los matrimonios?»

—Sí, así es. Sí.

Puso el vaso sobre la mesa y cruzó sus dedos.

—Hubo tres antes de tu padre —dijo simplemente.

Me quedé pasmada y asombrada. Hablaba sin ningún titubeo, fríamente, francamente. Como si estuviéramos hablando sobre habitaciones en una casa. «Fueron tres. —Levantó tres dedos e iba apretando uno por uno con un dedo de la otra mano—. En el primero, me fugué, o debería decir, un grupo de nosotras nos fugamos. Tenía dieciséis años. Mi hermana Erma me convenció. Me obligó a hacerlo. Fue una osadía. Una travesura. Nunca me di cuenta cuán responsable fue Erma de ese primer matrimonio miserable, hasta que fui una mujer madura, hasta que Erma murió. Hasta ahora.»

Hizo una pausa y me estudió. Hice un esfuerzo por recordar

a Erma. Era la única de los tres hermanos de Mother que había conocido, pero todo lo que podía traer a mi mente era una imagen borrosa durante una visita familiar. Más me atraía imaginar a mi madre adolescente casándose en una aventura. Era como si nunca la hubiera conocido. Como si la viera por primera vez a través de mi telescopio desde otro planeta. Repentinamente caí en cuenta de que me había dejado crecer sin parecerme a ella. Fui prudente, vacilante, respetuosa de las costumbres y de mi propia imagen virginal de *cómo se hace*. La manera como las buenas latinas *deben* comportarse. Era por eso que ella nunca había hablado sobre su pasado conmigo. Había reconocido los límites de mi circunspección, la peruanidad esencial de mi alma.

—El nombre de ese primero fue Gerardy —dijo rápidamente—. El encargado del correo en el pueblo. Siempre se había fijado en mí. Así es que nos casamos y así fue. Era una niña tonta. Pero Erma debió haberlo sabido. El segundo fue en San Francisco. Era un extranjero que no quería que lo enviaran a la guerra. Le hice un favor. Necesitaba papeles, ciudadanía. Fue un matrimonio de conveniencia. No hay en realidad nada más que decir.

Moví mi cabeza, sí, está bien, olvidémonos de ése.

—El tercero —en ese momento levantó un solo dedo y lo movió en el aire—, en el tercero hubo amor. —Se detuvo ahí. Esperé que pasaran algunos latidos.

—Campbell —le dije.

—Sí —dijo ella— Campbell. Murió en la guerra y eso es todo lo que voy a decir —empujó el vaso a través del mantel blanco.

—¿Eso es todo lo que me vas a decir? —parpadeé.

—Sí —dijo ella— eso es una parte de mi vida que mantengo separada. No tiene nada que ver con la parte en la que estoy ahora. Es sagrada. ¿Entiendes? Sagrada. No quiero entrar en ella.

No quiero que tú entres en ella. No es conversación social. No es para hablarlo sobre comidas informales en Nueva York. —Se detuvo y pude observar que sus hombros se tensaban con un acero que ya conocía.

Era clara la razón que la hizo subirse a un tren que la llevara a otras costas. Gracias a Dios que Papi había estado allí. Eso es suficiente, Mother. Dios sabe que es suficiente y ahí se queda. No necesitaba saber más.

La ironía es que llegué a saber más sobre la historia, cumpliendo con la regla gringa de que si te callas y te ocupas de tus asuntos, la gente te dirá alguna que otra cosa. En una conversación telefónica varios años después, me enteré por una prima al que nunca había conocido que Gerardy, su primer esposo, era alcohólico y brutal. Que había querido hacerse de la fortuna de su padre. Que dejaba tirada a mi madre de dieciséis años como una muñeca. Cuando no estaba sacudiendo y distribuyendo costales de correo como el cartero del pueblo, le golpeaba la cara y la tiraba por las escaleras.

Es por esa razón que mi madre necesitaba una dirección diferente. Su ruta la había llevado de un cartero cruel a alguien que al rehuir el servicio militar necesitaba un favor, de una dolorosa pérdida de la guerra a un avión con mi padre en él, que como un costal en un avión de carga cubría la ruta del correo de Panamá a Miami. Se sintió atraída por lo diferente que era mi padre. Él respondió desechando el pasado que traía. Cuando ella se inclinó para corregir el documento del juez —matrimonios anteriores, tres— cualquier cosa pudo haber pasado. Pero en ese momento crucial mi padre no vaciló. Lanzó un trazo firme. A otra vida. A otro mundo. A un punto que quizá ella nunca hubiera alcanzado.

❖ ❖ ❖

Sí, mi padre le dice al juez reaccionando con compostura y la ceremonia continúa. Los bastiones se hunden.

Cuando vuelven al departamento en Boston como marido y mujer, sus amigos los esperan para brindar. Cuando finalmente están solos, la albañilería tambalea. *Sí*, le dice ella, *es cierto. No quería perderte. Hubo otros*. Llora. Los cables están tan desgarrados que pueden partirse.

No importa, dice él. *Quedó atrás. Esa parte de tu vida terminó. Por favor, no digas nada más*.

Él considera las alternativas sabiendo lo que significará el impacto total en su familia. Su matrimonio es imposible en una sociedad católica, inaceptable para una fe que condena el divorcio como obra del diablo y a las mujeres vueltas a casar como rameras. Pero Estados Unidos es diferente. Para él, su nueva esposa no es ni más ni menos que típica. Les escribe a mi abuelito y abuelita. *Me he casado con la gringa bonita*, les dice. *Estamos yendo al Perú. Envíen las participaciones. Su ciudad es Seattle. El nombre de su padre es James B. Campbell*.

No vuelve a tocar el tema de los tres matrimonios con ella. Hasta el día de hoy. Inclusive ahora que me muevo entre ellos tratando de componer esta historia, es algo que no discuten.

En algún lugar de Denver, una ciudad que mi madre jamás le ha mencionado a mi padre, Elver Reed recibe un telegrama de mi madre y el corazón del anciano se hunde con las noticias. El tío Elver es su tío, un abogado rico de Denver, un pilar de su comunidad. Ha estado pagando por sus estudios en Nueva York en el conservatorio dándole la oportunidad de reorganizar su vida. Pero hay algo que a él no le gusta sobre las noticias de un esposo peruano. Dios hizo a esa gente diferente. No como el pueblo anglicano. Se sobreentiende que el dinero cesará.

Aun mientras mi padre organiza el viaje marítimo a Lima, todo lo que sabe sobre mi madre es lo que ha escuchado en un juzgado americano. Él cree que sus suegros están en Seattle, pero en realidad están en Wyoming. Aunque sabe que el apellido de ella no es Campbell, no sabe todavía que es Clapp. Respecto a los otros matrimonios de su esposa, hace un esfuerzo consciente para olvidarlos. Y así, aunque está encaminándose de regreso al Perú, ha dado el primer paso hacia convertirse en un americano: el futuro le interesa más que el pasado.

3

ANTEPASADOS

Ancestors

Claro, pero si eres un latinoamericano bastante avanzado en el camino hacia convertirte en norteamericano, tu pasado es una carga pesada que llevas al futuro. Esto era cierto para Papi cuando trajo a su gringa joven y preciosa al Perú, y ha sido cierto para mí hasta donde recuerdo. No debido a que somos y seremos siempre latinos, sino porque somos Arana y para nosotros la historia es aún más ineludible de lo que puede ser para otros latinoamericanos.

▩ ▩ ▩

Me he parado sobre el Puente de los Suspiros en Venecia. Es monumental y está lleno de historia. Es adonde van los turistas. Me he puesto en fila detrás de la Plaza de San Marco para ver cómo su piedra penetra de un lado al otro del canal. Es un tramo cubierto y decorado con dos ventanas pequeñas enrejadas que dan al agua y que va desde el palacio de los dogos hasta un calabozo al otro lado. Dicen que los venecianos condenados pasaban del juicio a la ejecución por ese conducto. Conforme lo cruzaban y miraban a través del enrejado, veían más allá del canal a la laguna y suspiraban por sus vidas, por sus pecados, por la belleza de esa última imagen.

Es este puente —impregnado del ayer, envuelto en culpa, encerrado en piedra— lo que me trae a la mente la historia profunda de mi padre. Tanto él como Mother habían sido moldeados por el pasado, pero el suyo era un pasado que él no había construido y del cual no era consciente, un legado heredado antes de que hubiera visto la luz del día. Era la marca Arana: tan real como una pierna encogida, una mano amputada, o un latigazo de hombro a hombro. Había repercutido desde la selva hasta la sierra, de un lado al otro de los Arana. Se había entretejido en todas las ramas de la familia, había herido a su abuelo, asfixiado a su madre, acorralado en el piso de arriba a su padre. Nadie hablaba de esto, nadie lo reconocía, en realidad, a nadie le importaba rastrear el sistema de circuitos; pero para los Arana el pasado había sido tóxico y la vergüenza salpicaba a las generaciones como la savia a través de una vid.

Durante toda mi vida, los desconocidos me habían preguntado sobre el barón del caucho Julio César Arana y siempre les había dado la respuesta consabida: ningún vínculo, ninguna conexión, nada que ver conmigo. ¿Así es que una figura tenebrosa había sido responsable de una hecatombe humana en la selva? Bueno, esa historia había sucedido al principio de otro siglo, en el seno de otra familia, no tenía mayor importancia para mí. Pero Julio César entró cautelosamente en mi vida de todas maneras.

En el verano de 1996 la Institución Hoover de la Universidad de Stanford me otorgó una beca para estudiar el problema de las mujeres peruanas y la pobreza. Había decidido centrarme en la valiente supervivencia que persistía en los márgenes amotinados de Lima. Había regresado al Perú con mi padre con el propósito expreso de peinar las barriadas de Lima para un informe periodístico que pudiera producir durante la beca. Con mis cuadernos de notas y una cámara, me dirigí hacia las dunas que abrazan la ciudad. Me senté dentro de chozas de barro con madres decididas a dejar atrás el temor de las guerrillas de Sendero Luminoso, escuché a hombres que habían presenciado el desmembramiento de sus bebés, hablé con niños de ojos paralizados.

Un día le pedí a mi padre que me acompañara a las barriadas. En un carro alquilado, las atravesamos serpenteando las pistas polvorientas hasta que llegamos a la casa de un sacerdote lisiado cuyas piernas habían sido destrozadas por machetes terroristas. Papi tenía setenta y seis años y nunca en su vida había visto una barriada. Desde el asiento de atrás del carro observaba por la ventana y, sin decir palabra, miraba la suciedad. Cuando lo regresé a casa de sus hermanas, estuvo enfermo durante una semana. Escribí para mi periódico sobre los peruanos indígenas pobres. En el lujo de la oficina de Stanford cumplí con mi trabajo. Pero aun luego de haber guardado mis notas y enviado el artículo a los editores, las penas del Perú permanecieron en mi escritorio como una piedra.

Fue entonces que decidí abrir una ventana a mi propio pasado y sondear en la historia de los Arana. Pensé que sería un entretenimiento suficientemente agradable para un año sabático: seleccionar entre la rica colección latinoamericana de Stanford y descubrir quiénes fueron mis antepasados. Cada mañana bajaba a los estantes de la biblioteca, sacaba todo libro que mencionara Arana y lo llevaba cumplidamente a mi pequeña y tranquila oficina con vista a una plaza pintoresca. Lo que yo sabía sobre los Arana hasta ese momento era sólo lo que había podido recoger de mi familia más cercana.

Sabía que mi bisabuelo Pedro Pablo Arana, que se había graduado en los mejores establecimientos del Perú para continuar con una distinguida carrera de gobernador, senador y héroe revolucionario, era misterioso y dado a secretos sobre sus lazos familiares. Era un hombre orgulloso con un temperamento napoleónico, intolerante con curiosidades como la mía. Pero su arrogancia nada tenía que ver con el linaje así como otras veces ocurre. No hablaba sobre los parientes.

También sabía que cuando mi abuelo —mi abuelito— tenía seis años, Pedro Pablo lo había enviado a un internado en Lima, y luego había proseguido con su carrera política. La madre de abuelito, doña Elvira Sobrevilla Díaz, era una mujer soñadora que despreciaba la pretensión de la vida de la ciudad. Prefería pasar los días con su hija Carmen, lejos de su esposo e hijo, en las montañas de su propiedad en Huancavelica donde se obsesionó con la condición de los indígenas. Cuando Pedro Pablo Arana fue nombrado gobernador del Cuzco (*Qosqo*, ombligo del mundo), su hijo estaba tan arraigado en el mundo hermético de las escuelas católicas —desde Lima hasta la Universidad de Notre-Dame— que tenía poco contacto con otros Arana. La familia de su madre, los Sobrevilla, vivían parte del año en Lima y visitaban al niño de cuando en cuando; la familia de su padre era inexistente.

Encontré una mención de mi bisabuelo Pedro Pablo Arana en el primer libro que miré: una enciclopedia latinoamericana. *Héroe peruano*, decía, *dirigió el último levantamiento populista contra los militares en 1895*. Pedro Pablo Arana había sido ministro de Guerra en una revolución contra la maquinaria militar del General Andrés Cáceres, presidente del Perú. «El imperio de la Ley, sobre el imperio de la fuerza» era su grito de guerra y dirigió a trescientos rebeldes a caballo, apareciendo inesperadamente por la cordillera en la insurrección de Huancayo de

1895. Pero las fichas de los catálogos me condujeron a otras menciones de otros Arana, Julio César Arana —línea tras línea de referencias con rótulos provocativos anexados a ellas: *atrocidades, inversionistas de Londres, juicios, calabozo, organizaciones de derechos humanos, la marca de Arana*. Es así como, aunque nunca había ido a buscar a Julio César, su fantasma me tentó con la tarea. Decidí saber por qué siempre la mención de su nombre hacía levantar las cejas. Por qué cada vez que le pedía a mi familia que me contara sobre Julio César Arana la respuesta había sido inequívoca: «Oh, hay tantos Arana, Marisi, él no tiene nada que ver contigo».

Los hechos, de acuerdo con lo que encontré en la biblioteca de Stanford, son los siguientes: Julio César había nacido en 1864 en Rioja, un pueblo en el norte del Perú, en el vértice de la cordillera y la selva amazónica. El año que nació, mi bisabuelo Pedro Pablo Arana era un estudiante universitario, graduado de un colegio prestigioso de Lima con miras a una carrera de abogado. En 1882, mientras mi bisabuelo ofrecía discursos senatoriales desde los podios en las alturas del sur de Huancavelica, Julio César, que tenía dieciocho años, decidió probar suerte en Yurimaguas, una pequeña guarnición mohosa sobre el río Huallaga. Incursionó en el denso bosque tropical en busca de árboles de caucho. El caucho estaba en vísperas del auge —oro negro, le decían— y el Amazonas estaba repleto.

Hay algunas versiones que cuentan que Julio César era el hijo de un tejedor de sombreros de jipijapa y pasó su infancia descalzo y pregonando la venta de sombreros desde el lomo de una mula. La verdadera historia es bastante más complicada. Su padre, efectivamente, tenía un negocio de sombreros de paja en Rioja, pero los Arana eran una red de pioneros, capitalistas y políticos. Nuestra parte del clan se había originado en la parte histórica de Cajamarca donde Pizarro y los incas se encontraron frente a frente por primera vez. Un Arana se quedó en Cajamarca e inició un negocio de metales preciosos. Otro —el padre de Julio César— se estableció en Rioja e hizo su fortuna en el negocio de los sombreros de jipijapa. Un tercero —Benito Arana— se fue a Loreto para probar su suerte en la política. Un cuarto —Gregorio Arana— mi antepasado, se fue al sur, a las alturas de las sierras de Ayacucho y Huancavelica a las minas de plata y mercurio.

Cuando Julio César tenía tres años, un Arana ya había iniciado la trocha a través de la selva. Benito Arana, gobernador de Loreto, el estado amazónico peruano, abrió paso a las fortunas del caucho navegando el Ucayali, el Pachitea y el Palcazu. El gobernador no estaba pensando solamente en el caucho. Estaba en una misión para disipar la sospecha de que el Amazonas era peligroso para el desarrollo comercial. Decidió demostrar su argumento viajando él mismo río abajo.

Existía una buena razón para que los empresarios estuvieran recelosos de la selva. Dos jóvenes marineros de apellido Távara y West se habían perdido en la tierra de los caníbales cashibo; así es que Benito Arana decidió descubrir exactamente lo que les había pasado. En compañía de un periodista, el gobernador Arana se abrió paso en medio del territorio cashibo. Dio unos pasos en el campamento, buscó la choza más grande y le exigió al temible jefe yanacuna que saliera y explicara lo que les había pasado a los muchachos. La esposa del yanacuna salió indignada, acusando a Benito Arana de invadir territorio sagrado. Dos intrusos habían llegado al pueblo yanacuna, le chilló. ¡*Dos hombres de hierro cargando sus antorchas de acero!* Habían cocinado muy bien en trece cacharros de arcilla sobre trece fogatas. La esposa del jefe aventó dos quijadas, dos dentaduras, a los pies del gobernador. *Aquí están sus muchachos*, gruñó. *Déles una mirada. Lo mismo le puede pasar a usted.*

Cuando Benito Arana regresó a Iquitos fue como si Moisés hubiera descendido del monte Sinaí con los mandamientos: los indios de la jungla eran bestias, no gente. Eran inferiores a los simios, incapaces de sentimientos verdaderos y humanos. Por lo tanto, se les debía tratar como animales. Y de esta forma, quedaba abierto el camino. Dos décadas más tarde, mi antecesor Julio César lo atravesaría.

Era un hombre carismático, Julio César: un caudillo, un intrigante. Era de espalda derecha y hombros fuertes, frente alta, arrogante, y con una predilección por la ropa elegante. A los dieciocho años había decidido hacer del caucho una carrera. Se casó con Eleonora Zumaeta, una aristócrata de pueblo pequeño y junto con su hermano estableció una empresa llamada J.C. Arana Brothers, Inc. Para los veinte años había reclutado un ejército de capataces. A los veinticinco estaba comprándoles tierras a colombianos aventureros, poniendo a trabajar a la fuerza a los indios del bosque, a miles de ellos, en un negocio que iba de Iquitos a Manaos; dos médulas de caucho que llevarían el automóvil a la era industrial. Al inicio del siglo, Julio César había conseguido mañosamente suficientes contratos de arriendo denuncios como para dominar el Putumayo, una frondosa extensión en la selva rica en caucho entre dos tributarios que resonaban con su nombre: el Igaraparaná y el Caraparaná.

Jebe precioso, látex blanco, caucho: el Amazonas latía con él y en ninguna parte de la selva era más abundante que en el Putumayo, la frontera ingobernable donde Colombia se encuentra con el Perú, exactamente donde ahora florece la planta de la cocaína. El caucho más fino —duro como parafina— se encontraba en doce mil acres de tierra que ninguna bandera había reclamado: el territorio entre Perú y Colombia que Julio César Arana había establecido como suyo. Sus ejércitos de esclavos abrían trocha con machetes, internándose en el verdor, y hacían que se retiraran chillando los caracarás y los monos tití. Los cauchos —árboles que lloran lágrimas blancas, como los llaman los omagua— eran tasajeados, drenados y sus troncos resecos quedaban abandonados para crujir con el viento.

Todo el Putumayo estaba bajo las órdenes de este hombre: la Casa Arana tenía el monopolio sobre el caucho del Pará y desde tan lejos como Pakistán y Australia venían buscadores de tesoros a trabajar para su fundador. Julio César había puesto a Iquitos —una guarnición de la selva inaccesible por tierra— en el mapa del mundo civilizado. La había convertido en una de las ciudades más ricas del planeta. Tenía seiscientos hombres armados explorando la selva en busca de esclavos. *Hombres de hierro*, los llamaban los indios del bosque. Hombres de hierro por las temibles armas que cargaban con ellos. Barrían los villorrios con promesas infladas, llevándose a los nativos fuertes y sanos. Julio César tenía cuarenta y cinco centros de operación en puntos estratégicos a lo largo de la frontera con Colombia, una zona que era demasiado salvaje para ser defendida por un país o el otro. A principios de siglo, tenía de su lado a los militares peruanos ayudándolo a mantener ese territorio. *Tengo seiscientos hombres armados con Winchester*, decía el cable que envió al presidente, *es esencial que me envíe un aprovisionamiento de Mannlichers*.

En 1902, cuando Abuelito tenía veinte años y movía la borla del birrete de un lado a otro de la cabeza durante su graduación de la Universidad de Notre-Dame, Julio César tenía miles de indios de la jungla haciéndolo rico. Eran los huitoto, los bora, los andoke, los ocaina, desde cazadores salvajes de cabezas hasta selváticos con ojos de ciervo. Se levantaban al amanecer bajo la vigilancia de capataces; iban rumbo a los árboles a la luz gris de la mañana cuando el caucho fluye abundantemente; marcaban canales en forma de V en la corteza y dejaban que la leche blanca se acumulara en recipientes de lata pequeños. Cada árbol podía producir cien libras de caucho, antes de secarse como una cáscara. Cuando un puesto de caucho goteaba todo el día, un indio de la selva llegaba a recoger el equivalente a un rollo de cable del tamaño de una pierna humana.

Los secuaces de Julio César reclutaban a flagelados, fugitivos de las grandes sequías de Ceará. Era un éxodo de cientos de miles de ellos que salían del páramo del noreste del Brasil. Las calles de Iquitos y Manaos estaban llenas de ellos —demacrados, malhechores desdentados, deseosos de embarcarse ante la promesa de trabajo y comida. Cuando Arana los llevó a Iquitos, le debían pasaje, comida, baldes, balas y Winchesters. No fue grande el esfuerzo para convertirlos en esclavos.

En 1903, cuando mi bisabuelo era gobernador del Cuzco, en plena campaña para la vicepresidencia y soñando con una república democrática excelente, Julio César se había convertido en uno de los hombres más ricos del hemisferio y sus dominios —veinticinco millones de acres— abarcaban desde el Perú hasta Colombia. Dos años después constituyó legalmente sus negocios en Nueva York y Londres bajo el nombre de Peruvian Amazon Company. Contrató a un directorio británico, puso la compañía en la bolsa de valores de Londres y comenzó a convertir en ricos a los gringos.

En el espacio de una década la Casa Arana se había convertido en una empresa enorme. Julio César y sus hermanos la dirigían desde su palacio, una extensión magnífica que miraba al Amazonas no lejos del punto donde el río se divide. A esa avenida le puso el nombre de calle Arana y plantó palmeras a lo largo de ella. Desde sus elevados balcones podía inspeccionar sus dominios. Desde sus jardines de rododendros podía caminar hasta una balaustrada triunfal que terminaba en el agua gris verdosa y observar sus barcazas conforme se acercaban. Más allá en la selva, estaba el ejército de quinientos hombres, los capataces, los guardias, los pesadores, los rajadores. Iban cubriendo senderos que podían seguir con los ojos vendados sabiendo instintivamente qué árbol sangrar. Una vez que traían los fardos a los campamentos, los trabajadores los pesaban, los curaban en humeantes carbones y los enviaban por el río en flotillas de barcazas armadas.

Algunos capataces decidieron procrear a sus propios esclavos manteniendo a jóvenes en chozas con ese propósito, seiscientas mujeres juntas. A los niños huitotos que habían nacido en estos campos se les enseñó a besarles la mano a los capataces y a adorarlos como deidades. Al cumplir los siete años la suavidad natural de los huitotos había sido extraída. Era un ejército de guerrilleros diminutos, que empuñaban rifles y disparaban a los transgresores, entrenados para matar.

Con el correr del tiempo, Arana decidió importar negros de Barbados para consolidar su imperio. Necesitaba disciplinarios y represores. Los caribeños eran altos, imperiosos, oscuros como el ónice y aterrorizaban a la gente de la selva. Empleó a doscientos de estos colosos, puso en sus manos látigos y prometió pagarles de acuerdo con la cantidad de caucho que los indios podían acarrear. Era un plan magistral. Los de Barbados eran súbditos británicos empleados por una compañía que se estaba convirtiendo cada vez más en británica. Constituida legalmente en Inglaterra, comerciada en Londres, pagada en esterlinas, dirigida por él en el seno de una tierra de nadie. Cuando vio que los directores británicos no tenían inconveniente en involucrar a negros británicos, envió representantes de regreso a Barbados para contratar a varios cientos más.

En 1905, la Peruvian Amazon Company de Arana exportaba desde la selva amazónica un millón y medio de libras de caucho al año. Las fábricas de llantas de Michelin clamaban por el caucho. Los gringos lo conducían a la edad motora. Lo acaparaban, construyendo carreteras, llevándolo a las fábricas con sueños mecánicos en las cabezas. Y la selva seguía goteando. El río Amazonas y sus mil tributarios se llenaron de barcos a vapor, se atiborraron de barcazas cargadas de oro negro. Hacia 1907 era imposible entrar y salir del Putumayo sin un permiso de un agente de Arana. El monopolio era ahora completo, y eran sancionadas legalmente sus operaciones.

◼ ◼ ◼

Los informes sobre las atrocidades comenzaron en los primeros meses de 1907. Aparecieron testimonios detallados de antiguos empleados de Arana en periódicos peruanos de circulación baja. Pero, en setiembre de 1907, se publicaron dos artículos sobre el monopolio Arana en el *New York Times*. Las noticias se referían sobre todo al dinero: el caucho peruano circulaba a través de Liverpool y Nueva York según los reporteros; el dinero, a través de los bancos de Londres y Park Avenue. Pero la noticia más interesante era cuán ricos se estaban haciendo los capataces de la compañía. Uno había ganado cuarenta mil dólares durante su estadía de tres meses en la selva. Era equivalente a casi un millón de hoy en día.

Tiempo después aparecieron otros detalles sobre la Casa Arana en un memorándum enviado por el cónsul de Estados Unidos en Iquitos al secretario de Estado americano. En esa larga descripción había una sola escena escalofriante por su simplicidad. Un guardia de Barbados empleado por los Arana había informado al cónsul personalmente que había sido despedido por no castigar a una de las rajadoras bajo su supervisión. El ex empleado —un negro alto que hablaba inglés bien— dijo que había rechazado pegar a la mujer cuando sus capataces se lo habían ordenado. La mujer tenía un bebé amarrado a su espalda y prestaba más atención a eso que a su trabajo en los árboles. El capataz se molestó con la mujer por no ocuparse del caucho y con el guardián por no obedecer sus órdenes. Le arrancó el bebé a la mujer, lo tiró contra el árbol aplastándole los sesos y le gritó que volviera a su trabajo. Luego volteó y azotó a este hombre hasta que pudo huir para salvarse.

Unos días después de que el secretario de Estado recibiera ese memorándum, Walter Hardenburg, un americano de veintiún años, partía en canoa de las orillas del Putumayo. Ocho meses después, desde una oficina de prensa en Londres, hizo llegar a las mesas de desayuno del mundo civilizado noticias sobre la carnicería. El joven aventurero había estado deslizándose por el río desde la frontera colombiana, abriéndose camino hacia Manaos, donde esperaba encontrar trabajo en el ferrocarril Madeira-Mamoré. Lo que descubrió en el trayecto cambió para siempre la imagen encantadora y frondosa del Putumayo. Nadie podía llamarlo ahora, paraíso.

El Putumayo que se le presentó a Hardenburg era una caldera de violencia, una hecatombe humana: los indios de la jungla se hacían paso en grilletes. Sus vidas podían apagarse por un capricho.

A los indios no se les pagaba por su trabajo. Los acorralaban y eran amenazados con pistolas por los hombres de hierro que les ofrecían en ese momento una lata de comida, una vasija para cocinar, un espejo. A estas barridas en masa se les llamaba comisiones. A cambio de esto se les decía a los cautivos que tendrían que trabajar para pagar los regalos. Encadenados el uno al otro, desnudos, eran conducidos a la trocha o transportados a Iquitos donde eran vendidos a capataces por veinte o cuarenta libras esterlinas. Después de eso, trabajaban tan sólo para mantenerse vivos.

A los esclavos que haraganeaban se les hacía meter la

cabeza en costales empapados de keroseno. Les decían que esperaran tranquilos hasta que los capataces de Barbados los encendieran. Al ver a su padre en llamas, el joven trabajaba más arduamente. Al ver correr a una niña chillando hacia el río con su piel derritiéndose, las madres se concentraban más en los árboles.

Cuando se escapaban los esclavos, los capataces tenían formas de encontrarlos. Un guardián que huyó contó sobre un grupo que los buscaba tratando de ubicar alrededor de una docena de esclavos fugitivos. Se encontraron con una anciana que no pudo continuar con los demás. Cuando rehusó decirles qué dirección habían tomado, le amarraron las manos en la espalda con una soga. Cortaron un tronco en forma de poste y lo aseguraron entre dos árboles, la arriaron y la colgaron de manera tal que sus pies estaban suspendidos sobre el suelo. Luego prendieron fuego a unas hojas secas bajo ella. Aún cuando sus pies se cocinaban y sus muslos se ampollaban, la mujer rehusó hablar. Finalmente, el capataz, molesto por el olor, pateó el tronco tirándola al suelo y la decapitó.

En los campamentos, durante las tardes sin aire y llenas de mosquitos, cuando el trabajo se había terminado y los capataces se sentían bien, sacaban el ron y luego los Winchester y Mannlichers y comenzaba el tiro al blanco. Esto sólo para divertirse: enviar a un indio corriendo al río, llenarlo de balas antes de que llegara. Alto puntaje si lo matas. Más alto aún si ni siquiera se moja. Parar a una mujer en un espacio libre de árboles con su bebé, hacer que sostenga al niño mientras se apunta al pequeño cráneo. Alardea sobre esto, toma un trago, tambaléate y cacarea hasta que jales el gatillo, explote el cráneo, salpique los árboles con sesos.

El primer informe mundial sobre lo que estaba pasando en la Casa Arana fue publicado por una revista en Londres, llamada

Truth. El titular decía: «EL PARAÍSO DEL DIABLO: UN CONGO DE PROPIEDAD BRITÁNICA». La referencia era al genocidio. Veinte años antes en el Congo, diez millones de africanos habían sido asesinados bajo la vigilancia del rey Leopoldo de Bélgica. En el texto citaban a Walt Hardenburg: *«Ahora que el mundo civilizado está enterado de lo que está ocurriendo en el inmenso y trágico bosque del Putumayo, considero que he cumplido con mi deber ante Dios»*. Al artículo en «Truth» le seguía una lista de revelaciones ilustrativas de periódicos de todo el mundo, desde Europa hasta toda América.

Fue en este año, 1907, que Pedro Pablo Arana, mi bisabuelo, fue nombrado gobernador del Cuzco. Había llevado a cabo una ferviente campaña por un gobierno civil, convencido de que el país había depositado demasiado poder en el ejército. Despreciaba las tiranías destructivas a las que tendían los generales satisfechos de sí mismos, aunque consideraba que no tendían a ser corruptos. Había combatido a caballo a los militaristas, había sido elegido senador repetidas veces, había sido candidato a la vicepresidencia del país sobre la base de estas convicciones. El presidente civil Manuel Pardo —el mismo hombre que irónicamente aprobaba los envíos de Mannlichers a Julio César— quería premiar a mi bisabuelo por su contribución a la causa de los civilistas y, por eso, lo hizo prefecto del Cuzco. En el momento en que mi bisabuelo de sesenta años ponía su tintero sobre el escritorio en la prefectura de Cuzco, listo para cosechar la recompensa de una ilustre carrera política, se publicaba un artículo en el *New York Times* sobre las atrocidades de Arana y los púlpitos británicos comenzaban a resonar con su nombre. Cuando en Maine su hijo de veinticinco años desdobló un periódico en la sala de profesores y leyó sobre la marca de Arana, un escalofrío debió haber recorrido su espina dorsal.

Me imagino a mi bisabuelo, Pedro Pablo, aturdido, asombrado, yendo y viniendo de Lima a Cuzco y a su hacienda en Huancavelica, tratando de recobrar el dominio sobre su vida. Había sido patriota, guerrero, héroe, funcionario público, nada más que un primo del barón del caucho; no estaba preparado para la mancha en el nombre de la familia. No había anticipado que la selva lo salpicaría. No en sus camisas perfectas, polainas brillantes, banda de satén. No esto. Su hijo le escribía desesperadamente desde Estados Unidos: *¿Por qué no contestas a mis cartas? Querido papá, ¿qué está pasando? ¿Dónde está el dinero?* Finalmente, Pedro Pablo le envió un telegrama. *Regresa en el próximo barco*, decía. *Se acabó el dinero.*

Pedro Pablo comenzó a tratar de salvar su buen nombre. Cortó todo contacto con la familia en Iquitos. Renunció a la gobernación de Cuzco y se retiró a Huancavelica. Se negó a contestar a preguntas sobre «el diablo del Putumayo». Cuando se le preguntaba, respondía sencillamente: *No tengo hermanos ni antepasados. Ni uno solo.*

«Júzguenme como me vean —dijo desde ese momento en adelante— no como a otros que tienen mi mismo apellido», y todo esfuerzo por averiguar sobre sus padres, hermanos o una familia más extendida se detenía en esa primera pregunta. Pero el distanciarse de su clan lo convirtió en una aberración —una generación espontánea en una sociedad que alimentaba historias familiares como si fueran instrumentos preciosos, radares ligeros, frágiles como la cáscara de huevo, infalibles en su poder de triangular la verdad sobre un hombre.

El veneno de la selva penetró su círculo de todos modos. La esposa de Pedro Pablo —mi bisabuela—, que había trabajado sin parar para ayudar a mejorar la vida de los indígenas en las sierras de Huancavelica, sufrió un ataque al corazón y murió. El nuevo presidente electo del Perú, Augusto Leguía, un capitalista terrateniente, quien era amigo personal de mi bisabuelo y defensor de Julio César Arana, fue herido en un intento de asesinato. Se embarcó a Londres para convalecer.

◼ ◼ ◼

Cuando mi bisabuelo hizo regresar a su hijo y renunció a ser gobernador del Cuzco, descendió del ombligo inca en un estado de gran ansiedad, rodando hasta Lima con un doble vértigo. No era sólo su apellido el que lo hacía sentirse como un criminal. Había sido inspirado por Julio César. Conforme había crecido el imperio del barón del caucho, Pedro Pablo había saboreado la ambición: él también había probado suerte en los negocios.

Poseía una buena extensión de tierras en la sierra, incluyendo una veta de mercurio que atravesaba la cordillera de los Andes. Eran minas ricas y antiguas, minas con una historia desdichada que esperaba reparar. La más grande era Santa Bárbara, un antiguo depósito que los españoles habían explotado desde finales del siglo XVI. Las minas de la muerte.

Cuando Julio César estaba consolidando su poder, Pedro Pablo publicó un libro llamado *Las minas de mercurio del Perú* en el que proponía que las antiguas minas de Santa Bárbara —que ahora estaban en sus tierras— fueran reabiertas de manera que el país no dependiera más de importaciones extranjeras. Era una propuesta para inversionistas, un boleto para el auge de los Arana. Estaba dispuesto a crear su propio imperio. Su libro no minimizaba la verdad sobre los abusos que los trabajadores indios habían soportado en siglos pasados. Su propia empresa, insistía, sería un ejemplo para el mundo ilustrado, un salto a la modernidad gringa. Planteó el programa al presidente del país y no obtuvo ninguna reacción. Luego propuso el asunto a su primo en Iquitos y consiguió el estímulo que deseaba.

Había estado totalmente convencido de entrar en el mundo

de los negocios cuando sus obligaciones en Cuzco acabaran. No había anticipado el caos que se produjo: las noticias sobre las atrocidades, el congelamiento de todos los bienes bancarios de los Arana, la comprobación de que en la profundidad de sus propias ambiciones, discursos sobre el progreso y esfuerzos para copiar la eficacia gringa, se escondía una verdad ineludible. El mercurio se extraería de sus minas de la misma forma que el caucho se había extraído de la selva, de la misma forma que el trabajo duro siempre se llevó a cabo en América —como cuando los incas esclavizaron a los chimús; los españoles esclavizaron a los cholos; los mestizos esclavizaron a los negros—: sobre las espaldas de la raza más oscura.

Pedro Pablo no tenía que mirar muy lejos para ver que nunca explotaría la mina de Santa Bárbara, que nunca igualaría el lucro que la familia del norte tenía en abundancia, que si él podía mantenerse con su buen nombre, esa era toda la riqueza que deseaba.

Su buen nombre. El mundo le estaba diciendo que ni eso lo podía tener. Imagínense una familia, decían los gringos, *que pone a trabajar a los indios sin pagarles, sin alimento, desnudos; sus mujeres arrebatadas y asesinadas, azotados hasta que sus huesos quedaran al desnudo, abandonadas para que murieran con sus heridas pudriéndose con gusanos y sus cuerpos como comida para los perros.* Imagine los infiernos profundos que estos monstruos pueden cavar sin supervisión.

Cuando Julio César Arana protestó por las acusaciones de abusos a los derechos humanos y el gobierno peruano saltó a defenderlo, la acusación fue entonces al Perú, y luego a toda América Latina. *Negar la verdad es parte del carácter latinoamericano* un parlamentario inglés tronaba. *Es un rasgo oriental que poseen, la creencia curiosa de que la negación sustentada equivale a la verdad, no importan cuáles sean las condiciones reales.*

Finalmente, Reginald Enock, un abogado londinense, se encargó de publicar una denuncia final rastreando el mal hasta su raíz, que como explicaba, era España. *Los eventos del Putumayo son, hasta cierto punto, el resultado de un elemento humano siniestro, el carácter español. El rasgo saliente de insensibilidad al sufrimiento humano que la gente de España —ellos mismos, una mezcla de moros, godos, semitas, vándalos y otra gente como ésa— introdujo en la raza latinoamericana se muestra aquí con toda su intensidad y se incrementa por otra cualidad española: el español considera a los indios como animales.*

Un juez peruano ofendido contestó en un periódico de Lima: *Es gracioso, no creen —escribía— que Inglaterra, un país cuya deuda con la historia es la erradicación masiva de gente de piel roja; un país que ha dirigido conspiraciones, asesinatos, violaciones en Irlanda durante siglos y que ha soltado a convictos y predadores del más bajo nivel, repartiendo horrores en la Australia colonial; un país que ha lidiado inhumanamente con jamaiquinos y boers, conduciendo cacerías de bruja abominables en Inglaterra y erigiendo campamentos abominables en los Estados Unidos; Inglaterra, un país que hoy en día está imponiéndoles el veneno del opio a los chinos, que ha obtenido esa sustancia con tanta violencia y muerte, que perpetra estos actos en este mismo instante contra los hindúes —repito— ¿no es gracioso que ese país se elija como árbitro, que pretenda juzgar el trabajo y destino de un pueblo que puede ser ingenuo, pero que tiene ideales de justicia elevados y que nunca se ha escondido detrás de la hipocresía y el puritanismo falso?*

Pero era como gritar al viento: la campaña era demasiado fuerte y extendida.

Mi bisabuelo no podía responder por toda la península ibérica, toda España, todo el Perú, toda América Latina. Podía, sin embargo, responder como Pedro Pablo Arana: él no era de los malos. Era una mentira que nos definiría hasta la cuarta generación. *Nosotros no somos esa gente.*

▩ ▩ ▩

¿Cómo puede alguien sentirse tan contaminado por un primo tan lejano, con una cordillera y un río de por medio? La gringa dentro de mí se pregunta esto sin creerlo y me intriga. ¿Por qué sintió mi bisabuelo tanta vergüenza? Cuando se desató el escándalo y el imperio de Julio César fue de dominio público, Pedro Pablo renunció a su gobernación y llamó a su hijo para que regresara de sus idilios del norte. Cualquier dinero que tenía —y había tenido mucho, suficiente para mantener una mansión en el Cuzco, una hacienda en Huancavelica, una exquisita residencia en Lima, suficiente como para mantener a mi abuelito como príncipe en los Estados Unidos—, ese dinero se había acabado.

Cuando Víctor Manuel Arana a sus veinticinco años se apresuró a regresar de Maine, instaló un taller de ingeniería en Lima con la esperanza de utilizar su experiencia yanqui, pero no contaba sino con él mismo. No había arcas familiares para ayudarlo a establecerse. Peor aún, había pocos clientes que tocaban su puerta. El tiempo trajo finalmente a alguien interesado: Rosa Cisneros y Cisneros —mi abuelita— de sólo trece años, que no pensaba en los enredos de los escándalos del Putumayo. Conforme pasaron los años llegó a fascinarse por el joven de ojos sorprendidos, con la ropa americana pulcra, que entraba y salía de oficinas en la calle Quemado. Cuando mi abuelo se dio cuenta de la niña de ojos brillantes y cara de pajarito que miraba por la ventana, respondió a la curiosidad. Poco después de que ella cumplió dieciocho años, se acercó a su padre, se presentó, y se encontró con la pregunta. ¿Era uno de esos Arana? No, por supuesto que no. Siguiendo las directivas de Pedro Pablo, Abuelito se distanció de sus parientes de tal forma que lo llevó en la dirección opuesta: fuera de la sociedad, fuera de la carrera, arriba, a un limbo en el segundo piso.

No tengo que ir muy lejos para ver cómo esta fuerza me ha afectado. Estoy forjada por negaciones familiares, alimentada por esa larga enredadera de historia: una enredadera que algún día me daría una señal para examinarla. Mi bisabuelo estaba tan avergonzado de ser un Arana que repudió a todo el resto de la familia, un acto grave para un latino. Mi abuelito se sintió tan mortificado por la vergüenza de su padre que se refugió en la irrealidad. Mi padre, sin saber nada de esto, estaba tan perplejo por la peculiaridad de su padre y el largo sufrimiento de su madre al aceptarlo, que buscó otro tipo de vida completamente. Por mi parte, terminé tan dividida entre los dos lados de mi familia híbrida que reboté con una curiosidad lacerante. Los dominós se iban acomodando con efectos que iban de una generación a otra... hasta que se acomodaron en un círculo. Hasta que llegué a Julio César. Hasta que la última ficha golpeó a la primera.

▦ ▦ ▦

Las negaciones partían de todos lados, no solamente de mi familia. Cada cual se apresuraba a lavarse las manos de cualquier responsabilidad. Los inversionistas británicos y americanos en la compañía de Julio César argumentaban que no tenían nada que ver con la esclavitud, la importación de los capataces de Barbados, las matanzas, las amputaciones, las cicatrices.

Julio César a su vez replicaba que la sangre de treinta mil indios de la selva sin duda no recaía sobre él. Los horrores, si había alguno, se habían llevado a cabo muy lejos de su escritorio. ¿Cómo se le podía culpar de los excesos de lugartenientes que trabajaban tan por debajo de él? Él no había matado a nadie. Si él era responsable de algo era que había dado al Perú la gloria del caucho, que estaba defendiendo las fronteras del país.

Las negaciones funcionaron hasta cierto punto. El caso contra Julio César Arana fracasó. Una década después de que se desataran los escándalos en el mundo gringo, el departamento selvático de Loreto lo eligió como senador y lo envió a Lima para trabajar y mantener el control del Putumayo. A mi bisabuelo Pedro Pablo para ese entonces lo acosaba la mala salud. Había tenido que sufrir la injuria de la congelación de sus créditos. Había tenido que hacer grandes esfuerzos para poder negar cualquier asociación financiera. Había tenido que enterarse de que Julio César no sólo sobrevivía al arsenal de la justicia gringa malvada, sino que el hombre avanzaba hacia el senado peruano, donde sirvió con orgullo el mismo Pedro Pablo. Era más de lo que podía soportar mi bisabuelo. Aplastó la puerta familiar, podó el árbol en el tronco e insistió que no tenía parientes.

El enorme esfuerzo de Pedro Pablo para liberarse de la mancha acabó con él. Murió al cuidado de mi abuelita, la joven vibrante que se creyó la mentira voluntariamente, que había dejado de lado toda ambición social, quien acabó sus días junto a su hijo brillante y contemplativo. Durante un tiempo, los esfuerzos de Pedro Pablo dieron resultado. Parecía que había sacado del cuadro a Julio César. El cauchero no era parte de nuestra vida. Pero no pudo borrar la historia.

La historia finalmente sepultó a Julio César como puede suponerse: con el peso de treinta mil almas. Dejó el senado, vio cómo el Perú perdía el control del Putumayo ante el ejército colombiano y pasó los últimos veinte años de su vida en una casa de vecindad lúgubre en el distrito de Magdalena, en Lima, mirando las paredes, escuchando el mar enfurecido. Su cuerpo se puso enjuto como un espectro, pero Dios no se inclinó para recogerlo. A lo largo de los años se fue consumiendo en la nada.

Julio César murió en 1953, abandonado e indigente sin imaginar que su hijo apostaría por el poder sólo una década después. En 1960, Iquitos, esa capital de la selva con un ansia por la perversidad, eligió a Luis Arana como su alcalde. En un momento, durante su mandato, se inició un rumor de que la marca Arana había regresado a reclamarlo. Se sospechaba que había robado fondos de las arcas municipales. Una mañana tranquila en su dorada oficina, el alcalde sacó una pistola de su escritorio, la elevó a su sien y se reventó los sesos.

MADRES

Mothers

Es así como el peso de la historia recae sobre los Arana en la primera mitad del siglo. Es el peso que aún recae sobre ellos cuando el seis de agosto de 1945, conforme Hiroshima desaparece bajo una nube que rápidamente se desparrama, Jorge y Marie Arana llegan al puerto del Callao. Mother me cuenta ahora la historia de su llegada, y puedo ver que sus ojos envejecidos adquieren un tono verde oscuro al recordar esa mañana.

Parados en la cubierta de un barco carguero rumbo a Argentina, están los dos observando a la gente que se arremolina. El vientre crecido de mi madre alberga a Vicki, su rostro pálido de ansiedad. Prendida de la mano de mi padre, escudriña el desembarcadero en busca de rostros morenos con los rasgos de él. ¡*Ahí!* grita Papi, pero cuando ella gira para mirar, no ubica lo que él señala. Un grupo de desconocidos avanza saludando con los brazos al acero flotante.

Ahí están los Arana: Abuelito con sombrero y bastón, Abuelita en su entallado vestido de seda; los cinco hermanos de mi padre, todos de etiqueta impecable. Cuando la joven pareja desciende la pasarela, Abuelita avanza para alcanzar a la gringa por encima de la protuberancia de su primer nieto. La saluda cariñosamente y la arrima hacia un costado para lanzarse deseosamente sobre mi padre. Es perfectamente natural —esta muestra de parcialidad maternal—, pero el mensaje es inequívoco.

La casa de la calle San Martín es otro indicio de lo diferente que será la vida de mi madre. Separada de la calle por un muro, la puerta principal se encuentra en lo alto de una escalera decorada. Su interior parece un conejero de cuartos sin fin: un atrio en el centro, una capilla con crucifijo. Los salones son oscuros con muebles victorianos y reliquias de un pasado venerable. Los cinco hermanos de Papi y sus hermanas, todos adultos en ese entonces, viven en esa casa colonial. Los hijos cuidan de los padres, al estilo sudamericano.

Estas habitaciones son para ti y Jorge, le dice su suegra dirigiéndose a ella en el español bien pronunciado que se usa con un niño. Lo que le muestra es el dormitorio de mis abuelos y una habitación al lado.

Se instalan. Organizan el cuarto del bebé. Al principio, es una tarea placentera. Obviamente, a mi padre lo quieren sin medida. Su descendencia será recibida con los honores que merece el primer nieto. El problema inmediato de Mother es el idioma: una pared de cháchara incomprensible que va del amanecer al atardecer como ruido de sonajas. Papi la comprende. Él ha pasado por estos trances pero, en el caso de mi madre, las presiones sociales son más acentuadas. He aquí una forastera redonda y rosada con la capacidad verbal de un niño retrasado, en una sociedad que aprecia sobre todo el giro de una frase fina.

What did you do today? ¿Qué hiciste hoy Marie? Los ojos

de toda la familia se dirigen a la gringa durante la comida y su cabeza da vueltas con el poco español que sabe. Les quiere decir que ha ordenado sus cajones.

Se esfuerza y, poniendo una vocal donde debe haber otra, dice «limpié mis cojones». Se pregunta por qué se retuercen en sus sillas. Es tan engreída como una princesa, tan despreciada como una cretina y antes de que llegue setiembre, se mueve por la casa como un conejo a través de las llamas. Su esposo ha vuelto a su oficina en el Ministerio de Obras Públicas y ella está abandonada, muda, expatriada, sola.

Abuelito y otros miembros de la familia hablan inglés pero él aparece muy rara vez. Además, se ha proclamado claramente en la casa que la única forma de que ella aprenda el idioma es que todos le hablen en español el día entero. Se hace una excepción el día que acaba la guerra con la victoria de los Estados Unidos sobre el emperador de Japón. La felicitan en su propio idioma. Se disculpa, se escapa a su cuarto, se sienta en la cama y llora.

▦ ▦ ▦

Victoria nace en la clínica Franco de Lima. Mi abuela había expresado su preferencia por este hospital donde permiten que las visitas de la familia sean prolongadas como es la costumbre entre los peruanos. Vicki llega a este mundo; entra en él como una princesa lo hubiera hecho durante la Conquista, con cortesanos de la familia en el cuarto adyacente.

Abuelita se sienta al lado de la cama de mi madre, le toma la mano y conforme las contracciones se van intensificando, las festividades se intensifican también al otro lado de la pared. El nacimiento de una Arana Cisneros no es ningún asunto privado. Es más bien todo un espectáculo familiar. El año es 1945, una década antes de que el sufragio femenino llegue al Perú, y la obligación principal de una mujer es tener hijos y criarlos. La responsabilidad de sus parientes es velar para que así lo cumpla. Un niño es la expresión más exquisita, el vínculo máximo de una familia extendida. Hacia este fin, los enamoramientos deben ser evaluados, las uniones de dos familias consagradas, y cuando el fruto de ese matrimonio cae, la familia asiste como a una fiesta. Así de sencillo.

Todo esto puede tener sentido en el mundo de una madre peruana, pero para la mía, una angloamericana de linaje pionero y espíritu libre, significa más vocabulario del que ella dispone. No se le ocurre que un acto que ella considera privado vaya a ser un espectáculo para gente que acaba de conocer.

Desde el momento en que Vicki deja el vientre de su madre, es propiedad familiar. Los Arana Cisneros abren el champán. Abuelita ansía cargarla, enseñarle a mi madre todo lo que sabe sobre los bebés, ya que ella ha tenido seis. Por otro lado, Mother está nerviosa, alerta como una hembra felina. Para ella, esta niña no es la suma acumulada de una familia peruana complicada. Es su único pariente consanguíneo en un país desconcertante.

Prepara el terreno y lo delimita.

Cuando Papi trae a Mother de regreso a la habitación de mis abuelos, la lucha comienza en serio. Quizá los Arana no se den cuenta. No hay razón para que sospechen que hay un nuevo elemento en el proyecto ya que están en su propio país, su propia cultura, su propia casa. Pero ahora, entra en el juego una carta americana. Mi madre tampoco concibe las diferencias. Sólo sabe que desea lo que sus instintos le dicen: que tiene el derecho a tener el control absoluto sobre su bebé.

Conforme pasan los días, el jaloneo es más evidente. En las mañanas mi abuela reclama a la niña. Mother se la entrega renuentemente. Al final de la semana Abuelita envía a sus hijas para que le traigan la bebé. La cara de mi madre se tuerce en una mueca. Al final del mes envían al ama que grita: *¡La señora de la casa está ansiosa, quiere a la niña ahora mismo!*

Tía Carmen, la hermana de mi abuelo, viene de visita. Es una mujer seria que pretende ser una escritora, pero según mi abuela es una vieja bruja marchita e impertinente.

Esa gringa es la misma imagen de la tristeza, chilla tía Carmen, *su carita me rompe el corazón.*

Un día, meses después de que comienza la contienda, cuando ya Vicki gorjea y gatea, mi madre decide que ha soportado bastante. Las mujeres de la familia están jugando con la bebé en la otra habitación. Sus risas tintinean por los corredores, quebradas por la burla, deslizándose bajo las puertas como escamas. Cuando las escucha, su mirada ceñuda se clava en el rincón donde la empleada se agazapa. La joven le devuelve la mirada conteniendo las lágrimas.

¿Qué pasa Concepción? le pregunta mi madre.

Sus ojos señora. Me dan ganas de llorar.

Así comienza todo. Mi madre sale disparada y atraviesa el corredor indignada hacia el lugar de las risas. Abre la puerta súbitamente y se para, una figura grande, bajo el marco.

¿Le toca tomar su leche? le pregunta Abuelita, y las caras de todas se voltean a mirarla. Es una glándula mamaria, una necesidad biológica. Eso es todo.

Es una escena que ella recita y recita como las cuentas del rosario de un penitente, como el punto en el que el hilo gastado se rompe. No saben medir sus sentimientos. Es una familia de extraños. Su niña es peruana y en este país una gringa siempre se queda en la puerta.

Ahora es anciana. Sentada en una mesa de madera que mi padre le ha construido en su asoleada cocina de Maryland, su voz aún tiembla de indignación al referirse a un episodio que sucedió hace más de medio siglo, a medio mundo de distancia. Su relato abarca mucho más que una mujer y su suegra: se disputan culturas enteras. Mi madre gringa había supuesto que su bebé era algo entre ella, su esposo y Dios. Mi abuelita había supuesto que su nieta era la primera de una nueva generación, la hilera siguiente del tejido familiar, una ofrenda a la matriarca de la familia. Era suya.

Dicen que la maternidad en todas partes es la misma. Que las madres dan la vida y la leche y que a través del reino animal no existen diferencias verdaderas. Yo sé que no es así.

Conocí una vez a una mujer mexicana que regresaba a Monterrey con sus tres hijos después de muchos años como trabajadora migratoria a lo largo del sudeste de los Estados Unidos. Había cosechado con su esposo manzanas, fresas y tomates durante años, le había dado tres niños sanos y lo había seguido a donde sus manos fueron requeridas. Nadie cuestionó jamás que fuera una madre amorosa o una esposa leal, hasta que un día de primavera sentada en las gradas de una escuela en Danville, Virginia, se encontró escuchando a un gringo barbudo decirle que si fuera una madre mejor, comprendería que su hijo de catorce años no debería estar tan preocupado por las economías familiares; no debería estar trabajando en los huertos después del colegio ayudándola en la cosecha de melocotones o cuidando a su hermana. Debería estar con otros niños de su edad, jugando fútbol. Ese era el estilo americano, le dijo, y su hijo era un niño americano. *Señora, usted debe dejar crecer a estos niños. Déjelos andar. Que sean alguien.* La madre miró hacia abajo y vio a su hijo derrumbado en el césped de la escuela acunando a su hermana entre sus rodillas mientras las lágrimas resbalaban por sus mejillas. Era un chico bueno, un orgullo para su madre y este hombre estaba malinterpretando todo, torciendo sus motivaciones y convirtiendo sus tradiciones familiares en algo que no eran. Ella no estaba aprovechándose de su hijo, explotándolo para que recogiera unos melocotones más, convirtiéndolo en el esclavo de otra niña; le estaba enseñando una responsabilidad superior a él mismo. El próximo año, ella y sus hijos se quedaron en México. Su esposo fue él solo por la ruta migratoria.

Recuento esto como si estuviera de acuerdo con la madre. La verdad es que no lo sé. El director de la escuela debe tener razón. La mujer mexicana debe tener razón. Sentada en la cocina de mi madre en Maryland, escuchando sus amargos recuerdos sobre mi abuela, no sé qué pensar de las dos. Un minuto estoy del lado de mi madre y al siguiente estoy del lado de mi abuelita. Soy un arca de confusiones.

En la casa de Lima mi madre publica una carta de quejas. Se sienta con su diccionario gastado y compone en un español ridículo, una declaración de sus derechos. *Si te digo algo*, le escribe a su suegra, *estoy haciéndolo lo mejor que puedo. Lo digo como americana. No tomes mis palabras literalmente. Quizá no expresen lo que quiero decir. Permíteme que me equivoque.*

Respecto a la niña, es mía y de Jorge. Quiero que esté conmigo todo el tiempo. No sólo para alimentarla, no soy una vaca.

Siempre percibí el antagonismo entre mi madre y mi abuela. Sabía que había diferencias en la forma en que vivían, en las cosas en las que creían. Pero sólo después con las historias contadas por ambas, comprendí la profundidad de su distancia. Mi abuela era aprensiva de la independencia de mi madre, de su renuencia a que husmearan en su vida, de la rigidez absoluta de su labio superior. Mi madre fue tomada desprevenida por la familia, sorprendida al descubrir que ésta era liderada por una matriarca, desconcertada por las riendas que tenía sobre tantas vidas. Abuelita manejaba a su clan con un carisma mágico, encauzando sus energías hacia ella, a las profundidades del centro de ese fogón. No fuera, no lejos, no hacia el vector típico de un yanqui.

La lista de quejas de Mother se recibe como un estallido de poca intensidad. Abuelita la muestra a los demás, luego la dobla y la guarda en un cajón. Ha tratado de que la gringa se sienta acogida, le ha cedido su dormitorio, trasladado a su estimable esposo a una habitación al lado, le ha dado consejos sobre sus costumbres desastrosas. *Por el amor de Dios, hijita, a mí no me importa lo que hiciste durante la guerra en Boston. En el Perú, no puedes aplicarte maquillaje en las piernas y salir a la calle sin medias. La gente pensará que eres algo que no eres.*

Sobre todo había tratado de iniciarla en el arte de la maternidad. Le había dado todo a la gringa y ésta se lo había rechazado tirándole una nota fríamente escrita.

La carta inicia un alejamiento que los peruanos llaman pleito: aquello cercano a la furia, ese prolongado rencor que dura hasta la tumba. No existe palabra para ello en inglés. Es más que un simple resentimiento y menos que una guerra total. Son las brasas de carbón bajo el llano, el infierno bajo la vista. Vas y vienes, conversas en la sala, el exterior se muestra completamente normal... pero un fuego consume tus entrañas.

Mi madre pide que le envíen sus comidas a la habitación, envía saludos cordiales a través de la empleada. Abuelita le cose vestidos a Vicki y se los muestra a todo el mundo pero, salvo que la etiqueta lo requiera, las dos no se hablan. Se erizan, se evitan marcadamente, fruncen el entrecejo detrás de sonrisas beatíficas.

No puedo seguir más con esta charada, le dice mi madre a mi padre una noche. *No puedo disimular como ella.*

Es el final de julio. Llevan ahí casi un año.

Mi madre no disimula nada, le responde mi padre. *Es una mujer honorable.*

Un cable se tensa. Ella ha expresado rencor. Y él también. Aumentan las palabras en esos términos. Aumenta la ira de ella.

También la de él. Está descalza, en ropa de dormir, no está en condiciones de salir de la habitación, pero toma a Vicki y se dirige a la puerta. *¿Adónde se te ocurre ir?* le dice mi padre utilizando por primera vez ese tono con ella.

Fuera, le dice ella. *Fuera de aquí,* respondiendo con un nuevo tono propio de ella.

Fuera. La dirección que mejor conoce. Como el *fuera* de todas aquellas otras americanas como ella que alcanzan límites, saltan vallas, se lanzan fuera, fuera, fuera, en un arranque centrípeto.

Baja las escaleras de golpe, chancletea que chancletea con la bebé, seguida por mi padre. Pasa la puerta de sus padres, pasa frente a los ojos de los antepasados de su madre que escudriñan desde los bastidores trabados a las paredes. Abre la puerta de entrada y en su marco, duda. La niña mira a su padre, se soba los ojos bajo un rulo de cabello rubio. Él se apura, gira a su esposa por los hombros y le da una bofetada.

Cuando ella me narra esta parte, dice, *me hizo girar por los hombros.* Cuando él me lo cuenta después, la historia tiene otro detalle, el manotón en la cabeza. Él está lleno de una antigua cólera sobre esto. No contra ella, ni siquiera contra él mismo sino contra el tambaleo del puente, el tic en la columnata. Muevo mi cabeza hacia ambos asintiendo. *Sé lo que quieren decir,* les digo.

Él logra traerla nuevamente de regreso a la habitación. Le hace algunas promesas y le jura que la situación cambiará. Al día siguiente obtiene una invitación de la decorosa tía Carmen. *Me doy cuenta de lo que están pasando, Jorge,* le dice. *Mira, yo paso tanto tiempo en la hacienda, ¿por qué no se mudan a mi casa de Lima?*

Silenciosamente, Mother se mueve en las habitaciones de mis abuelos recogiendo sus cosas. Un juguete por aquí, una tacita por allá. Se escucha a Abuelita entonar desde el otro cuarto *¡la gente tiene boca para hablar!* Pero ninguna dice una palabra.

A la noche siguiente, mi padre estrena su propia protesta: entra tambaleándose después de medianoche, bebido como una uva.

▨ ▨ ▨

Después de todos estos años, ahora sé que la diferencia entre mi madre y mi abuela no era una entre mujer y mujer. Era la diferencia entre la hija de una anglosajona y la madre de un varón latino. Era una diferencia entre hombres y hombres.

La madre de un varón latino es la madre de un varón latino, al margen de su clase o nivel de educación. La trabajadora migratoria mexicana no iba a someter a su hijo a un grupo de extraños que le iban a dar ideas ajenas sobre obligaciones e independencia. No, un macho latino debe ser criado de grado en grado, cultivado con asiduo, acicalado con cuidado. No le toca al padre o a otro hombre formarlo, como en Danville, Virginia, donde sin duda el gringo bien intencionado aún empuja a los niños a que jueguen afuera para que aprendan algo de él. En el mundo latino esta tarea recae sobre la madre.

Hombre latino. Amante latino. El mundo anglosajón no tiene la más mínima idea. Pídele a una norteamericana que se imagine un amante latino y evocará un seductor fálico, un enamorado inagotable, con el cerebro de un buey. Se imaginará a un hombre guiado hacia esas alturas por otros hombres como él, un cierto guiño exclusivista de aceptación lasciva heredada de abuelo a padre, de padre a hijo.

Pregúntele a cualquier mujer latina que haya caminado por una avenida en Buenos Aires o una polvorienta barriada en las afueras de Caracas y le dirá que un hombre latino no necesita tener a su alrededor un grupo de varones que piensan como él para echarle un piropo a una mujer. Un albañil en la ciudad de Lima la seguirá durante cuadras, le cantará al oído, le dirá que su cara le está partiendo el corazón. No se sienta al lado de la pista, emitiendo silbidos en coro desde lejos.

En su propio contexto latino, una mujer latina no toma de mala gana los flirteos callejeros de un hombre. Son inevitables, inofensivos, fácilmente ignorados, de cierta forma, tranquilizadores. Amor, seducción, amor propio: estas cosas les enseñan las mujeres a los hombres en América Latina. Son las madres quienes enseñan y, en la tutela, se mantiene el tejido.

Todo el mito del hombre latino depende de hacer el amor. De la libido. En realidad se dan motivaciones más sutiles. Los hombres latinos adoran a las mujeres, son preparados para hacerlo. Las madres confían secretos a sus hijos, los miman, les enseñan a halagar a los bebés, celebrar la belleza, rezarle a la Virgen, ponerse perfume. El amor por lo femenino es un legado de la madre a su hijo. Los niños aprenden a utilizarlo. Los padres comprenden su importancia. Se admira a un latino porque venera a su madre. Se le envía de la madre a la esposa pavoneado, atildado, adorado. Se le permiten vanidades de las que gozan pocos hombres en este mundo, pero en medio del proceso se cierra un pacto: a un hombre lo ata fácilmente una mujer, lo amarra ajustadamente a la familia por obligación. Es la esencia del alma latina.

Así se dio en mi familia. A los hombres se les consentía. Se fomentaba su narcisismo trivial. Mi abuela lo había aprendido de su madre, se lo había enseñado a sus hijas y había esperado una transición ordenada de ello a través de los rangos. En esto, su esposo había sido un cociente inesperado, un hombre latino a quien, por alguna razón desconocida, lo habían sangrado hasta dejarlo sin almidón y que ya no alardeaba ni se sentía pagado de sí mismo como requería la costumbre. Mi abuela lo había comprendido, había aprendido a tolerarlo. Pero no había forma de que lo hubiera pronosticado. Su propio padre había sido el perfecto ejemplo de un hombre latino.

Después de la muerte de su esposa, y durante dieciocho años desde que se jubiló, mi bisabuelo Pedro Pablo Arana vivió en el Hotel Bolívar y comió en el exclusivo Club Nacional, hasta su muerte en 1926. Aún, luego del trauma sobre las revelaciones de la Casa Arana, era un pavo real, regio en sus ropas londinenses y camisas almidonadas que apuntalaban sus aires. Era arbitrario, altanero, habilidoso en el arte de la oratoria, un maestro en tácticas obstruccionistas. Pero en la vejez dio mucha importancia a prestarles atención a sus descendientes. Comenzó a visitar la casa de su hijo, trastornando al servicio doméstico en un ir y venir nervioso, haciendo que mi abuela temblara. En la primera de estas visitas, trajo con él una copa de cristal antigua adornada con filigrana de plata y le pidió a mi abuela que le sirviera ahí un refresco. Todos los domingos a partir de ese momento, a las once de la mañana el senador aparecía quedándose sólo el tiempo suficiente para consumir una cerveza en su vaso y conversar con su único hijo sobre el estado de la república, las locuras del presidente y sobre el futuro de sus minas de mercurio –los depósitos de Santa Bárbara en las alturas de Huancavelica.

Un día llegó antes de la hora esperada. Mi abuelita lo hizo pasar y le recibió su sombrero y su bastón. Como era temprano, los bebés estaban lloriqueando en el cuarto contiguo y su pelo estaba desarreglado. Mi abuelo se puso el chaleco, aseguró sus escarpines, alisó su bigote y salió rápidamente a saludar a su padre. Abuelita fue a alcanzarle al «señor» su cerveza para que el precioso cáliz no fuera confiado a manos menos cuidadosas. Pero ese día ella estaba apurada y nerviosa por la hiperpuntualidad de su suegro y el revuelto en el cuarto de al lado. Abrió las puertas del aparador y alcanzó el vaso que se tambaleó entre sus dedos, se resbaló del borde de la repisa y cayó al suelo destrozándose, esparciéndose en cientos de pedazos de plata retorcida. Cuando la mujer se dio cuenta de que había destrozado el vaso del anciano, lloró y sollozó pero se compuso, sacó un jarro ordinario y le sirvió a su suegro una cerveza. Se la alcanzó en un azafate de plata.

Ah, dijo el invitado, llevándolo a sus labios. Gracias. No hizo más comentario. Continuó con sus exposiciones dogmáticas a su hijo y ella suspiró y se disculpó para ir a ver a los niños. Cuando terminó el último sorbo de cerveza, reposó el vaso provisional en la mesa, se levantó, se despidió y partió. Pero debido a que su cáliz se había destrozado, su convenio del domingo también se rompió. Nunca más regresó.

A nadie le sorprendió mucho.

Había en la familia otros hombres tan temibles como Pedro Pablo Arana, pero si sabíamos sobre ellos venían por el lado de mi abuela, en la familia Cisneros. Mientras que los Arana parecían haberse materializado de ninguna parte, sin antepasados, sin ancianos, el lado femenino —el árbol Cisneros— florecía como una higuera demasiado crecida y enraizada en la España medieval.

Joaquín Rubín de Celis de la Lastra era el más fascinante de los antepasados varones. Bisabuelo de mi abuela, había peleado para la corona española en la batalla decisiva de Ayacucho, la sangrienta lucha que le dio la independencia al Perú el 9 de diciembre de 1824. Un camafeo amarillento reposa hasta ahora sobre la chimenea de la casa de mis abuelos y en él, el pequeño porte de ese guerrero con aire de pájaro. La cara de su hija mira con una sonrisa lánguida desde la pared opuesta, envolviendo con un chal diáfano uno de sus hombros. Su padre y ella nunca se conocieron en vida y este hecho invade la habitación con una tristeza inefable. Rubín de Celis había sido el primer general español que atacó las fuerzas rebeldes en Ayacucho y el primero en caer entre los generales. Cuando montó en su corcel para esa lucha sangrienta, su esposa estaba embarazada con la belleza de pelo oscuro de la pared.

La hija era Trinidad Rubín de Celis. Se casó con un Cisneros. Su hijo, Manuel Cisneros, el tesorero público de la provincia de La Libertad, se casó también con otra Cisneros. Es decir un primo se casó con su prima. Abuelita fue su hija.

No todas las mujeres Cisneros se definían por su relación con los hombres de la familia. Una brillante solterona Cisneros con cabeza propia se enamoró de un sacerdote español. Padre Benjamín Cartagena. A él se le veía ir y venir de su casa en Huánuco. Poco después, la casa de la solterona resonaba con los llantos de los bebés que tenían la frente abierta e inteligente de su visitante con sotana. Se les dio el apellido de ella, aunque todos sabían que eran hijos del sacerdote. El hecho se murmuraba en los salones y se rumoreaba en las calles. Sin embargo, el padre continuó con su misión y los bebés siguieron prosperando. Con el tiempo los jóvenes de frente ancha produjeron a los Cisneros brillantes y elocuentes del Perú: Luis Benjamín, Luciano Benjamín, el poeta Antonio, el orador Manuel. El chisme comenzó a parecer insípido, ridículo, irrelevante. ¿Y qué si había resultado que el sacerdote tenía un poco de sangre de macho en sus venas? Eran apetitos mortales que pocos hijos de Eva podían controlar. Se trataba del genio. Una unión que lo había producido, ¿podía estar mal? Estos hombres Cisneros eran extraordinarios, superiores, mucho mejores que el resto del clan. De esta forma los rumores llegaron a ser molestos y fueron fácilmente sofocados.

Había más de una manera de ser un varón latino.

❧ ❧ ❧

¿Cómo podía saber mi madre, cuando le juró amor a mi padre en el Fenway, que caería en el seno de una familia en la cual lo que se deseaba de ella no era la esencia de su riqueza americana —independencia—, sino un claro entendimiento de estas tres cosas: la primacía de una familia peruana, el papel de una esposa joven dentro de ella y el dominio de un varón latino?

Confundida, fastidiada, sin amigas, apenas escuchó la oferta de tía Carmen; difícilmente pudo esperar a irse de la casa de mis abuelos. Cuando Mother, Papi y Vicki se mudaron a la casa espaciosa de Carmen en la Avenida Mariátegui, al otro lado de Lima, tuvieron todas las comodidades de un hogar establecido. Estaba Concepción, la empleada de mi madre, una joven de la sierra de carácter dulce, para ayudarla con las responsabilidades de una bebé activa; y los muebles heredados de mi altivo bisabuelo, los accesorios de una buena vida de ciudad.

La independencia se mantuvo como el fuerte de mi madre. Tomó lecciones de italiano, estudió ruso, memorizó poesía, leyó filosofía con el fervor de un sabio ermitaño. No había traído su violín al Perú. En una extraña indisposición de transportar toda su persona al país de su esposo, había dejado atrás la única cosa a la que siempre había profesado todo su amor: su música.

Cuando la tía Carmen regresaba a Lima de la hacienda que había heredado de Pedro Pablo Arana en Huancavelica, el resto de la familia venía a visitarla. Esto sucedía en las tardes mientras Papi aún estaba en el trabajo. Durante estas visitas mi madre se retiraba a la habitación de atrás y escuchaba a la familia de su esposo a través de las paredes. Pasaron dos años de esta forma y Abuelita y Mother no se hablaron. Era muy fuerte el pleito entre ellas.

Papi veía a sus padres, parrandeaba con sus amigos hasta el amanecer, hacía lo que quería en la ciudad donde nació y se sembraron las semillas de un compromiso. Mi madre mantuvo su distancia, vagabundeó por Lima en sus propios términos, aprendió su lengua, sus costumbres y selló un vínculo con su hija mayor que las ha atado hasta hoy en día.

La vieja tía Carmen iba y venía con menos frecuencia. Se quedaba en la sierra en la hacienda donde su madre se había refugiado. Al final se casó con un cazador de fortunas de mal carácter, con gustos caros y un corazón codicioso. Con sus colmillos puestos en su herencia, fue absorbiendo el resto de ella: su salud, su fuerza y la vitalidad de sus días restantes.

Mother y Papi siguieron viviendo en la esquina lánguida de Lima de tía Carmen donde las calles están bordeadas por árboles que dan sombra, la bouganvilia chorrea desde los techos y la niebla huele a jazmín. Había una bodega cerca y un café. En las mañanas aparecían en procesión los vendedores: el afilador de cuchillos con su pito alto y triste, el panadero con diente de oro y las fruteras con sus trenzas y faldas de rayas brillantes. En las tardes una joven chaposa pregonaba tamales. Había un aspecto soñoliento en esta vida. Se podía asumir que había una paz de algún tipo.

Pero la verdad era una historia diferente. Conforme el mundo se resbalaba hacia su propia versión de un pleito y la Guerra Fría mordía, Mother comenzó a enfrentar las mañanas con pánico. Estaba nuevamente encinta. Nunca había sido de las que miraban hacia atrás, pero tenía treinta y cuatro años, volvía a ser madre por segunda vez y su independencia se había convertido en perplejidad. Se sentía desamparada, sola. Papi, a los veintinueve años, había dejado su empleo de construcción de puentes en el Ministerio de Obras Públicas. Trabajaba en tres empleos para poder enfrentar el alto costo de vida: como un ingeniero recluta para la compañía americana de W. R. Grace; como profesor novato en la Escuela de Ingenieros; y como instructor en la Escuela de Policía. No tenía tiempo para amarla con exceso.

Una carta de Mother a sus padres expresó una nota quejosa. *Estoy esperando otro niño*, escribía, *y temo las humillaciones de otro nacimiento público en esta ciudad, camino por las calles como un fantasma. Sólo pienso en ustedes.*

En la primavera de 1948, cuando llegó la respuesta a esa carta, por primera vez en dos años y medio, mi padre reparó en el sello de correos. No era de Seattle. Era de Rawlings, Wyoming. Tragó saliva y no dijo nada. Ella abrió el sobre y sacó su contenido: dos boletos de regreso a casa, dos pasajes de ida.

Durante tres meses, mi madre y Vicki estuvieron ausentes. Los primeros dos meses se pasaron esperando el nacimiento; el tercero recuperándose de su penosa experiencia.

El segundo hijo de mi madre entró en este mundo, no como un descendiente de la Conquista —primero la corona y cortesanos alrededor—, sino como un hurón con sus dientes en las entrañas de mi madre. Fue un nacimiento difícil, por las nalgas. En Lima, cuando Papi recibió el telegrama sobre su hijo, lo celebró varias veces haciendo saltar muchos corchos.

Sería diferente si estuviera con la familia de Jorge ahora, le dijo Mother a su madre una tarde cuando estaban solas las dos. *No puedes imaginarte lo difícil que es su madre.*

¿Sí, querida? le dijo simplemente su propia madre jalando sus anteojos hacia abajo.

No hacía sino llevarse a Vicki lejos de mí, haciéndome sentir como si fuera un animal de establo. No le gusto. No sé por qué. No se parece a ninguna madre que haya conocido. Es más bien una amiga envidiosa. Creo que estaría feliz de botarme para tener nuevamente a su hijo en sus garras.

Oh, vamos, le dijo mi abuelo haciendo su entrada desde el otro cuarto.

Querido, le dijo mi abuela, *escúchala. Escucha lo que tiene que decir.*

No, no quiero escuchar una palabra más, Takey, le dijo a mi madre utilizando el nombre con el que la había llamado desde la infancia, *esa mujer es pariente tuya ahora.* Inclinó la cabeza hacia los niños. *Ella es parte de tu vida.*

Luego, durante la semana, Mother abordó el avión a Lima con Vicki de tres años prendida a sus faldas. Un violín cobijado debajo del brazo, un bebé en el otro.

5

DIOSES Y BRUJAS

Gods and Shamans

Hay más en este mundo de lo que suponemos. Siempre lo he sabido. Me persigue una dimensión desconocida en la que todo tiene raíces, lógica y razones: un vínculo con otro punto en el tiempo. Creo en esto con la certeza de un niño. Que hay demonios y ángeles. Que hay un hado. Que las estrellas nos guían. Que un pasado del que nunca hemos oído hablar puede envenenar un futuro que no podemos prever. Que somos viajeros en una antigua madeja, reiteraciones que ruedan y ruedan —desde tiempos inmemoriales— del hueso al polvo y de nuevo al hueso.

Las conexiones están por todas partes, si las puedo rastrear. He aquí una: la fuerza geológica llamada «hombre» inventa un cohete compuesto de minerales en un lado de la montaña. Hay hierro, un poco de níquel, algo de potasio y un poco de zinc. Los minerales son los residuos de los huesos de los antepasados. El hombre dispara el cohete hacia el cielo, abre un hueco en la estratósfera y cientos de años después el polvo de sus antepasados —con sus antiguos amores y antipatías— llueve sobre sus descendientes. Éstos no lo ven, no lo saben. Pero los empolva imperceptiblemente y allí se queda el polvo.

Siendo niña, los paralelos me resultaban evidentes: Jesús y los dioses del sol, brujas y Budas.

¿Qué era Jesús sino el Inti, el inca trillador de la luz terrestre? ¿Qué era una bruja sino el hambre, un ansia de orden, una mano en la oscuridad? ¿Qué eran el Nuevo Testamento, el Tora, el Corán, el Upanishad, sino leyendas orientadoras, «historias» que nos guían? Hasta Gotama Buda en su infinita sabiduría —a la sombra de un árbol, en otro lado del tiempo— practicaba la magia del inca: asume el mal, arrójalo a una piedra. Aspíralo, expíralo hasta que llegue la iluminación.

Tenía ecuaciones para todo. Si mi abuelo no bajaba la escalera, se debía a que una fuerza lo jalaba hacia arriba. Si yo era atraída hacia un loco, era porque la locura teñía mi sangre. Si me podía sentir tan gringa como peruana, era porque maquinaba dos cerebros en mi cabeza. Si la imagen de mi madre y un extranjero estaba encendida en mi memoria, mi mente estaba tratando de mostrarme algo que mis ojos no podían ver. Las posibilidades de conexiones eran una legión que me permitían contemplar el techo y hacer planes. Había herencias que rastrear. Ramificaciones para precisar. Enredaderas trepadoras por investigar.

No es de sorprender que por el resto de mi vida haya estudiado el lazo que ata a mis padres y los encadena de vuelta a sus pasados.

Necesito razones para entender lo que los llevó a juntarse, lo que los llevó a virarse del camino que conocían. De adolescente me atraía la historia de ellos como a cualquier joven. Pero después de años de haberla escuchado una y otra vez me he dado cuenta de que va más allá de la lógica. Hay una oración en su narración y una lección al final de la oración.

■ ■ ■

Cuando Mother regresó a Lima con sus tres cargas preciosas —Vicki, George y su violín— se encontró a Papi viviendo con un mono y un oso hormiguero. Ocupaban el techo de la casa de la Avenida Mariátegui y bajaban por las escaleras de vez en cuando, aterrorizando a la sirvienta Concepción o a algún compadre borracho de mi padre que salía chillando de la casa en un estado alucinatorio. El mono era pardo grisáceo, tan alto como un niño de siete años, con ojos negros como cuentas de vidrio y un berrido que parecía el chirrido de una bisagra. El oso hormiguero era un caudillo entrado en años que inspeccionaba los techos de Lima y se pavoneaba chasqueando la lengua desde su hocico.

En sólo un mes un pandemonio masculino se había apoderado de la casa de tía Carmen. La casa había pasado de ser un hogar para convertirse en un lugar consagrado a la bebida, —el punto de encuentro para los compañeros de Papi, sus estudiantes de la Facultad de Ingenieros, cadetes de la escuela de policía y gringos solitarios de W. R. Grace. Era más una fraternidad que el domicilio colonial y tranquilo que había dejado mi madre.

Salvador Mariátegui, el tío de Papi, un comandante naval condecorado, alto y con un bigote glorioso, había traído el mono y el oso hormiguero de una de sus incursiones por el Amazonas. Se decía que conocía los tributarios de ese grandioso río al detalle, de manera tan exhaustiva como los pelos de su bigote extravagante que parecía un timón de bicicleta que él acomodaba hacia fuera con un floreo rococó. Menos de una década después, en 1958, tío Salvador empacó trescientos años de los blasones de sus antepasados, se prendió innumerables medallas en el uniforme de almirante y partió para convertirse en emperador de Andorra, un pequeño principado en los Pirineos orientales. Pero por ahora se dedicaba a reinar entre los animales de la selva. Esta pareja disímil, que había traído a bordo del barco, había entretenido a los marineros en el largo viaje por el Ucayali: el plan de tío Salvador era llevarlos en un camión hasta su casa de la sierra en Chaclacayo, donde imaginaba que podían brindar un atractivo más a su jardín en compañía de sus arrogantes pavos reales. Cuando se dio cuenta de que no tendría tiempo para ejecutar todo el plan, decidió depositar el mono y el oso hormiguero al menos a mitad de camino en Lima con mi padre. Con una promesa de regresar a recogerlos, tío Salvador desapareció de nuevo en el Ucayali.

El dúo estaba molestando a los vecinos, haciendo sudar frío a Concepción, pero entretenía a Papi enormemente. Cada vez que subía al techo y veía sus perfiles absurdos, echaba la cabeza para atrás y se reía a carcajadas. Día tras día, cuenta él, se jalaba el mechón y escuchaba los informes de Concepción. *El bodeguero de enfrente se está quejando, señor; dice que el que tiene el hocico largo se pasea por el techo y espanta a los clientes. Pero eso no es todo, don Jorge. La señora de al lado dice que no se atreve a mirar por sus ventanas porque si mira al mono, su hijo que está por nacer saldrá tan feo como el pecado.*

Muy bien, Concepción, *respondía mi padre.* Dile al bodeguero que tiene razón, el oso hormiguero probablemente espanta a sus clientes pero sólo a aquellos que tienen seis patas. Su tienda está llena de cucarachas. Ese hombre debería pagarme una remuneración. Dile a la señora que está encinta que le eche una buena mirada a su marido. El mono no causará ninguna diferencia. Su bebé ya es una monstruosidad.

En algún momento en medio de todo esto, Mother apareció. Era la primera de las reconciliaciones a lo largo de la vida:

he visto muchas hasta este momento. Comienza con una partida insigne, una certeza de que la vida en común es demasiado para ellos, luego vienen los meses cuando mis padres están en sitios diferentes, contemplando al mirar por las ventanas; una carta; una llamada; un telegrama; y finalmente un abrazo lleno de alegría. Mi padre arrebató a su bebé varón y lo mantuvo en sus brazos. Los animales giraban en el aire sus protuberancias nasales. Vicki reía.

A los pocos días, Mother llamaba por teléfono a Abuelita. *Rosa*, le dijo, *ven a conocer a tu nieto*. Mi abuela le agradeció. Llegó con sus hijos y se sentó en la sala por un rato.

Era una conversación controlada, en el espíritu cortante de ese momento incierto. Abuelita cargaba a George, lo arrullaba, pero la ocasión era sólo marginalmente festiva. Mi madre servía entremeses al estilo gringo con pequeñas tostadas, jalea de menta y queso Filadelfia. La familia probaba por educación. Luego de comentar sobre la hermosura del bebé, se disculparon y se fueron.

Era una época de paradoja aunque nadie lo mencionaba. Había un pequeño bebé varón en la cuna, pero había también dos bestias en el techo. En las esquinas de las calles se apostaban soldados armados, aunque el país estaba al borde de un auge económico. El matrimonio casi había fracasado, pero también había sido bendecido por un segundo niño. Abuelita le había hecho una visita a Mother e inteligentemente se había apartado de su camino. El puente se había tambaleado por el peso y se había acomodado con un suspiro.

El mono y el oso hormiguero continuaron su camino y se reunieron con los pavos reales en Chaclacayo. La casa de tía Carmen bullía otra vez con nuestra pequeña familia. George se redondeó demostrando estar bien papeado y los vecinos admitieron que era bueno tener de regreso a la gringa.

Cuando mi madre salió encinta conmigo al año siguiente, Papi anunció el más sorprendente de todos nuestros cambios: una vez que naciera dejaríamos Lima. Le habían ofrecido un gran empleo en Cartavio. Allí nos esperaba la niñez de mi memoria: el jardín bajo mi ventana, el olor del azúcar quemada, el amarillo del floripondio, los animales con ojos a media asta, las piedras, los huesos, el polvo. Allí también estaban los *apus* —dioses que nos observaban desde las montañas— y tres chamanes que abrirían surcos en mi corazón: el Gringo, una bruja y Antonio.

◼ ◼ ◼

A los cuatro años ya conocía las leyendas de los *pishtacos*. ¿Por qué iba a dudar que existían los fantasmas cuando había tantos? Nuestras amas nos habían enseñado acerca de los espíritus que daban vueltas sobre nosotros, aullando cuando los vientos eran fuertes, chillando cuando los mares se embravecían. Así que cuando El Gringo llegó cojeando a la esquina un día, no dudé que era un vivo muerto, uno de los muertos vivientes que tenía el poder de maldecirnos. Por eso, cuando vi a la anciana, la bruja, por primera vez, supe que había venido a hablarme.

Sus ojos me decían que era una bruja. Eran lechosos por haber visto demasiado y veteados por el sol. Parloteaba para sí misma y deambulaba por las calles de la hacienda pregonando fruta.

Cuando la bruja veía nuestras caras detrás de la reja, se paraba, miraba de soslayo como una lagartija y chasqueaba su lengua contra dos protuberancias amarillas —más colmillos que dientes— que iban a la deriva en el mar ondulado de su boca. *¡Allí!*, decía gruñendo. *Allí están ustedes. Los duendes.* Y George y yo salíamos y la mirábamos en la cara.

Esto era Cartavio. Un oasis de cemento, hierro y azúcar en

el solar largo y gris de la costa peruana. En pueblos apartados como Cartavio la vida, tanto para los niños privilegiados como para los niños pobres, era un asunto polvoriento, un arrastrar de pies realzado por el éxtasis, la calamidad y encuentros como éste con brujas en faldas multicolores que cargaban mangos.

Un día mi hermano y yo, de cinco y cuatro años, al aventurarnos fuera de los muros paternos, encontramos que los niños del vecindario corrían hacia una carreta. Allí, al frente en la calle estaban Billy, el niño grande de los escoceses con la sonrisa deslumbrante, Carlitos, el pequeño y menudo hijo del contador de la fábrica, y Margarita, la hija de la cocinera con su cara plana. Nos apresuramos pues sabíamos que todo este apuro por alcanzar la carreta de la bruja era porque ese día ella leería el futuro.

Cuando nos acercamos, se estaba dirigiendo a Billy, quien a los ocho años era casi tan alto como ella. Estaba parado allí sereno, con una mueca en la boca y su mentón hacia fuera, un promontorio puntiagudo en un campo de pecas.

—Ven, gringo —le dijo— sostén mis trenzas mientras veo el día de mañana. Una en la mano izquierda, papito, y otra en la derecha. Bien.

Por esos instantes, Billy era como un muchacho sencillo en un partido de medio día. Tomó las trenzas y su cara se relajó de tal manera que por un momento tomó el aire de su madre de ojos dulces, la gentil señora escocesa que vivía en la casa vecina. En eso, su espalda se arqueó repentinamente, como si una descarga lo atravesara. Las trenzas de la bruja comenzaron a ondularse como serpientes. Al verlas, Carlitos se bamboleó hacia atrás sobre Margarita, pero la niña lo empujó y se mantuvo erguida con los ojos muy abiertos y la boca apretada en una línea fina. Billy también parecía congelado de la cabeza a los pies; sólo sus brazos se movían sinuosamente en ondas que parecían salir del pelo de la bruja. George y yo nos movíamos turnando nuestros pies, girando nerviosamente y buscando la cara del otro para ver quién se escapaba y corría. Pero nosotros habíamos presenciado estas cosas antes y, aunque veía la cara preocupada de George, veía también la determinación en su postura. Se mantuvo en línea. Rápidamente me puse detrás.

—Ya, ya —le dijo la bruja a Billy en una voz tan alta y sedosa como la de una niña—. Tienes la cara de un leopardo, papo. Ojos de puma. Corazón de pájaro. La cara manchada nunca cambiará. Los otros dos, ustedes mismos deben cambiar. Mira, como el pájaro, gringuito. Haz que tu corazón late como un puma. Tienes que esforzarte en esto. Esfuérzate.

Billy soltó las trenzas, emitió un gruñido y dio un traspié contra George. Agarré la muñeca del niño grande y lo jalé detrás de mí. Voló hacia atrás como una pluma.

George avanzó y agarró las trenzas de la mujer. Sus ojos se concentraron y luego los cerró ajustándolos. Su mentón aún estaba como granito. George no se movió.

Un momento después los labios de ella comenzaron a latir conforme chupaba sus dientes tenuemente implantados. Dejó de parecer una bruja y parecía más bien una muñeca de trapo con sus trenzas que sobresalían cómicamente desde atrás.

—Ven otro día, niño —le dijo al fin, moviendo la cabeza—. Veo noche, veo estrellas. Veo un camino. Pero nada más. Los espíritus dentro de ti están durmiendo. No debemos despertarlos.

Yo quería a George con todos mis huesos. Tenía una frente noble, recta y limpia y ojos color de avellana que miraban furtivamente con un reflejo dorado. Sus labios eran rellenos y rosados, y sobresalían de su cara como guayabas. Era tan ágil y pícaro como yo era pesada y lenta. Podía caminar sobre los muros de los jardines como un artista del trapecio; sacar plátanos de sus bolsillos meciéndolos como si fueran pistolas; lanzar globos llenos de agua desde la ventana del segundo piso. Todo lo que yo podía hacer desde mi pequeñez gordita, era observar sus payasadas y reírme. Si tan sólo hubiera podido pedirle un deseo a la bruja, hubiera sido que me hiciera como él. Viéndolo ahora, desorientado y sin suerte, sentía que el corazón se me desmoronaba en el pecho.

«¡Marisi, Georgie!» Escuché que llamaba una voz de mujer desde nuestro jardín. Era Claudia, la cocinera que estaba buscándonos alrededor de la casa. Avancé ansiosamente y agarré el pelo pesado. Los ojos de la bruja estaban envueltos en nubes, inclusive me preguntaba si me podía ver. No perdió el tiempo en decirme lo que veía.

—Una raíz está moviéndose bajo tu casa —murmuró—. Es gruesa y negra con ramas que crecen mientras el cóndor duerme. Tú creerás que las hojas son bonitas. No les prestarás atención. Te levantarás todos los días como el cóndor y volarás. Pero chica, algún día la enredadera alcanzará tu ventana. Volará adentro y te agarrará del cuello. Prepárate.

Durante días las palabras de la bruja me revoloteaban en la cabeza. ¿Qué querría decir? ¿Una enredadera bajo mi casa? La imagen trepó a mis sueños. Me encontré agarrándome la garganta con alarma. Imaginaba serpientes negras tan gordas y tensas como las trenzas de una bruja abriéndose camino hacia arriba por nuestras paredes prístinas, protegidas por la oscuridad y que reaparecían cada noche infinitesimalmente más largas, imperceptiblemente más gruesas. ¿Y qué?, si con todos los que no lo creían, yo sí. ¿Y qué?, si todos estaban envueltos y dormitando en sus camas. ¿Y qué?, si es que ahí ante una ventana abierta, una niña se lamentaba prendida de la cubrecama, boquiabierta ante las sombras y luchando con el sueño para que esta cosa no avanzara.

Finalmente tuve que decirlo. Mi madre parecía tomar las

noticias sin alterarse. Escuchó con toda atención lo que tenía que decirle, con los ojos ampliamente abiertos para absorber cada palabra. Nada de eso es cierto, me dijo tranquilamente después de que le conté todo. Nada. Nada de eso te va a suceder, jamás.

Pero esa noche la escuché andar de un lado a otro por su dormitorio contándole a gritos todo a mi padre. ¡*Esta gente* con esto! ¡*Esa gente* con lo otro!, decía. *Esta gente* demente, enferma, obsesiva. No les era suficiente pasarle las brujerías de uno a otro. ¿Por qué tenían que ir envenenando a sus hijos también? Mi madre había despedido al ama de mi hermana mayor unos meses antes cuando Vicki le contó algunas de las historias que la joven había estado narrando. Mi madre ahora se lo recordaba a mi padre.

—¿Te acuerdas lo que le estaba diciendo a Vicki? Que los espíritus de los muertos se arrastran por la tierra, que se meten en los troncos de los árboles, que se escurren por las ramas para agarrar a los vivos. ¡Se lo estaba diciendo a nuestra hijita!

—Ah, bueno —respondió mi padre, golpeando la almohada para acomodarla y así prepararse para dormir—. Tú despediste a esa ama, por supuesto, pero lo que no puedes es despedir a un vendedor ambulante.

—Eso está por verse, —dijo mi madre con una voz que me hizo apartarme de la cerradura y escabullirme a mi cama consternada. Deshacerme de la bruja no me ayudaría para nada. Para nada. Lo que necesitaba era alguien que se *deshiciera de la enredadera*.

A la mañana siguiente, me deslicé en el jardín y registré el perímetro de la casa en busca de alguna planta que pareciera trepadora. Bonita o no, la arrancaba, la hacía pedazos y la botaba a una carretilla. George me ayudó ofreciendo dilatadas opiniones sobre si una flor o una hierba mala podía presentar algún peligro. Nuestra casa se erigía sobre pilotes de concreto que nos permitían arrastrarnos para controlar la situación. Aparte de envases de caramelos que nosotros mismos habíamos dejado, no había nada sospechoso. Ciertamente nada que se dirigiera hacia mi ventana.

A medio día mi madre salió de la casa, cruzó la reja resueltamente y ella misma se dirigió hacia la bruja. George y yo nos escondimos detrás de los muros del costado, mirando por la reja para ver a mi madre sacudiendo la cabeza de arriba abajo en un gran despliegue de cólera. Los cocineros y jardineros del vecindario salieron para escuchar a la gringa hablar en español. *No más brujería, ¿me entyendey?*, le dijo moviendo su dedo índice. Al lado de ella, tan alta como un sauce, la bruja lucía pequeña e inofensiva. «Llévese su fruta, —le dijo mi madre finalmente—: no le compraremos más». La bruja bajó la cabeza y miró el suelo. Su labio inferior colgaba y sus dientes se movían de adentro hacia fuera, de adentro hacia fuera. Pero cuando mi madre se dio media vuelta y caminó de regreso a la casa, los ojos de la bruja batieron revoloteados, nuevamente como las bolas sueltas de las máquinas tragamonedas. «¡Mango! —chilló, encontrándose con nuestras caras en la reja de hierro—. ¡Tráeme esa boca! ¡Hay mango!»

—Mira —le dije a George, conforme se alejaba tambaleándose—, esto sólo va a empeorar la situación.

◼ ◼ ◼

Al reflexionar, veo que si de niña tenía un sistema de creencias era éste: la bruja, el loco, la mirada de las amas cuando hablaban de los muertos que tratan de agarrarnos con sus dedos largos y verdes. No recuerdo que iba a la iglesia. Si los sacerdotes repartían la palabra de Dios, y era evidente que en Cartavio se pasaban de barrio en barrio en sus sotanas marrones, estos hombres no se dirigían a nosotros. Si Mother nos contaba historias sobre Moisés y Jesús —y sin duda lo hacía a juzgar por los pequeños folletos que aún guardo en mis estantes, coloreados por una mano infantil—, estos hombres no se dirigían a mi alma.

No puedo hablar por George; su espíritu ha sido siempre más grande que el mío. Sólo tenía que mirarlo para comprender lo que sentía al ver un animal herido, un mendigo, un extraño en la puerta. No puedo hablar por Vicki; su cerebro ha estado siempre dotado mejor que el mío. Sólo tenía que pedirle que me contara más sobre los *pishtacos* para escuchar sus largas disertaciones sobre cómo todo no era sino la palabrería y los desvaríos de mentes ignorantes. Pero para mí, las leyendas indias eran religión. Eran mi iglesia, mis mandamientos, mi fe. Les daba mil vueltas de la misma forma en que mis tías de Lima toqueteaban sus rosarios. Sabía que mi madre desaprobaba esas historias y, sin embargo, sospechaba que así como parecía desconocer mucho del mundo peruano que me rodeaba, éste era simplemente un lenguaje que ella no entendía.

Las advertencias de la bruja sobre la enredadera me atravesaron con la inmediatez de una aparición virginal en Fátima. Había una raíz negra y gruesa bajo mi casa y algún día me torcería el cuello. La amonestación era más vívida que cualquier letanía de los santos que mi padre católico podía recitarme o cualquier himno sobre los escollos que pudiera cantar mi madre protestante. Pasaría mucho tiempo antes de que me pudiera reír de la advertencia de la bruja. Estaba convencida de haber encontrado la enredadera en mi ventana. Estaba segura que una noche miraría hacia arriba y vería su cabeza negra pequeña sacudirse y volar hacia mí. Puedo haber aprendido a reírme de las palabras de la bruja, pero hasta hoy día no resisto ponerme algo en el cuello.

■ ■ ■

Antonio fue el que me enseñó cómo aplicar las leyendas del Perú. Era el hombre más hermoso que había visto, tenía dieciocho años y era uno de los siete sirvientes de nuestra casa. Desde el momento en que mi mundo consciente incluyó a otras personas, fue Antonio a quien quería mirar y conocer y con quien quería estar. Para ser un indígena, era alto, de frente alta, de cuello recto y con una piel del color de la corteza de la canela. Sus antebrazos y hombros eran fuertes debido a años de levantar cargas pesadas. Desde los doce años había desempeñado diversos trabajos en la fábrica y en la hacienda: cargaba caña, levantaba barriles, empacaba papel, trabajaba en la casa de los ricos.

No tenía la cara marcada que tenían los cortadores de caña, ni ninguna cicatriz en la nariz o las mejillas, ni costurones infligidos por la caña alta cuando el machete de un campesino asesta un golpe en el corte y algunos troncos saltan como espadas con espinas. La cara de Antonio era suave. Sus ojos eran negros como los del mono. Rodeaba la línea plana y recta de su boca un reborde alto, casi morado, que me encantaba mirar; ansiaba dibujarlo con mi dedo, lo imaginaba desde la ventana de mi cuarto cuando lo escuchaba conversar con nuestro mayordomo, Flavio, o reírse con Claudia, la cocinera. Su boca era como una roncha sobre fruta madura.

Pero lo que más me gustaba de Antonio era la forma en que me hablaba —como si yo fuera alguien con quien valía la pena hablar— y la forma en que escuchaba. No importaba cuán ocupado estuviera, cuántas tareas le diera mi madre, siempre tenía tiempo para mí y se volteaba apenas me escuchaba chillar: *¡Antonio! ¡Espérame! ¡Tengo algo que pedirte!*

Le preguntaba cosas triviales, planeadas para permitirme posar los ojos en él, mirar el goteo de sudor en su pecho, examinar los contornos de su cara.

Desde el día que Flavio lo había traído a la casa presentándolo como su sobrino, mi madre lo había señalado como un joven brillante. «Ese muchacho es inteligente —diría mirándolo desde la ventana—. Tiene un futuro y una mente para algo mejor que este jardín.» Yo la observaba rascándose la cabeza y pensando lo que podía hacer por él: ¿Enseñarle cómo conversar en inglés? ¿Sumar? ¿Leerle las historias de Van Loon o las *Vidas* de Plutarco como lo hizo con nosotros? Rezaré para que no se vaya, mientras se quede aquí cerca de la ventana.

Lo quería de la forma extravagante que los niños quieren a los adultos del sexo opuesto. Es una necesidad que nace temprano, nuestro anhelo por lo romántico. Queremos a nuestros tíos porque no son nuestros padres, porque son suficientemente familiares, pero en esencia extraños: libres, impredecibles, indomables. Queremos a los amigos de nuestras madres porque tienen caras bonitas, porque sus sonrisas nos invitan a sonreír, porque sus ojos nos buscan cuando entramos a un recinto. Quería a Antonio porque era guapo; porque era bueno; porque parecía corresponderme; porque veía la forma en que volteaba para mirar a este pequeño ser humano cuando veía la luz en sus ojos; cuando dejaba sus herramientas para prestarme atención, sabía que yo era suya y ese hecho lo hacía total e incontrovertiblemente mío.

Fue Antonio, como digo, quien más me enseñó sobre las leyendas. Pero no había comenzado de esa forma. Primero yo había sido su maestra.

En algún momento, cuando tenía cinco años, durante una tarde interminable mientras que Papi estaba en la fábrica y Mother ayudaba a George y Vicki a garabatear palabras en sus cuadernos, bordeé la cocina y fui directamente hacia el corral de los animales. Antonio estaba allí limpiando las jaulas y barriendo el guano.

—Antonio, ¿puedo mirar mientras trabajas? —le pregunté.

—Sí, sí —dijo él secándose la frente con la manga y dándole vuelta a una jaula para poder sentarse—, pero debes pagar el —precio de admisión—. Se puso el dedo en el mentón. —Veamos, —dijo. Era ojinegro, con el pelo revuelto y la suciedad de su cara se veía amarilla. —Sé lo que puedes hacer, Marisi. Cuéntame una historia. —Ceñí el entrecejo pensando que se estaba burlando de mí, pero su sonrisa franca me dijo que no.

Me senté sobre la jaula, contemplé mis zapatos blancos y jalé mi vestido de algodón sobre las rodillas. Ese día comencé el ritual que me enseñó todo. Mientras Antonio cargaba jaulas, sacaba la hierba mala, perseguía a alguna gallina desertora o empuñaba una escoba de alambre, yo le repetía mitos griegos que mi madre nos había contado a la hora de dormir. Comencé con uno suficientemente apropiado sobre jardines: cómo Hades había estallado a través de la tierra e irrumpido en el jardín de Perséfones para arrastrar a la muchacha a los infiernos. Le conté sobre las infidelidades de Zeus, cómo había convertido a una amante hermosa en una vaca para evitar la cólera de su esposa. Eso le hizo gracia a Antonio que mostraba unos dientes blancos destellantes con el sol.

—¿Tienes chicas, Antonio? —le pregunté. —Ay, sí, —dijo y se encogió de hombros—. Pero no una esposa celosa. —Tiró la cabeza hacia atrás y se rió.

La cara de Mother apareció en algún momento durante esa tarde y pude ver por su expresión que le gustaba lo que estaba haciendo.

—Enseñar es la forma más elevada de aprender, —me dijo luego y les dijo a los otros sirvientes que estaba de acuerdo.

—¿Dónde vas, Marisi? —me preguntó Claudia con voz penetrante desde su banco alto en la cocina cuando caminaba lentamente hacia el área de servicio, un lugar donde ella sabía que yo no estaba autorizada para ir. Pelaba papas y Flavio entraba y salía de la cocina al comedor, sacando del aparador los platos del día. —A ver a Antonio —le decía, como si yo fuera la reina y él mi tesorero—. Estoy contando historias. Es la hora de las historias.

Fingí ser Esopo un día mientras Antonio rastrillaba los bordes que adornaban el camino del jardín. Le conté la del pájaro con el queso. Luego la del león, los dientes y la doncella. Finalmente con todo el floreo de uno de los solteros borrachos de ron, le narré la del zorro y la cigüeña. Cuando llegué a la parte del zorro sediento que miraba el cuello de la jarra de la cigüeña sin poder llegar a la bebida, Antonio me miró desde sus rodillas y movió un dedo con barro hacia mí.

—Oye chica, eso nunca puede pasar en el Perú. Una cigüeña en el Perú no le hubiera hecho algo así al zorro. ¿Sabes lo que le pasa a los sedientos? ¿Sabes algo del Aya Uma? —Un trozo de tierra cayó de sus manos.

No conocía muchas leyendas en ese momento, pero sabía sobre el Aya Uma. Por las historias contadas a la rápida y en susurros por mi ama, por la desaprobación pedante de Vicki, por un sinnúmero de conversaciones aterrorizantes con George. Sabía todo lo que necesitaba saber.

Dice la leyenda andina que si se deja que un hombre se vaya a dormir sediento, al llegar la medianoche su cabeza saltará separada de su cuerpo y se escapará por la puerta. Poseído por el Aya Uma, «el sediento», es decir, su cabeza brincará a saltos en la noche —*tac pum, tac pum, tac pum*— por la calle en busca de algo para refrescarse la garganta. Si la cabeza se encuentra con un viajero, lo perseguirá, saltará sobre sus hombros, le arrancará la cabeza y se acomodará en el muñón sangriento. Luego llegará al río, beberá un largo trago y regresará a casa antes del amanecer.

En la mañana la gente del pueblo se arremolinará para

lamentarse y chasquear la lengua sobre la carnicería. Poco quedará del pobre viajero que se puso en el camino del Aya Uma; un trozo de piel tirado en el jardín, una cabeza cortada en el camino. Vestigios de la sed de un demonio.

Antonio tenía razón. Una cigüeña peruana le hubiera servido un trago al zorro.

Salté de la jaula y corrí hacia donde Antonio estaba arrodillado en la tierra.

—No me hables sobre el Aya Uma a mí, —le dije, poniendo las manos sobre sus hombros, haciendo que me mirara a los ojos. Yo amaba a este hombre. No podía soportar la idea de que mi madre lo despidiera, como a la bruja frutera—. Si mi madre te escucha que cuentas historias como ésa, vendrá al jardín y te dirá que te vayas. Nunca te volveré a ver.

Antonio me miró sorprendido.

—Prométeme que nunca lo volverás a hacer y yo prometo nunca contarlo. Nunca.

—Lo prometo —dijo él—, lo prometo.

Pero llegó la tarde siguiente y yo lo provocaba para que me contara más.

—Escucha ésta, Antonio, —comencé, arrastrando mi jaula cerca de la pared del jardín que él rascaba con una escobilla de cáñamo.

—Había una mujer, ¿sabes?, una reina que cuando su esposo se fue a la guerra y lo mataron, estaba ella en la casa con sus tres hijas. Eran niñas —muy bonitas, te cuento— grandes y rosadas con el pelo rubio y mejillas tan llenas como papayas. Todos los hombres estaban locamente enamorados de estas niñas. Y la reina las amaba también. Cada noche las arropaba en la cama, acariciaba sus caras pequeñas y les contaba historias como yo lo hago para ti, Antonio. Quizá mejor.

—Imposible, —dijo con su espalda hacia mí.

—Pero entonces un día, un ejército de hombres a caballo irrumpieron en la ciudad ¡*zas!* y *cataplum, cataplum*, entraron a la casa, hasta las camas de las niñas, y las jalaron. ¡*Pum, pum, pum!*, las tres. De esa forma.

—Los soldados se llevaron a las niñas rosadas y grandes sobre el caballo y galoparon hasta que las niñas no podían respirar más. Luego las tiraron al suelo como muñecas de trapo —*puaj*— y se fueron.

Antonio volteó y me miró mientras sumergía su escobilla lentamente en un balde de agua. —Ay, —dijo.

—¡Ay, ay, ay! —le contesté—. Pues la reina se volvió loca. Tan loca que salió de su carroza. ¿Sabes lo que es, Antonio? Es un carretón elegante tirado por caballos.

—Ya, ya —dijo—. Sigue.

—Puso a sus tres hijas muertas en la parte de adelante y las amarró con sogas para que no se cayeran. Y luego se fue gritando al campo de batalla.

—¿Sabes lo que dijo? Ésta es la mejor parte. Dijo, ¡yo soy la hija de hombres poderosos! —Me golpeé el pecho para enfatizar—. ¡Y estas son las hijas de una raza muy valiente! ¡Somos mujeres! ¡Somos guerreras! ¡Feroces! Y no luchamos por reinos, oro o tierra. Luchamos por la libertad. ¿Ustedes creen que pueden sacarnos de la cama, subirnos a los caballos, cabalgar y dejarnos tiradas. ¿*Puajj*? ¡Vuelvan a pensarlo! —Ya estaba parada sobre mi jaula, gritando por encima del muro.

Antonio miraba fijamente.

Me senté.

—¿Y entonces? —dijo él.

—Entonces se fue a su casa y nunca más la molestaron y todos los súbditos de la reina se formaron fuera del palacio y cantaron *Beautiful Dreamer*.

Antonio se rascó la cabeza: —¿Qué casa? ¿Reina de qué?

—Reina de los gringos, Antonio. Su nombre era Boadicea.

—¿Y así, ella vivió feliz, etc., etc., etc.? —dijo él, moviendo la escobilla en círculos.

—No, no realmente. —Torcí mi nariz. Yo sabía que si mi madre cantaba *Beautiful Dreamer* al final de una historia era porque probablemente terminaba mal. Al menos en este caso yo había descubierto la horrible verdad. —En realidad, no. Después de un tiempo, Boadicea perdió la guerra, tomó veneno y murió.

Antonio reventó de risa, salpicando el aire.

—¿Te contó eso tu madre? ¿Y no le gusta que escuches sobre el Aya Uma?

—En realidad, no me contó la última parte —le confesé—. Vicki la leyó en un libro. Nos dijo a George y a mí cómo terminaba realmente la historia.

—O sea que los hombres ganan la guerra contra la reina de los gringos y los gringos mantienen a las mujeres en su sitio —dijo Antonio.

—Pero sus madres gringas los protegen —dije levantando un dedo justiciero en el aire, sintiéndome gringa en cada pulgada de mi ser.

—Bueno, las madres están siempre protegiendo a sus niños, Marisita. Eso pasa en el Perú también. Aun las brujas cuidan a sus hijas.

Las Brujas. Antonio estaba ahora en territorio peligroso. Yo conocía la leyenda a que se refería. Era aquella sobre la vieja fea y hambrienta que envió a su hija para que extrajera un corazón tibio para el almuerzo. La niña no tuvo que ir muy lejos. Le sacó el corazón al vecino y se lo llevó donde su madre que lo devoró de un bocado cuando aún latía. En el momento en que el sacerdote llegó a preguntar por qué la niña andaba tambaleándose por el pueblo, enloquecida, la bruja sólo sonrió, escarbó sus dientes y dijo que no tenía idea. La niña solamente había estado haciendo sus tareas. Entonces, una bruja sí podía defender a una hija.

Antonio no había dicho una palabra sobre esa leyenda. Pero me estaba enseñando sus aplicaciones. Nos estábamos comunicando en clave ahora.

—¿Antonio?

—¿Sí? —Estaba concentrado en una mancha de humedad.

—Escucha. Esto de veras es importante. ¿Tú crees que sería una buena idea darle al Gringo —sabes, el loco ciego que viene en las tardes— una Coca Cola en vez de pan? George y yo siempre le damos pan y estoy un poco preocupada por eso. No quiero que se vaya a dormir sediento.

El Gringo, el Aya Uma, las brujas. Yo ya no pensaba en algo más que no fueran las fuerzas del mal. Antonio volteó y me miró con preocupación.

Poco después de esto, me dio la lección más importante de todas. Mother se había apoderado de la cocina una tarde para enseñarle a Claudia a hacer mermelada inglesa. Flavio se había ido al mercado. Las amas estaban haciendo el lavado. El pongo de mi padre, Juan Díaz, había venido para llevar a George a la fábrica a ver cómo pasaba la caña de azúcar por el trapiche. Vicki estaba ocupada en algún trabajo artístico. Entré a la casa como una flecha y fui hacia donde Antonio.

Lo encontré detrás de los corrales de los animales, por los cuartos de servicio donde las escaleras conducían a su cuarto. Había algo raro en la forma en que estaba parado allí, con la cara a la pared, sin moverse, con la espalda recta, sus manos fuera de vista. Tenía puesta una camisa de algodón azul oscuro gastada con huecos por las que se le veía la piel.

Me acerqué de puntas, intrigada por la imagen del hombre y el ladrillo, sin querer romper el encanto. Al darle la vuelta, me fijé en el objeto de su concentración. Se estaba agarrando y desde él un largo chorro salpicaba la pared.

—Estás orinando —chillé.

Se volteó súbitamente y reventó de risa. —Sí. —Me acerqué para ver mejor.

—¿No has visto uno de estos antes? —dijo, meneando la manguera de un lado a otro esparciendo el chorro en el aire.

Negué con la cabeza. Pero no era cierto. Había visto el de George una vez, muy rápidamente, antes de que su ama viniera corriendo y lo tapara. Nada me impedía mirar ahora.

—¿Lo puedo tocar? —le dije y me adelanté con una mano extendida.

Él dudó, luego sonrió y se encogió de hombros.

Puse la mano en el suave extremo y la dejé ahí por un momento hasta que hizo un brinco y yo salté hacia atrás, riéndome con las manos en la cara.

—Bueno, —dijo más sobriamente y se lo guardó.

—¡Ahora, mírame! —canté y con tres movimientos bruscos, me bajé los calzones, me senté y di un tirón a mi vestido de algodón.

Él miró al lugar entre mis piernas, luego a mi cara, y sonrió.

—Ya, ya, gordita, ya.

—¿Lo ves? ¿Ves mi cosa? —le pregunté, mirándome hacia abajo—. —Es un hueco.

—Y hay otro, —dijo señalando a mi ombligo.

—Sí, pero no es lo mismo. No hace nada, —dije autoritativamente mientras mis piernas se movían.

—No mamita, eso no es cierto, —dijo—. —Cúbrete y te contaré sobre este último. —Me paré rápidamente y me subí los calzones.

—Eso, —dijo señalando mi talle—, —es el centro de tu ser. La mitad de tu universo.

—Déjame ver el tuyo, —le dije, moví hacia arriba la camisa y él me complació. Lo tenía hundido y los dobleces eran de un marrón negro. Levanté mi mano lentamente y puse dos dedos sobre él. La carne vaciló. Luego, deslicé mi dedo medio en el orificio. Él aulló y se derrumbó riéndose.

—¿Qué hay adentro? —le pregunté.

—Mi alma —dijo.

Se agachó y me miró en los ojos.

—Este es tu *qosqo*, Marisi —sus dedos tocaron ligeramente mi barriga—. Tu centro. Si aprendes a ver y sentir con él, conocerás la fuerza de la vida. Aquí es donde está tu poder, tu energía. Es la leyenda más importante que te puedo enseñar. Aprende a abrir tu *qosqo* y aliméntate del mundo a tu alrededor. Aprende a comer los terremotos. Aprende a ingerir el caos. Aprende a llevarlos hacia dentro de tu barriguita. Y luego lanza para afuera todos los venenos.

—¿Los venenos?

—La luz negra. El poder de la destrucción.

—¿Cómo los lanzo para afuera?

—Primero los atraes. Abres tu *qosqo*. Dejas que entre de todo, lo malo y lo bueno. Si caminas por la vida temerosa de lo malo, caminarás jorobada, quebrantada, defensiva. Párate con tu *qosqo* al mundo. Derecha. Orgullosa. Ábrete. Ábrete ampliamente. Enfrenta la luz negra y absórbela. Y luego, cuando estés llena de la tempestad de la vida, deja que el veneno se derrame y se vaya. Lejos. Lejos. Hacia adentro del corazón de una piedra.

—¿Y mi otro hueco? —le pregunté provocativamente, sabiendo que como la bruja y las leyendas, esa región inferior de mí misma era importante y prohibida.

—No hay nada malo con eso. Está bien. Es bueno. El cuerpo funciona desde ahí. Y juega. Alguna vez un hombre te enseñará a jugar. Pero aprende todo esto de mí. Es tu *qosqo* de donde tu vida fluye.

Sacudió la parte de atrás de mi vestido y caminamos juntos hacia el jardín.

▣ ▣ ▣

Practiqué usar mi *qosqo* después de eso, lo dirigía hacia arriba en la oscuridad cuando las pesadillas me dejaban sobresaltada y despierta. Parada junto a la ventana lo dirigía hacia abajo al jardín para detener las raíces de las enredaderas. Escudriñaba los árboles con él por si acaso en la eventualidad que los *pishtacos* estuvieran agazapados allí, esperando para saltar.

La lección de Antonio funcionó: quedé menos preocupada por el loco y la bruja y al menos en ese momento todas las malas energías del mundo parecían llevaderas, el caos devorado, la luz negra escupida lejos.

Cuatro décadas después, conforme recuerdo esa lección seminal, todavía me pregunto qué concatenación de historia y conciencia me predispusieron para asegurarme de que estuviera allí para aprenderla. Para estar, como estaba, atraída hacia Antonio. Estas cosas no pueden atribuirse al azar.

Suerte divina quizá como en la historia de mi amigo, Eddie, un «negro americano» como le gusta llamarse a sí mismo, quien se propuso hace unos años descubrir quiénes eran sus antepasados. Según la familia, su bisabuelo había sido un esclavo y había sido emancipado en la corte de un pequeño pueblo en Virginia. Eddie llegó allá, cruzando el país en motocicleta, lleno de la furia de un hombre equivocado, decidido a ver la prueba por sí mismo. Lo que halló lo tomó por sorpresa. Era cierto que su bisabuelo había sido un esclavo en la plantación de un hombre blanco y que el amo había llevado al esclavo a la corte para liberarlo. Pero las palabras en el documento oficial cambiaron la vida de Eddie para siempre. Allí, sobre el papel, tan claro como se podía, estaba la evidencia de que el hombre blanco era no solamente el propietario del esclavo negro, sino también su padre. El amo había llevado a su hijo negro, había reconocido su vínculo sanguíneo, había firmado los papeles y le había dado su libertad. Cuando mi amigo salió hacia su motocicleta para regresar a casa, lo hizo con el entendimiento pavoroso de que nunca más volvería a sentir algo tan simple como el puro odio racial. Era negro. Pero también era blanco, era amo, pero también era esclavo.

Ahora recuerdo la historia porque reúne todo lo que tiene que ver con los vínculos y las conexiones. Así como Eddie comprendió que había sido llamado a Virginia para aprender una lección esencial sobre su odio, yo fui llamada por Antonio para aprender una lección que yo necesitaba conocer. Era sólo una pregunta que las leyendas podían contestar: ¿Dónde va a parar el mal?

6

LA POLÍTICA

Politics

A dónde van a parar los venenos? Si ésta era una cuestión para el espíritu, lo era también para el mundo real. La rabia de la Segunda Guerra Mundial —la avidez de sangre, el odio, la matanza— se detuvo, pero su luz negra persistía. Como amperaje desplazándose sobre la superficie de la tierra, galvanizó el aire y alteró la mentalidad hacia un fervor diferente. En el Perú se intensificó de manera tenebrosa. El nuevo presidente José Luis Bustamante y Rivero había legalizado el partido de izquierda difamado durante años, la Alianza Popular Revolucionaria Americana, y un fervor socialista animaba la atmósfera. Los precios aumentaron y los ánimos se caldearon. Los militares peruanos, con quienes los Arana y los Cisneros habían sido siempre muy cautelosos, y quienes siempre se habían considerado los guardianes de la prosperidad, comenzaron a hacer resonar sus armas.

A fines de 1948, los soldados peruanos salieron a las calles para aplacar la euforia izquierdista. No había sido la primera vez. En un levantamiento en Trujillo dieciséis años antes, el APRA había masacrado a un grupo de oficiales del ejército y los militares habían respondido arrestando o ejecutando a cualquiera que pudieran identificar como comunista. El tono liberal de la presidencia de Bustamante tenía nerviosos a los militares. Los sindicatos planteaban demandas. La inflación se iba en espiral. Hombres uniformados de caras sombrías comenzaron a verse fuera del palacio presidencial, en las esquinas. Cuando mi madre volvió de los Estados Unidos con Vicki, George y su violín a cuestas, reparó en las frases escritas en las paredes a lo largo del camino desde el aeropuerto: «¡Hay un bobo en el palacio!» Gritaban las letras rojas. ¿Quién era? El propio presidente.

En octubre de 1948, los militares decidieron que ya era suficiente. El general Manuel A. Odría irrumpió en la Plaza de Armas y anunció el fin de la locura socialista. Nadie siquiera pestañó. Los golpes de estado no eran nuevos en el Perú. En realidad, desde principios del siglo el país había visto más golpes militares que elecciones democráticas. El general Odría sacó a Bustamante, se mudó al palacio presidencial y anunció que le daría al Perú una elección digna. Pero, siete años después, parada yo sobre un cajón vacío y declamando mitología para Antonio, el general seguía allí. Los comunistas y los anarquistas se habían escapado a las montañas o se habían ido fuera del Perú. Su líder Víctor Raúl Haya de la Torre, se había asilado en la embajada de Colombia en Lima y los soldados del general se paseaban de arriba para abajo con metralletas para asegurarse de que se permaneciera adentro.

La fiebre no se apaciguó. Los primeros años de la década de los cincuenta fueron años de auge para los sueños rojos: Fidel Castro y Che Guevara tejían visiones de guerrillas en las selvas latinoamericanas y la izquierda peruana iba triunfando con el proyecto de superar un ciclo opresivo y siniestro. Había una larga tradición de explotación en el Perú que había comenzado bajo los incas con la «mita», un sistema en el cual se obligaba a los campesinos a contribuir con años de trabajo en la tierra. Se les decía que su trabajo traería gloria al imperio del sol. Cuando los españoles conquistaron el Perú, adoptaron la misma práctica, forzando a los campesinos en su propia versión de la «mita», esta vez para la gloria de la corona. Las cosas no habían progresado mucho en los ciento veinte años de la República. A los habitantes de los pueblos en el campo se les inducía a trabajar para nuevos patrones en las plantaciones de azúcar y algodón. No ofrecían sus años más productivos gratis como lo habían hecho sus antepasados, pero aceptaban miserias: unos cuantos soles, un techo de paja sobre sus cabezas, una ración de carne y un poco de arroz. Antonio y sus semejantes eran parte de este ciclo: muchachos que habían crecido viendo a sus padres levantarse de las camas de sus madres a medianoche y marchar penosamente a una mina, a un campo o a una fábrica para meter caña en un trapiche hasta el amanecer. Cuando les llegara su turno, los muchachos acompañarían a sus padres en ese sendero; un penoso camino trazado por cada generación en la machacante rueda de la fortuna peruana.

El elocuente Haya de la Torre, salido de las buenas familias de Trujillo, estaba convencido de que podía revertir este sistema. Mientras George y yo corríamos de la casa a la reja sin perder de vista a la bruja y al loco, Haya de la Torre se organizaba desde la embajada de Colombia predicando la revolución a hombres como Antonio. Vituperaba contra la entrega gradual de tierra a las compañías americanas «rapaces» como W. R. Grace, particularmente en su provincia natal de La Libertad, exactamente donde mi padre construía chimeneas americanas.

Las haciendas de azúcar y papel de W. R. Grace eran los

objetivos principales de las fuerzas anticapitalistas del APRA de Haya de la Torre. La compañía que se había enriquecido en el Perú exportando el guano de las islas era importante para el comercio tanto en América del Norte como en América del Sur. Poseía Grace Line, la primera compañía de barcos a vapor que operaba entre América del Sur y América del Norte, dominaba todos los embarques que iban y venían sobe la línea ecuatorial y poseía también Panagra, la primera línea aérea de América. La familia Grace había pasado del guano al papel, del estaño a los ferrocarriles y de un comienzo humilde en una tienda de velas y pertrechos a la propiedad de una línea aérea y una flota de barcos.

Grace era como cualquier otra empresa estadounidense en el Perú. De cierta forma, trajo mejoras. Proporcionó trabajo estable en una época inestable. Dio experiencia. Construyó pueblos, estableció escuelas y clínicas. Pero Grace no estaba en el país para hacer una labor benéfica. Estaba para hacer negocios. La mano de obra peruana era barata y los recursos peruanos abundantes. Se podía obtener azúcar, papel, cobre, acero y petróleo en cantidades inigualadas en otras partes del mundo. Sin gran molestia, una compañía, como un general, podía irrumpir en una plaza principal, iniciar una industria y poner las ganancias en los bolsillos de quien ella escogiera.

Para Grace, como para cualquier capitalista en el Perú de los años cincuenta, los socialistas del APRA representaban un problema. Los apristas reclutaban activamente entre los jóvenes de las ciudades y luego esparcían el descontento en el campo, persuadiendo a los campesinos y a los obreros de las fábricas de sus derechos, organizando sindicatos y tejiendo visiones de una gran utopía. Los jefes de mi padre en Nueva York, estaban conscientes de la agitación que estaban creando los socialistas en el interior del país. Lo que estaba pasando en el Perú se daba también en lugares como Detroit o Chicago. Pero en el Perú, las consecuencias eran mayores y la situación más explosiva. No siempre estaba garantizada la protección de la ley. ¿Quién sabía si la policía iba a poder oponerse a una huelga violenta, una incursión anarquista, una masacre, una revolución? Y si la ley se imponía, podía tomar un sesgo fascista hacia un estado militar.

Los directivos de W. R. Grace en sus oficinas elegantes de Manhattan en Hanover Square, comprendieron tan bien como cualquier potencia colonial remota que la forma de administrar sus pertenencias en el Perú era ubicando a ciudadanos locales inteligentes en posiciones de dirección. Mi padre era un candidato excelente para administrarles el imperio e imponer una visión americana más destacada que la «mita». Era un ingeniero educado en los Estados Unidos, casado con americana y con conexiones sólidas en Lima; un peruano con un pie en la antigua oligarquía y el otro en un campamento próspero de jóvenes pragmáticos conscientes de que el futuro que esperaban llevaría a su país a una era nueva y brillante. Los jefes americanos iban y venían o, al menos se sentaban durante unos meses en las instalaciones de Lima, algunos de los gringos jóvenes iban y venían de la «casa de solteros» de al lado; pero cuando se trataba de administrar los asuntos cotidianos en el sitio donde la caña se cortaba, el azúcar se procesaba, el papel se fabricaba, el ron se llevaba a las barricas, era mi padre quien se hacía cargo.

Los gringos de la Grace tenían otra ventaja que ni siquiera habían tenido que esforzarse por obtenerla: el pequeño imperio de mi madre en la casa. Si es cierto el dicho peruano, que toda la política se decide en la cocina, esto se comprobaba bajo nuestro techo en Cartavio. Todo el trabajo de inteligencia que W. R. Grace necesitaba para mantener el poder en sus fábricas venía de nuestro mayordomo Flavio. El fue quien le reveló a mi madre cuánto control tenía el APRA sobre la gente de Cartavio y fue ella quien le pasó la información a los directivos.

Flavio era un hombre formal de espalda erguida y treinta y tantos años. Un indígena inexorable que se preciaba de saber llevar una casa, servir una comida, satisfacer al invitado más exigente. Pero una mañana cuando Papi estaba en Lima, mi madre lo encontró agachado detrás del radio en el comedor, temblando en una esquina con la cara y el pelo sudoroso.

—¡Flavio! ¿Qué te pasa?

—Tenía que venir a decirle, señora —dijo con un tono de voz alto y plañidero, como el de niño.

—¿Qué? —Y abrió la puerta de la cocina buscando a Claudia—. ¿Claudia? ¿Antonio? ¿Dónde están todos?

—Nadie está aquí señora, sólo yo. Claudia está en Chancay con mi madre. Le dije a mi sobrino también que se mantuviera fuera. Los otros están en el pueblo. —Murmuró las palabras cruzando sus dedos delante de sus labios. Ella se le acercó para escuchar.

—¿Por qué estás en el suelo Flavio? ¿Por qué estás tan asustado? ¿Qué te ha pasado?

—No quiero que me vean por las ventanas, señora. Si descubren que estoy aquí...

—¿De qué estás hablando, hijito? ¿Quiénes son ellos?

—Los obreros, señora. Los obreros y la gente del sindicato.

Flavio le narró la historia a mi madre describiendo a los hombres que habían llegado desde Trujillo para encontrarse con los obreros mientras dormía la gente de las casas grandes. Les habían dicho que a los obreros de las haciendas no se les pagaba lo suficiente. Los norteamericanos los estaban chupando hasta dejarlos secos. Los peruanos ricos como mi padre los ayudaban. Había mucho descontento en la atmósfera y peligro. Pronto habría una huelga.

—¿Les han prohibido venir a nuestras casas? —le dijo mi madre—. ¿Por qué?

—Porque los organizadores son fuertes, señora —respondió ásperamente—. A esto le llaman revolución. Dicen que aquellos que no están cien por ciento de su lado, son los enemigos. Yo no estoy cien por ciento, señora. A mí me importan usted y el señor. No quería que se despertara esta mañana y se encontrara con una casa vacía sin una explicación. Especialmente cuando el ingeniero está en Lima. Pero la verdad es que podrían matarme por esto.

—Ándate, Flavio —le dijo Mother—. Lo que has hecho es suficiente. No te expongas a mayor peligro. Los niños y yo estaremos bien.

Se fue velozmente por la puerta de atrás y atravesando en cuatro patas un hueco en la pared del jardín salió corriendo con la cabeza agachada hacia los campos de caña. Pero regresó esa noche y todas las noches a partir de ahí, para proporcionarle nueva información a mi madre.

Cuando Papi regresó de Lima, Mother le contó todo. Él supo exactamente lo que había que hacer.

—Fiesta —dijo—. Pan y circo. —Se les haría una ofrenda a la gente.

Organizó una *pachamanca* en la plaza principal de Cartavio e invitó a toda la hacienda. Todos los obreros, vendedores, locos, las esposas y los niños. Ordenó valses criollos, música serrana, tambores de la selva. Todo tipo de danzas desde los Andes hasta el Amazonas. Trajo un banquete. Cabras, patos y ollas llenas de platos sabrosos. Y ron Cartavio. Montones. Tanto como podía engullir el pueblo.

Al atardecer de un domingo, se instalaron las mesas en la plaza cerca del mercado central, la banda comenzó a tocar y el aroma de la carne asada comenzó a esparcirse por las calles. Al principio los únicos asistentes eran los ingenieros y sus esposas que bebían un poquito, se paseaban y miraban nerviosamente sobre sus hombros. Pero de cada casa a pocos, los obreros y sus familias comenzaron a salir. En sus mejores camisas y con el pelo estirado con aceite de lavanda. «Hola amigo, ¿qué tal? ¿Cómo te va?» Primero un plato pequeño de cabrito. Luego un bocadito de carapulcra. Un traguito de ron. Pronto, la plaza se llenó. Con fuego de azúcar calentándoles las venas, Cartavio comenzó a bailar.

Algunos ingenieros admitieron luego que había gente que nunca habían visto, caminando furtivamente por los bordes como hienas alrededor de una presa. Pero la música, la comida y el ron estaban funcionando para W. R. Grace esa noche. ¡Ay, ay, ay, ay! ¡Canta y no llores! Papi alternaba con la gente palmeando espaldas con una mano y llevando un vaso en la otra. Muy pronto Cartavio se llenó de risas y alboroto. Una francachela, una bacanal de chillidos. Mother vio entre la masa de gente a Flavio, que se pasó la noche saltando en un pie y borracho como un zorrino.

Por un tiempo, las relaciones laborales mejoraron. Un brillo de fiesta zumbaba sobre Cartavio como un halo de neón chisporroteante. Pero no duró mucho. Llegó la huelga y fue rápida y feroz. Sin embargo, debido a los informes de inteligencia de Flavio, los gringos de la compañía sabían que se llevaría a cabo y estaban preparados. Pidieron que interviniera el gobierno peruano para mantener la paz. Los gerentes peruanos de Cartavio, muchos de ellos anticomunistas declarados y algunos provenientes de las cuarenta familias de la oligarquía, se encontraron bajo la custodia nerviosa de la policía y de los militares. A Papi lo pusieron bajo arresto domiciliario.

Pero no duró mucho. El teniente de la policía que tenía a su cargo esta tarea era Pepe Canales, un antiguo estudiante de Papi cuando dictaba clases en la escuela de policía de Lima. En cuanto lo vio, le dio un fuerte abrazo. Además, el coronel del ejército que enviaron con tropas resultó ser amigo del Club Regatas, un compañero de juergas de los días del mono y el oso hormiguero. Le dijeron a Papi que podía hacer lo que quisiera.

Los ingenieros jefes entraron a las fábricas abandonadas, pusieron a funcionar las máquinas y mantuvieron las líneas de producción activas, haciendo el trabajo de un centenar de peones.

Pero mientras Papi estaba en Trujillo informando sobre la huelga al prefecto de la provincia de La Libertad, el clima cambió. El teniente Canales visitó a mi madre. Entró al jardín temblando y agitado como un macaco y se nos acercó dejando detrás de él la reja de la entrada batiéndose. Flavio le había contado a mi madre las últimas noticias: la mañana anterior el teniente, después de abandonar su cómoda cama y ponerse el uniforme, tomó un buen desayuno y se dirigió a su carro. Encontró que una de sus llantas estaba cortada y había una nota debajo de la plumilla del parabrisas. En ella le advertían sobre la llanta y que, si la policía no se iba de Cartavio, el próximo tajo sería en su garganta.

—Buenas tardes, señora —le dijo al acercarse a nosotros con las manos hundidas en los bolsillos, haciendo sonar su contenido con la impaciencia de un crupié de juego de dados. Por la reja de entrada alcanzaba a ver afuera a sus hombres uniformados.

—¿Está todo bien? —dijo—. ¿Cómo están usted y los niños?

—Bien teniente —le dijo mi madre secamente—. Estamos bien.

—Don Jorge no está aquí, ¿verdad?

—No, está en Trujillo.

—Y los sirvientes estarán en el pueblo, me imagino.

—Sí. Nadie ha venido, —mintió mi madre.

—Ah, ya —le dijo y bajó la vista hacia donde estábamos sentados frente a ella con las manos relajadas sobre nuestros regazos. Mirábamos su uniforme, las brillantes medallas, las letras en relieve en el bolsillo de su camisa.

—¡Y mira quien está aquí! —dijo con falsa alegría inclinándose hacia George y dejándonos ver las gotas de sudor en su frente—. ¡Mi compadre, mi amigo! ¡El oficial de policía más chiquito de Cartavio! ¿Quieres venir conmigo, Georgie? ¿Quieres hacer las rondas con mis hombres, pasear en el carro? Tu padre estaría muy orgulloso, ¿no?

Mi madre se quedó con la boca abierta.

Georgie se puso de pie inmediatamente, con los ojos que le brillaban al imaginarse detrás del timón del carro del teniente.

—Claro que quieres, claro que sí —casi chilló el teniente.

Los hombres que esperaban afuera dejaron de hablar entre ellos, paralizados y prestaban una profunda atención. Una mano se deslizó alrededor de la alcayata de la reja.

Mi madre se paró lentamente con una súbita expresión de preocupación. George leyó la ansiedad en sus ojos. Retrocedió lentamente también distanciándose del hombre y pasó del gusto al temor.

—¡Vamos! —exclamó el teniente con una voz más alta que la suya propia—. ¡Qué esperas! Vamos a agarrar el timón—. Canales se adelantó y tomó el brazo de George y sus hombres en la reja se movieron como piezas en una caja de cambios. Mother agarró el otro brazo de George. Yo retrocedí sobre el pasto dándome impulso con los tacos de mis botas. Los ojos de mi hermano estaban apretados y yo sentía que me iba a poner a llorar.

—No —dijo mi madre cortantemente—. No. Él no va a ninguna parte. Tiene otras cosas que hacer. El niño se queda conmigo.

—¡Jai, jai! —gritó el jefe de policía—. ¿Se queda aquí?, ¿cuando puede venir a hacer las rondas con la guardia civil?

Todo lo demás puede esperar, señora. Vendrás con el antiguo estudiante de tu padre. ¿No es cierto, George?

El hombre jaló a George; mi madre también. En ese momento ya ella había llegado a la conclusión de que no era una invitación inocente. El teniente no había venido a intercambiar cumplidos o a invitar espontáneamente a salir a George. Todo esto, la visita al final de la tarde, los hombres en la reja, el carro en la pista, era parte de un plan cuidadoso. Estaban ahí porque el hijo de don Jorge, un niño medio gringo, era un buen escudo portátil. Con el hijo del jefe en su poder, el policía podía asegurarse de que los rebeldes lo respetarían. Súbitamente, mi madre se dió cuenta de que estaba dispuesto a secuestrar a su hijo con este fin si fuera necesario.

Tiraron de él mientras el hombre le hablaba como a un bebé. La mujer se prendió de su hijo hasta que logró ponerle los dos brazos alrededor quedándose pegada al pecho del policía. George comenzó a llorar. Yo también. En eso, el viento tomó otro rumbo, los hombres le dieron la voz a su jefe desde la reja y éste se retiró rápidamente, tropezándose de espaldas en el camino como una marioneta que bailaba fuera del escenario.

Afuera en la calle se tiró la puerta de un automóvil. Mi madre, temblando, nos llevó adentro.

Ese día lo he marcado como el umbral de una nueva conciencia. Hasta ese momento había temido a los fantasmas, le había tenido miedo a la noche, a las fuerzas oscuras, a los muertos, a la luz negra. Nunca se me había ocurrido tenerles miedo a los hombres mortales. Pero, por la mirada sombría de mi madre, por la forma como estrechó a George contra su pecho, pude ver que los seres humanos comunes podían ser terroríficos, que habíamos sobrevivido una lucha tan mortal como cualquier encuentro con el Aya Uma. Si un policía que se suponía ser amigo de mi padre podía raptar a mi hermano tan audazmente como «el sediento», significaba que era capaz de decapitar a alguien.

Esta lección sobre la forma en que el mundo funcionaba era más desconcertante por otra razón. Me habían enseñado leyendas que imitaban a la vida, me habían dado un instrumento para desviar el mal, Antonio me había enseñado como evocar historias, dirigir el *qosqo* contra la noche o contra una maldición o aún contra una raíz que estaba creciendo bajo mi casa. Pero algo me dijo que no hubiera podido absorberle la luz negra al teniente Canales y escupirla hacia una piedra. Si él no hubiera decidido soltar a mi hermano, si no le hubieran dado la voz por la razón que fuera, algo terrible nos hubiera sucedido. Con todo el pavoneo de mi papá, nuestra casa grande, su jardín frondoso y los sirvientes complacientes, no hubiéramos podido hacer nada.

Cuando Vicki bajó del cuarto con su pelo ondulado despeinado y sus ojos cansados de leer el libro encajado bajo su brazo, se encontró con nosotros tres sentados en el sofá, silenciosos y con la mirada perdida. Se frotó los ojos con los puños, bostezó, se hundió en una silla y abrió nuevamente su libro. Parecía que estábamos sentados durante horas de esa forma: mi madre acariciándole el pelo a George, George mirando por la ventana y yo en mi vestido de algodón con la vista baja mirando hacia el sitio donde imaginaba que se encontraba mi ombligo.

Cuando Papi llegó a casa dijo que Canales nunca nos hubiera hecho daño. «¡Por supuesto que no! ¿Mi antiguo alumno de la academia de policía? ¿Mi amigo? ¡Nunca!» Pero yo escuché cómo echaba seguro doble a las puertas, encajaba las sillas debajo de las perillas de las puertas, por si acaso. Al día siguiente, Flavio le contó a mi madre que la nota debajo de la plumilla del limpiabrisas había sido una amenaza infundada. Cuando el sol apareció esa mañana, Canales se levantó con su garganta intacta.

A los pocos días los huelguistas se apaciguaron. La política les había prometido un paraíso a los obreros, pero había dejado sus estómagos refunfuñando. Echaban de menos las raciones de carne —un kilo al día— y su arroz con frijoles y, aunque sus casas de ladrillo de cemento fueran inadecuadas, querían que Grace les repusiera el agua y la electricidad nuevamente. Así es como nuestro mundo volvió a la normalidad. Los obreros retornaron a las fábricas, los ingenieros a sus escritorios. Flavio y Claudia a su cocina, Antonio a su jardín y el APRA se trasladó a enclaves más receptivos, dejando atrás un ligero descontento.

Cuando el Perú finalmente eligió a un presidente socialista en 1988, treinta y cuatro años después, el país era un lugar diferente. Haya de la Torre había muerto y Papi levantaba fábricas en otros litorales, el teniente de la policía Canales vivía de una jugosa pensión. Los ahijados de los apristas, la feroz guerrilla comunista autodenominada Sendero Luminoso, azotaba la sierra dejando como secuela treinta mil cadáveres.

El Perú sería uno de los últimos reductos del comunismo. Tendría que tener miedo de algo más que de sus fantasmas.

❦ ❦ ❦

Fue, en todo sentido, la época de la política. Mi madre comenzó a preocuparse por la ubicación de sus hijos en el mundo. ¿Cuán lejos podíamos llegar sin la educación adecuada? Se oponía firmemente a enviarnos a los colegios privados del lejano Trujillo o de Lima. Lo más lejos que pudo enviar a Vicki fue a un convento de monjas cercano, pero lo único que la niña parecía estudiar eran las historias aún más aterrorizadoras que las que nos habían contado los indígenas. Cuentos sobre el purgatorio y la condenación. Finalmente se decidió que Vicki tendría un tutor y que éste debía venir a la casa.

Su maestra fue la señorita Paula Roy, una misionera americana cuyo cuerpo larguirucho y pelo electrizado representaban notoriamente la imagen de Ichabod Crane que había visto en una de los libros de Vicki. La señorita Roy era justo el tipo de profesora que le gustaba a mi hermana de ocho años. Firme, exigente y, sin embargo, sorprendentemente dispuesta a pasar largas horas platicando sobre los aspectos más femeninos de alguna novela inglesa oscura.

La señorita Roy era capaz de sorprenderme aun a mí.

—Esto es para ti, —me dijo el día que George cumplió seis años. Me entregó un perrito pintado, parado precariamente sobre unos zancos y, en una demostración de camaradería canina, le colgaba fuera del hocico una lengua rosada.

—Ven —dijo la señorita Roy, inclinándose ceremoniosamente y mirándome sobre sus anteojos—. Déjame prendértelo.

Me lo puse esa tarde y, a partir de ese momento, todas las tardes, hasta el día que uno de los americanos solteros me lo señaló y gritó: —¡Goofy! ¡Tienes a Goofy ahí, querida!

—Gufi —repetí. Una palabra en inglés que no conocía. Busqué a Vicki y le pregunté lo que significaba. Enrolló sus ojos, bajó el libro y se volteó para mirarme de frente.

—¿Qué quieres saber?

—Es que uno de los solteros lo llamó Gufi —le dije señalando a mi perro.

Los ojos de Vicki se agrandaron. Dejó escapar una carcajada fuerte y golpeó su almohada con el puño. —¡Oh, éso sí que está bueno, realmente bueno!, —dijo en voz chillona. Se levantó y se tiró nuevamente en la cama sacudiendo las piernas y riéndose desaforadamente. Finalmente, se volvió para mirarme nuevamente, sonrojada y jadeante.

—¿Es así como llaman realmente a ese perro?

Asentí.

—Goofy significa estúpido. Es-tú-pi-da.

Vicki obviamente nos llevaba leguas a George y a mí en lo que se refería al aprendizaje. Siempre sería así. Pero llegó el día en que Mother nos vistió sencillamente, nos puso en el Chevrolet de la compañía con nuestro alegre chofer, Don Pepe, y nos envió a mi hermano y a mí, bajo las órdenes de mi padre, a la nueva escuela primaria que acababa de construirse a la salida de la plaza principal de Cartavio. La idea era que la escuela les sirviera a todos los niños de todas las razas y de todo nivel de vida en ese complejo socioeconómico al que llamábamos hacienda. La intención era precisamente aligerar la división política entre los trabajadores y los jefes.

—Cuando entren —dijo Papi esa mañana cuando nos revisó con aprobación—, miren el anuncio sobre la puerta. Mi diseño. —Se golpeó el plexo solar y arrugó sus ojos pardos con tan buen humor que estuve convencida que su conexión con ese sitio era de buen augurio.

Me equivoqué.

Nos pusieron en un aula grande con quienes parecían ser niños de edades variadas. Todos provenían de las casas de ladrillo de cemento. No eran Billy o Carlitos o Margarita. Nuestros amigos del barrio habían sido enviados donde las monjas o a Trujillo. Aquí no había nadie que conociéramos.

—Mocoso —le dijo un niño grande a George y yo me senté.

—Mataperro —le contestó George.

Nunca habíamos estado en una habitación con tantos niños. La profesora era una mujer joven y sencilla con lápiz labial brillante y una falda muy ajustada. Se presentó como «la señorita», nos hizo ponernos de pie y decir nuestros nombres y nos dijo que no toleraba tonterías de nadie. «Somos una clase de iguales», dijo. Pero, a pesar de sus esfuerzos, su pizarra y sus anuncios estentóreos, yo no podía evitar mirar atónitamente al rico espectáculo que me rodeaba. A mí no me parecía de iguales.

Había una niña en la primera fila con el pelo tan perfectamente ondulado que parecía salirle de la cabeza como el de una muñeca: derecho cuando salía del agujero y luego se doblaba hacia atrás terminando en un apretado rulo. Su vestido era del color de la mantequilla con rayas que formaban cuadros azules. Un cinturón reventaba en un lazo perfecto en la parte de atrás. Sus zapatos estaban tiznados con polvo pero remataban en los calcetines de encaje más maravillosos que yo había visto en mi vida. Tejidos con cintas tan azules como las líneas besadas por el cielo de su vestido. Exactamente en el punto donde el calcetín terminaba y su piel marrón comenzaba, el encaje blanco explotaba y se doblaba como un bobo bajo el mentón de una duquesa.

Me miré: blusa llana, cuello redondo, mancha del desayuno. Falda que se inflaba en el estómago. No era una visión bonita.

La voz de altoparlante de la señorita nos alcanzaba por encima de nuestras carpetas. «¿Quién sabe escribir su nombre?» La mano de la muñeca se levantó inmediatamente y también las del resto de la clase, incluida la mía.

Un niño redondo en el rincón se llevaba pedazos de dulce de camote a la boca a plena vista de la profesora y luego llevaba un lápiz a sus labios, como si de esa forma pudiera esconder los movimientos del mandíbula. El dulce hacía que su pelo negro se le pusiera de puntas y a mí se me hacía agua la boca.

—¿Quién sabe cómo se escriben los colores azul, rojo, verde?

Menos niños levantaron sus manos pero, cuando miré alrededor y vi la mano de George perforando el aire, levanté mi mano y la moví como quien saluda entusiastamente.

Al otro lado de la clase una niña demacrada se inclinó hacia adelante con su brazo izquierdo rígido contra su cintura. Una de sus piernas tenía unas abrazaderas de metal y dos tiras negras le ceñían el tobillo y la rodilla. Me estiré sobre su escritorio para ver sus pies, pero un agudo *zas* de la regla contra la pizarra me enderezó. La señorita tenía los ojos puestos sobre mí.

—¿Sí? —dijo—. ¿Sí?

Me miré las manos.

—No prestar atención es descortés. ¿Sí? Fijar la vista es descortés. ¿Sí? —Lo decía y obviamente me miraba—. ¿Se imagina que esto es un circo, señorita Arana? —continuó—. ¿O supone usted que esto es una escuela? —Sus labios brillantes se detuvieron aquí y se fruncieron.

—Es una escuela —le dije con una voz tan aguda como la de una flauta andina. Dos docenas de rostros se dirigieron hacia mí.

—Bien —dijo—. Usted puede ser la hija del ingeniero jefe, pero no tiene privilegios en mi clase. ¿Comprende? —Y me dio una última mirada colérica—. Ahora, ¿cuántos de ustedes pueden sumar?

Menos manos buscaron el aire, pero viendo la de George ahí, hice flotar la mía también. El pendenciero sentado entre nosotros resopló.

—Ajá —dijo la señorita observándonos—. Ya veo, y ahora la pregunta final, la gran pregunta, la que me dirá si yo tengo a un futuro Pitágoras aquí. ¿Quién de ustedes puede multiplicar?

Aquí, conforme pronunciaba la magnífica palabra —*mul-ti-pli-car*—, abrió sus manos como un sacerdote durante la bendición en la misa. Su cabeza estaba hacia atrás, sus dientes blancos desnudos con una expectativa ferviente en su mirada.

Mi brazo se disparó. No lo hubiera podido detener aún si hubiera tratado. ¡Multiplicar! Mi mano estaba tan alta como una bandera, triunfante. Cuando miré a mi alrededor, era la única.

El niño a mi costado explotó en una carcajada estridente.

—Vamos, Guillermo —dijo la profesora—. Vamos, vamos. ¿Cómo sabes que nuestra amiguita no sabe las tablas de multiplicar? —La regla rebotaba contra la palma de su mano—. ¿Cómo lo sabes, ah?

Su boca roja se estiró en una sonrisa y jaló su suéter verde sobre sus caderas amplias como un pato listo para contonearse en el agua. «Ven aquí, gorda, ven aquí arriba y demuéstrale a Guillermo tu cerebrito de ingeniero brillante».

Me paré, dejé mi silla y miré a George. Sus labios estaban congelados en una o perfecta, sus cejas suspendidas en el aire. Vacilante, seguí a la señorita hasta la pizarra como un condenado a la horca. Tomó un pedazo de tiza, se la llevó al mentón por un momento y luego garabateó dos números en la pizarra ejecutando floreos con su codo: 4, y luego 5. Al final estampó una X entre los dos números con tal furia que mis rodillas empezaron a ceder.

—Aquí —dijo y extendió violentamente la tiza contra mi barriga—. Tómala.

De pie, paralizada, equilibraba la tiza entre mis dedos como una oruga hinchada, gorda, blanca y venenosa.

—¿Estás lista mi pequeña ingeniera? —dijo.

Moví la cabeza negativamente. Escuchaba risas ahogadas de la clase.

—¿Qué, no puedes recordar tus tablas de multiplicar, princesa?

Volví a mover la cabeza. Las risas aumentaron de tono.

—¿O quizá nunca las supiste? —La boca roja, maliciosa y siniestra dejó ver un ejército de dientes que aparecían detrás.

Bajé el mentón hacia mi pecho mientras mis compañeros golpeaban sus escritorios y se reían a coro entre dientes.

—Es una mentirosa —gritó Guillermo—. Una mentirosa, gorda y fea.

Fue demasiado para George. Se paró y le pegó un puñetazo en el abdomen. Dobló en dos a mi crítico.

Pero Guillermo arremetió como una barracuda, agarró a George de los pelos y lo tiró al suelo. Las sillas y los escritorios se venían abajo estruendosamente. Los niños se golpeaban y resoplaban retorciéndose sobre el piso. La niña lisiada reculó. El que comía dulces estaba boquiabierto. La cara de muñeca presionó sus sienes con los dedos. Finalmente el brazo largo y verde de la señorita arrancó a George por el cuello de la camisa y gritó en alta voz, «¡Ya! ¡Basta!».

—¡Guillermo, siéntate! —dijo— El resto de ustedes también. Y a ti te voy a enseñar lo que les pasa a los pendencieros. Tomen nota todos. ¡Fíjense lo que le pasa a este niño presumido! —dijo, regañando a George.

Llevó a George, quien seguía colgado de su mano, al closet, abrió la puerta y lo metió. Cerró la puerta con seguro y se dio la vuelta. «Vuelve a tu sitio, chica», me dijo irritada y señalando con desdén mi silla.

Me senté y silenciosamente prometí no moverme, no abrir la boca, no atraer más la atención a mi persona. Ser tan pequeña como pudiera.

La señorita nos tenía copiando palabras en nuestros cuadernos, haciendo resonar las sílabas primero y escribiéndolas luego en la pizarra. Me encorvé sobre ese trabajo con intensidad, esforzándome por copiar las formas que ella iba delineando.

Pero, a través de los sonidos del garabateo, de las toses y el movimiento de las sillas, creí escuchar algo más. Presté atención. Era un lloriqueo ahogado que venía del closet.

Súbitamente me invadió una ola de desesperación. George estaba ahí llorando y yo estaba fuera pensando sólo en mis desdichas. Mi estómago comenzó a saltar, arriba, abajo, rebote, rebote. En eso, la piel de mi rostro se estiró y se puso tensa. Aventé la cabeza hacia atrás tragando aire. No puedo decir lo que pasó luego salvo que desde el más profundo pozo de mis entrañas, salió un sonido como el pito de la fábrica de mi padre, largo, penetrante y lleno de alarma.

Sentí un jalón agudo en mi codo. Conforme lloriqueaba y pestañeaba, pude darme cuenta de que la profesora me empujaba hacia el lado izquierdo de la clase. Abrió el closet, me empujó y cerró la puerta de un tirón. Clic.

—¡Cállense! —gritó—. ¡Y el resto de ustedes tomen nota! Estos niños no tienen tratamiento especial aquí. Si les pasa a ellos, puede pasarles a ustedes. ¡Fíjense bien!

El aire adentro era negro y húmedo. Aunque el salón de clase olía a pintura y cemento, el closet olía a viejo, como si mil años de estiércol y grasa de llama se hubieran acumulado ahí.

—¿Georgie? —susurré con mi pecho aún henchido de sollozos.

—Estoy aquí —llegó su respuesta tenue y atemorizada. Lo busqué a tientas y me acurruqué en el suelo, dejando que mis ojos se acostumbraran a la oscuridad. Una rendija de luz iluminó nuestros pies por debajo de la puerta.

—¡Mira! —dijo—. ¡Mira ahí!

Seguí el gris de su perfil hacia un sitio en la repisa más alta, sobre nuestras cabezas, sobre las cajas y los libros. Ahí en las sombras, destellante había un cráneo humano.

Así fue como nos convertimos en pupilos de nuestra madre. No regresamos a la clase de la señorita. De ahí en adelante, ya fuera en la mesa del comedor, en el jardín, en excursiones en el carro o en las playas rocosas del Pacífico fuimos los beneficiarios de la perpetua tutoría de Mother. La escuela se convirtió en un asunto de todo el día, todo el año. Para hacerlo oficial, nuestros cuadernos —incluidos los de Vicki, comenzaron a ir y venir del Calvert School, una institución laica en Baltimore que ponía al alcance su currículum y su material, no sólo a nosotros tres en nuestra hacienda peruana, sino a niños en «los rincones más alejados de la civilización». El sistema Calvert alardeaba que era conocido por hacer sus entregas en trineo, en camello y aun en paracaídas. Todos los meses una caja con la firma Calvert, la silueta de un niño, llegaba en un camión desde el puerto del Callao y nosotros la abríamos con deleite, sacando con reverencia cada cuaderno azul impecable, cada texto de lomo de espiral, cada lápiz. Algunas veces podían pasar cuatro meses entre que completábamos el trabajo y un evaluador de esa escuela lo aprobara pero era Mother quien todos los días nos sentaba, sacaba el manual de profesora y nos ejercitaba o examinaba. Aritmética, Historia Universal, Gramática Inglesa, Botánica. Si visitábamos una ruina Chimú, regresábamos a casa y leíamos sobre Egipto y Grecia. Si nos encontrábamos en la casa con escarabajos tan grandes como nuestros zapatos, nos hacía señalar la especie, dibujar los insectos en nuestro cuaderno y adivinar donde figuraban en la secuencia de organismos. Sentarnos al piano nos llevaba a una lección sobre el poema al tono de Massenet. Sacar tierra con una taza tenía su progresión lógica a los quebrados y a las matemáticas. Si pedíamos historias, las teníamos desde los romanos hasta los escandinavos. No había nada tan complicado que no pudiera hacerse entender. No había nada tan simple que no pudiera envolverse en los grandes temas.

Mother no era una académica, pero su dedicación a nuestro bienestar cognoscitivo era casi fanática. Ordenaba libros de los catálogos de Calvert y devoraba sus contenidos. Averiguaba datos con fervor. Los presentaba con elegancia. Sólo mucho después pude darme cuenta de que el aspecto menos estimulante de toda mi educación había sido la lección más política que jamás había recibido. No había sido suficientemente morena para ser acogida en la escuela de la señorita. Mother nunca nos sometería a un internado de la burguesía. Si no podíamos tener una experiencia democrática, me excluiría de un contexto peruano en general. La mía sería un adoctrinamiento americano, en un lenguaje que casi no usaba fuera de la casa. En el proceso, había aprendido a ver el mundo a través de un ligero lienzo extranjero, a sentirme aparte. Había comenzado a convertirme en la criatura de un lugar que nunca había visto u olfateado, el producto de una escuela construida de nubes donde la falta de raíces estaba en el centro del currículum, el aislamiento en el borde de la página.

☙ ☙ ☙

Si las historias son correctas, Perú ha sido siempre un tonel de dinamita racial. Los incas reinaron sobre los moche y cuando España tropezó con el Perú, los españoles gobernaron a los incas. Ser indio en la época de los conquistadores significaba ser infrahumano. A un indio podía hacérsele trabajar —aun pagar por la desgracia de haber nacido oscuro. Los indígenas estaban sujetos a los impuestos de la corona, obligados a pagar tributos «para la protección de la reina» y la tarea de la iglesia era mantener registros precisos sobre quienes eran exactamente indígenas. Era crucial conocer cuán indio era un recién nacido, o cuán mestizo. Las coordenadas raciales de uno tenían importancia económica y como tal tenían que ser cuidadosamente establecidas. Si nacías español, estabas exento totalmente de tener que pagar impuestos.

En mi búsqueda por encontrar lo que podía sobre mi bisabuelo, Pedro Pablo Arana, el político altanero, quien, como Napoleón se vanagloriaba de no tener antepasados, pasé días en la ciudad serrana de Ayacucho, cuna del comunismo peruano, buscando hallar en los archivos de las iglesias una prueba de que él había nacido allí, como siempre lo había dicho mi familia. No encontré trazas de él —la historia de Ayacucho había sido un señuelo, pero encontré algo sobre el racismo peruano. Era una institución celosamente guardada, mantenida escrupulosamente por sacerdotes católicos. Un padre muy servicial pasó días conmigo en la catedral de Ayacucho, sacando amorosamente de los estantes libro tras libro, desempolvándolos y poniéndolos a mi disposición. Cada nacimiento en esa ciudadela de la sierra que se remonta a 1600 está escrupulosamente registrado. Miguel Ángel Barada nació el 17 de septiembre de 1822 y a continuación escrito en letra florida: español. O éste: Mercedes Elena Burgos, mestiza. Por lo que uno podía concluir que el niño era ilegítimo. O, Cristo Yupanqui, indio.

Al no iniciado le parecería un registro de hospital, la raza anotada como un hecho biológico. Pero otros libros cuentan el resto de la historia: los indios y los mestizos, salvo que pudieran pasar por blancos, fueron obligados a pagar por haber nacido más oscuros. Los archivos sobre esto están igualmente completos: Miguel Ángel Barada, el de la sangre española, se convierte en terrateniente en Huancavelica. Mercedes Elena Burgos, la mestiza, da su último tributo al gobierno en su lecho de muerte: 74 soles. El sacerdote que le dio la extremaunción lo señala. Jesús Cristo Yupanqui, el indio, le debe al gobernador 1.320 soles. Si los oscuros no pagaban, eran esclavizados por el estado. Si sus hijos lucían más fuertes que ellos, se los llevaban en su lugar.

Sin la corona española, sin los impuestos, sin la esclavitud existen aún hoy ciudadanos de la república que se miden por su color. El Perú, hoy en días, es una mezcolanza de razas imbuidas a lo largo de los siglos por embarques de esclavos asiáticos, africanos y caribeños, pero el espectro del racismo todavía los persigue. ¿Quiénes son las cuarenta familias que siguen formando la oligarquía económica? Blancos de sangre española. ¿Quiénes forman el setenta por ciento de la población nacional, y quiénes viven en extrema pobreza? Los indígenas.

Era parte de la educación política de uno.

En una etapa tierna de mi vida tuve una experiencia en las chozas de los pobres. Un día, mi ama me llevó hacia una de las chacras de las afueras de Cartavio cuando regresábamos de una rápida visita a la bodega. «¡Chist, Marisita! —dijo ella—. No le digas a tu papá y a tu mamá. Quiero que mi hermana me dé una pequeña bendición. No nos demoraremos, te lo prometo.» Me encontré atravesando un umbral de palos e ingresando a una choza de un solo ambiente y piso de tierra. Era sofocante, húmeda, oscura y, conforme mis ojos se iban adaptando, pude ver que las paredes estaban hechas de barro y que de ellas sobresalían pedazos de paja. Me senté en el borde de la cama hundida que tenía sobre ella un crucifijo tallado a mano y parpadeé por la escena que me rodeaba. Dos niñas con pelo largo y enredado salieron de la oscuridad. Se reían tapándose la boca con las manos. La mayor tenía un vestido simple con manchas a la altura del estómago. La más joven no llevaba nada puesto. Me observaron por un momento y se me acercaron cuidadosamente; extendían sus manos para tocar mi cara. Me encantó la forma de hablar entre ellas. Fue la primera vez que escuché quechua, una lengua que no comprendía. Me tocaron las rodillas, estiraron mi vestido, pellizcaron mis mejillas. Me ofrecieron una caña de azúcar mojada que sacaron de un balde en un rincón. Cuando les agradecí, se rieron felices y luego se pusieron en cuclillas como piedras y me observaron cómo chupaba el tallo frío y dulce.

En otra ocasión, les seguí los pasos a mi amiga Margarita y a su madre, la cocinera de los Latto, hasta llegar a su casa cuando la madre me descubrió detrás de ellas al entrar a su chacra. Cuando me vio, la mujer juntó sus manos consternada, me tomó de las muñecas y me mandó de regreso a casa.

—Mother, ¿puede venir Margarita a mi fiesta de cumpleaños? Ella me gusta mucho, mucho.

—Bueno, querida, sí. Por supuesto que puede venir. Pero si ella viene, ninguna de las mamás de las otras niñas dejará que ellas vengan.

—¿Por qué no?

—Porque, Mareezie, así es.

—Yo no quiero que vengan las otras niñas, Mother, yo quiero que venga ella.

—Está bien querida. Recibirás menos regalos por supuesto.

—No me importa.

—Y Claudia no hará una gran torta.

—Odio las tortas grandes.

—Y las dos pueden sentarse en la cocina.

—Me encanta sentarme ahí.

—Como quieras, Mareezie.

Al recordar ese momento exacto de mi niñez, es evidente para mí que debía saber que estaba dividida. Pero no sabía que había más de dos clasificaciones. Había creído que el Perú no tenía costuras, que Antonio era como cualquier otro miembro de mi familia, que la diferencia más marcada que encontraría sería la de mi padre y mi madre. Conforme avanzaban los cumpleaños percibí que el Perú tenía sus sedimentos también y que sus líneas estaban dibujadas de colores. «Soy indio con un poquito de zambo», te dirá alguien por el teléfono si estás planeando encontrarlo por primera vez, para tener la seguridad de que lo reconocerás. O un peruano le dirá a un amigo con rasgos asiáticos, Chino. «Oye Chino, ven p'acá.» Nos llamamos unos a otros, morenita, negrita, cholito. Existe un nombre para cada tono de piel peruana. Me viene a la memoria mi inocencia pre-política ahora cuando asisto a conferencias de latinos en este país y se me pide indicar en una solicitud si soy hispánica, cuando veo a los hijos de oligarcas de sangre española haciendo cola con trabajadores migratorios para reclamar algún derecho de «acción afirmativa», como si todos los que venimos del sur de la frontera, fuéramos iguales. «Tú sabes de dónde vengo, chacha —me dice mi amiga *chicana*—, porque tú eres una persona de color.» ¿Oye, no es una hermana como cualquier otra?

Feliz cumpleaños, querida.

❖ ❖ ❖

Mi educación política más profunda —aquella que me enseñó las limitaciones de mi propio poder— me esperaba en la casa de mi abuelo en Lima. Comenzó cuando Juan Díaz, el chico que le hacía los mandados a mi padre, llegó pedaleando un día a la casa, apoyó su bicicleta contra la reja de la entrada, se recostó y llamó a Antonio para que lo dejara entrar.

—¿Qué hay ahí adentro, señor Juan? —George y yo le preguntamos anhelantemente, señalando el sobre grueso bajo su brazo.

—Sus boletos para los Estados Unidos —dijo, dándose importancia y tomó el camino del jardín.

—¿Estados Unidos? —George y yo nos miramos—. ¿Quién se va?

Resultó que todo el mundo. Menos yo.

Ya era tiempo de que mi padre conociera a la familia de mi madre. Mis padres tenían ocho años de casados, tres hijos y mis abuelos americanos los estaban invitando a que fueran. El plan era que nuestra pequeña familia —menos yo— los visitara en Wyoming, dejara a Vicki y George y que mi padre y mi madre continuaran de ahí a disfrutar de la luna de miel que nunca habían tenido. Incluir a una niña activa de cuatro años en el itinerario era más de lo que podían manejar. «Ella es demasiado», escuché decir a mi padre. «Demasiado» asintió mi madre.

El día acordado, me trasladaron de mi jardín soleado —de Flavio, Antonio, Claudia, el loco, de todos los muertos vivientes de Cartavio— y me depositaron con una maleta marrón de cuero y un teléfono azul de juguete en el salón de mis abuelos, frío como una catedral.

«Cuando quieras hablar con nosotros, simplemente coges este teléfono —dijo mi padre; jaló mis manos, que rodeaban las rodillas de mi madre, y me las puso sobre el juguete—. No te preocupes si no nos escuchas. Lo importante es que tu madre y yo podremos escucharte y nos podrás decir todo lo que quieras.» Con esta flaca promesa, mis padres se llevaron a mi hermana y a mi hermano y se dirigieron a la puerta.

Cuando salía, Papi besó a mi abuela y susurró fuerte en su oído. «Nunca ha ido a la iglesia —escuché que decía señalándome con un movimiento de cabeza—. Ni siquiera ha sido bautizada. ¿Por qué no te ocupas de eso mientras estamos fuera? Quizá puedas enseñarle algunos modales también.» Luego, partieron.

Así era. Aquí me iban a civilizar. Aquí me lavarían, me encerrarían, me plancharían hasta que me convirtieran en la impecable formalita que podían llevar de paseo al paraíso. ¿Bautizo? Me encogí de hombros y miré furtivamente. Ya veríamos.

En los tres meses que estuve en esa casa, los hermanos más jóvenes de mi padre, rara vez estuvieron presentes. Tío Pedro, el buen mozo, estaba lejos en la Marina, cumpliendo aventuras. Tío Víctor, un estudiante de arquitectura en la universidad, iba y venía a Tingo María, construyendo una carretera de penetración en la selva. Tía Rosa, la hermana bonita de ojos almendrados se acababa de casar con un alemán bigotudo y garboso.

Durante el día me pusieron a cargo de tía Chaba que tenía veinticuatro años, una cara de Cleopatra, el ingenio de Cantinflas y el cerebro de la Biblioteca Nacional. Me pusieron en la cama de mi tía Eloísa, cuya naturaleza era dulce y cuya piel era tan mate y blanca como la de una geisha.

Tía Chaba era tan divertida como hermosa. Decía chistes, hacía trucos, tenía ideas definidas sobre el arte y la literatura y le gustaban las discusiones animadas. Tenía una risa espontánea y para que yo le prestara atención, contraía su cara en una máscara terrorífica como una vieja regañona de peluca alta en una ópera de Pekín. Su cerebro era una máquina refinada y le gustaba que la gente lo supiera. Cuando no le estaba explicando lo que pasaba en el mundo a algún visitante, estaba en la sala leyendo un libro al día, cada cual registraba cada uno en su cuaderno, y apuntando notas críticas en los márgenes.

Tía Eloísa, unos cuantos años mayor, era también bonita pero de una forma más sosegada. Era una dama medida en sus rituales elaborados. Cuando me dejaba meterme en su cama por las noches, doblaba la frazada cuidadosamente de manera que durmiera sobre ella y no sobre la sábana para que nuestros cuerpos no se tocaran. Sus ojos, de un verde jade brillante eran como joyas pequeñas, ligeramente caídos en los extremos haciéndola parecer japonesa. Sus movimientos eran suaves, deliberados y giraba su cuello lentamente como si su cara fuera un cristal de Venecia. Su voz salía de algún lugar profundo de su pecho y era sorprendentemente masculina. Con una palabra de ella mi voz se convertía en un susurro. «Para que tu abuelo pueda leer» decía o «escribir» o «estudiar» o cualquier otra actividad que requería que mantuviera al mínimo mis niveles de ruido. Me dijeron que tía Eloísa había dejado de ir a la escuela cuando tenía siete años porque no quería salir de abajo de la cama. No existían leyes contra la haraganería que la forzaran. Pero sus tías le habían enseñado diligentemente con estrictas órdenes de copiar los clásicos, memorizar poesía, hacer las tareas de los textos escolares. Era muy culta, curiosa y podía competir en la mesa con su hermana menor, Chaba, quien había pasado por escuelas católicas y había sido más lista que todas las monjas.

Pero era tímida con los hombres y feliz de ser una reclusa dentro de las paredes de la casa de su padre.

Abuelita era una verdadera limeña social. Le encantaban las buenas fiestas, vestirse elegantemente en terciopelos y satenes y encaminarse por la capital a alguna boda importante o tomar té con sus primas, las Ponce. Desanimada para hacerlo sola —y casada como estaba con mi abuelo, un verdadero ermitaño y la antítesis del *«bon vivant»*, que era la forma como ella estaba criando a sus hijos—, Abuelita iba acompañada de sus hijas. Castañeteaban sus tacones al bajar las escaleras y salían por la puerta principal envueltas en susurros de seda francesa. El velo de sus tocas colgaba sobre sus sonrisas de carmín y a mí me dejaban en un rastro de perfume.

Si hubiera sido una niña mejor y diferente, si hubiera sido Vicki, por ejemplo, habría aprendido algo de este ambiente doméstico inteligente y urbano. Si hubiera sido George, los hubiera seducido para conseguir los pequeños potes de manjar blanco que estaban sobre las repisas de mi abuela. Pero tenía la mente estrecha y era vana y estaba más interesada en las guerras napoleónicas de independencia que en cualquier oportunidad gentil que pudiera ofrecerme ese lugar. Con toda razón la casa me consideró tan ásperamente como yo los consideraba a ellos.

«Escríbeme mi nombre completo», le ordené a Eloísa mientras sacaba del escritorio de mi abuelo hojas de papel pergamino. Ella dibujó todos los contornos de mi magnífica apelación —Marie Elverine Arana Campbell— con una rúbrica enroscada debajo.

—¿Qué es eso? —le dije, golpeando con una cuchara la última palabra.

—Eso —dijo Eloísa—, es el apellido de soltera de tu madre. Campbell. El apellido de tu abuelo en América del Norte. Algún día aprenderás a escribirlo —como lo hacen todas las damas españolas— después del nombre de tu padre.

—Mmmm —masculló distraídamente y seguí practicando cómo decir Campbell en voz alta.

—Mother —susurré en el teléfono azul esa noche, de manera que nadie me escuchara en la casa—, ¿me escuchas? He aprendido cómo decir tu apellido.

Un día vino a visitar a tía Chaba un estudiante de arte que ella había conocido por unos amigos. Pasó a la sala y lo recibió mi abuela, como era la costumbre. Al escuchar su voz, gateé por las escaleras para verle la cara. Lo que vi, me encantó: una frente amplia y abierta con ojos tan claros como el ámbar.

«Ajá», dijo el invitado y yo brinqué para besarlo como me habían enseñado. Fue amor a primera vista, un amor de acrobacias, de prisa y abrigado por el rojo de su pelo y el perfume de lavanda de su nuca, me trepé y me acomodé como un gusano en su regazo.

Tía Chaba dejó de existir, podía escucharla parloteando como si estuviera masticando la basta de una cortina lejana. Me sentía feliz de estar sentada en brazos de su pretendiente, inmóvil como un montículo de piedras.

—Yo no soy peruana —le dije finalmente en la voz más alta que podía demostrar.

—¿Qué es eso? —dijo, regalándome con su mirada. La conversación de mi tía se detuvo súbitamente.

—Dije que no soy peruana.

—Marisi —dijo mi abuela severamente—, ¿qué tontería es ésa? ¿qué te han enseñado allá en Cartavio? Por supuesto que eres peruana. Eres tan peruana como es posible serlo. ¿No he dicho siempre que de mis tres nietas tú eres la que tiene la cara Cisneros?

—Yo no soy como ellos —susurré afectadamente; me encogí

de hombros ante el asombro de mi abuela y de mi tía—. No lo soy. —Luego, con la seguridad de apartarme leguas del corazón de mi tía Chaba, esbocé una pequeña sonrisa y agregué—: Soy americana. Una yanqui. Mi nombre es Campbell.

—Ya veo —dijo él y levantó sus cejas—. Qué interesante.

—Eso me dio pie para tirarme de sus faldas y agarré mi juguete azul que estaba detrás de la silla de mi tía—. Aquí está mi teléfono para hablar con los Estados Unidos. Mira. —Tomé el teléfono y cambié a inglés para mayor efecto—: ¿Aló, Georgie? ¿Aló, aló, cómo estás? No te olvides de traerme…¡queso crema! Era el néctar que mi madre ansiaba, el tipo Filadelfia.

—Ah —dijo el pintor tiernamente—. Qué cosmopolita eres.

—Marisi —dijo mi tía en una voz vivaz, con sus ojos negros tan inclinados como los de un gato—. ¿Por qué no le dices a Diego de qué ciudad americana eres, ahora que sabes que eres una yanqui?

Abrí mi boca esquivando la pregunta y tratando de traer a mi cerebro ciudades. No se me ocurría ninguna.

—Qué graciosa la Marisi —exclamó mi abuela—. Qué graciosa es. —Era la señal de que mi acto había llegado a un final desastroso. Casi me piden que salga de la habitación. Perdí todo decoro y le pedí al hombre que me llevara a su casa con él.

Las mujeres se rieron desenfrenadamente en pequeñas carcajadas, pero de las que aniquilan.

—Bueno, ¿por qué al menos no me acompañas a la puerta? —dijo el hombre de ojos ámbar, concluyendo que su visita también se había acabado. Bajamos las gradas juntos. Pero ahí sucedió algo extraordinario. La puerta se abrió y el Chevrolet gris de don Pepe pasó velozmente, zumbando por la calle San Martín tan rápido que con las justas pude ver el pelo rubio de mi madre conforme se alejaba.

Corrí para alcanzarlo. El pintor se abalanzó detrás de mí y

ambos alborotamos la calle como perros de caza en la ciudad detrás del rastro. Pero rápidamente él me alcanzó, me regresó a la reja de hierro negra y me entregó a mi tía. La transpiración le corría por la cara.

—Aquí está la señorita Campbell —le dijo ceremoniosamente en inglés, secándose y limpiándose con un pañuelo que olía a trementina—. Pensó que había visto a su mamá. —Luego, aclarando en español—: La gordita más triste que he visto jamás.

Ese fue el día que comenzó mi guerra.

—Que seas una yanqui no significa que seas mejor —dijo desdeñosamente tía Chaba, una vez que se les pasó el susto de perderme en las calles—. Los norteamericanos no tienen nada sobre nosotros.

—Una raza variopinta —dijo mi abuelito en inglés, mojando su tostada en el té.

Los días que siguieron estuvieron marcados por protestas y represalias. Zapateé en los altos, tomé las tijeras de mi abuela y desmoché un lado de mi pelo. Hubo una ráfaga de desaliento cuando me incliné sobre los balaustres y les mostré mi cabeza, pero nada de golpes de pecho o explicaciones que yo pensaba que me merecía.

—Sabes, su madre nunca la ha llevado a la iglesia, nunca le ha enseñado sus oraciones —escuché que mi abuela le decía a mis tías una mañana cuando yo estaba agazapada en las escaleras para que no me vieran—. ¿Pueden creerlo? ¿Qué clase de madre es ésa?

No podía escuchar las respuestas de mis tías, pero la voz de mi abuela era alta, fuerte y yo podía oír cada palabra. —La mujer es tan voluntariosa. ¿No se da cuenta de que tiene la obligación de enseñarle a una niña? Si los niños no tienen una educación religiosa adecuada, ¿cómo pueden esperar que sean otra cosa que monos en el Manú? ¿Te has fijado bien en esa niña? ¿Así son los niños gringos? ¿Salvajes?

Esa tarde, mi tía Eloísa puso una mantilla negra sobre mi pelo trasquilado y me llevó a la capilla de la casa en el segundo piso. Era un nicho pequeño con un altar tallado, una imagen imponente de yeso de la Virgen María y un pequeño crucifijo. Un Jesús de madera colgaba lánguidamente de la cruz. Dos cirios hermosamente tallados con ángeles en miniatura que volaban estaban sin encenderse a cada lado.

—Quiero que repitas después de mí —me dijo mi tía jalándome para que me arrodillara—. Santa María, madre de Dios.

—¿Madre de Dios? ¿Dónde está? No sabía que Dios tuviera una madre —dije.

—Estaba al pie de la cruz cuando Jesucristo murió —mi tía continuó—, arrodillada delante de él como estamos arrodillándonos en este momento. Recémosle, Marisi. Ella escucha a los niños. Ella te va a escuchar.

—¿Lo escuchó a él? Señalé hacia el Cristo muerto.

—Por supuesto que sí, Marisita.

—Bueno, de nada le sirvió. —Los ojos pequeños de mi tía se abrieron y su cuello giró de tal forma que su cara polveada se levantó y brilló con la luz que venía del techo. Se santiguó, se paró y se fue.

Decidí llevar a cabo una huelga de hambre. Crucé los brazos sobre mi pecho en la mesa del almuerzo, rechacé todos los platos que me pusieron delante: papa a la huancaína, sopa con albahaca y fideos, arroz verde con pollo, delicia de chirimoya. Todos mis favoritos aparecían pero se quedaban en fila sin que los tocara. Los adultos seguían moviendo la cabeza, comiendo y saboreando las delicias con pequeños suspiros de placer.

—¿No tienes hambre, Marisi? —decía mi abuela y se despachó un pedazo centellante de chirimoya dulce—. Qué extraño.

—¿Por qué no te vas a jugar, Marisita? —dijo mi tío Víctor, que acababa de regresar del interior y no estaba al tanto de mi estado de sitio.

—Se quedará ahí sentada hasta que termine —dijo tía Chaba y me lanzó una mirada taladrante.

La conversación continuó monótonamente; se analizaba desde la guerra del presidente contra los comunistas hasta el chifa que servía los mejores wantanes. Uno por uno los adultos se tocaban ligeramente sus mentones con lino crudo, se excusaron y se fueron a echar la siesta. Finalmente, sólo tres de nosotros quedamos alrededor de la mesa: Abuelito, Chaba y yo. Un regimiento de porcelana acampaba delante de mí.

—El *Espoir* de Malraux es, de lejos, superior a cualquier cosa que Camus haya escrito —decía tía Chaba, citando vueltas y giros inacabables que se congelaban en el aire dejando un rastro flotante—. Más vivo, más vigoroso, más cierto, ¿No crees? —Ella estaba tratando de interesar a mi abuelo, que masticaba pensativamente y estudiaba su plato.

—No es que no estemos de acuerdo, hija —contestó finalmente— pero yo definitivamente le doy más crédito a *L'Homme revolté*. —Estiró el damasco bajo sus manos.

La miró. Me miró. Y la miró nuevamente. —Parece que has perdido tu audiencia, Chabela. No hay necesidad de que pierdas el tiempo, ¿no? —Sonrió dulcemente y luego, con todo aplomo, se levantó, se inclinó hacia mí—: Con tu permiso, Marisi —y desapareció hacia los altos.

—Come —dijo Chaba y se fue.

Lo que siguió entonces sólo puede describirse como una batalla armada completa, con forcejeo de sillas y gruñidos. Salí del comedor. Chaba me forzó de regreso a mi silla. Tío Víctor me llamó para sentarme en su regazo. Chaba me forzó de regreso a mi silla. Chillé, me tiré en el piso, amenacé con llamar a la policía, Chaba me forzó de regreso a mi silla. Corrí a la cocina y les rogué a las empleadas. Chaba se fue a su cuarto, trajo sus cinturones me forzó de regreso a mi silla y me amarró. Cuando la familia se reunió para tomar té, yo seguía ahí completamente dormida con mi cara sobre el arroz.

—¿Qué es lo que pasa? —gritó mi abuela.

—Jugaba a ser un pasajero en un avión —dijo jactándose Chaba y se dirigió a la escalera como una bailarina. Abuelita movió la cabeza, llamó a la empleada que vacilaba en la puerta de la cocina retorciendo entre sus dedos el delantal, y le dijo que me desamarrara.

En realidad, tía Chaba era la mujer más emocionante que conocía: de ojos grandes, exuberante, inteligente. Podía leer el futuro y hacer magia. «Soy una bruja mala —chillaba—. ¡No me irriten!» Y luego me hacía cosquillas con sus uñas largas y rojas hasta que casi no podía respirar. Siendo la más joven de su familia y la más adaptable, se le había asignado ser mi cuidadora. Eran mis padres quienes se habían ido y me habían abandonado. Mi situación no era su culpa. Pero, debido a que había consentido ser mi carcelera, tendría que pagarlo.

Corté sus cosas con las tijeras, me encerré en su cuarto. La llamé bruja cuando me perseguía con las tijeras calientes de ondular tratando de imponer orden en mi pelo. Yo jadeaba y me agarraba el pecho cuando ella atravesaba la puerta. Había ataques a los flancos y descargas aéreas, atropellos con fuga y movimiento de tenazas. Hubo bombardeos, ráfagas y fusilamientos con incursiones y botines.

Finalmente, una mañana mientras observaba cuidadosamente cómo mi tía Eloísa envolvía cuidadosamente en celofán las uñas largas del pie antes de ponerse las medias de seda, se volteó y me preguntó: «¿Por qué eres tan cruel con tu tía Chaba, Marisi?», y me di cuenta de que había perdido la guerra.

Luego de esto, dejé que me llevaran y me bautizaran, dándome cuenta de que en algún momento a lo largo del camino me habían puesto la etiqueta de problema, peor que la pagana de malos modales que mi padre había dejado. Lo único que no quería era una corte marcial rápida a su regreso.

Me enseñaron oraciones, me pusieron un terno blanco cosido por las manos de mi abuela, me llevaron a la parroquia —un monstruo de piedra en el corazón de Miraflores—, me salpicaron con agua bendita y me entregaron a Jesús y a Roma.

Cuando mi padre y mi madre llegaron a la puerta para recogerme días después, estaba limpia, beatífica y ondulada. La esencia de una niña formal e impecable.

7

PACHAMAMA

Earth

Hay una historia que a los guías de Machu Picchu les gusta contar sobre una viajera despreocupada que recogió una piedra en el camino a Inti Punku —la puerta sagrada del sol— y se la llevó a su casa en Bremen. O Salt Lake City o Lyon. El lugar de origen varía; depende de quien escucha. En todo caso, la mujer descendió de los Andes, regresó a su casa cómoda en algún lugar, puso la piedra sobre la mesa y vio cómo su vida se convertía en una pesadilla.

Su esposo falleció en circunstancias extrañas. Estaba barriendo el balcón del segundo piso, cuando súbitamente toda la estructura —¡Hecha en Alemania! ¡Perfectamente construida!— se desplomó sobre la calle, y el señor se rompió el cráneo. A su hija le mordió en la cara un perro asqueroso en el callejón detrás de su casa. La policía dijo que no habían visto un ataque tan feroz durante años. Cuando la mujer comenzó a tener mareos y se cayó de rodillas en su propia sala, observó, a nivel de sus ojos, la piedra sobre la mesa y comprendió el motivo de la maldición.

Envolvió la pequeña piedra gris y la envió a la oficina que organizó la excursión en el Cuzco, para que se la entregaran al guía que los había conducido a Machu Picchu. Durante la semana que el guía la tuvo en su poder, causó estragos en su vida. Su esposa se fue con otro hombre. Sus párpados comenzaron a temblar. No podía dormir. Cuando puso la piedra sobre el escritorio de otra persona, ésta se enfermó al día siguiente.

El guía llevó la piedra de regreso a Machu Picchu y se la entregó a un chamán, explicándole el daño que había causado y le advirtió al sabio que se cuidara, pues la maldición podía caerle también a él. El chamán puso la piedra en su palma y movió la cabeza. Él sabía cuál era el problema. Era una *ariska salkkarumi*, dijo, una piedra sin curar extraída de la tumba de un hombre malo. Había absorbido demasiado mal. Necesitaba sencillamente que le rezaran, la bendijeran y la regresaran a la tierra donde sería purificada en el seno de la Pachamama. Así fue. La piedra se reunió con su madre, el chamán siguió viviendo para cumplir con sus obras buenas, el guía floreció y la turista alemana aprendió algo acerca del verdadero orden de las cosas.

Antonio me había hablado del poder contundente de Pachamama, Madre Tierra. Era la esencia de la cual estaban hechas todas las cosas, de la cual partía la vida y a la cual todos retornarían. Él guardaba las piedras en alto en el jardín. «¿Ves ésta, Marisi?», decía. Entonces hablaba sobre su densidad relativa, su color, su peso. Me contaba lo que contenía: polvo de vida, flores disecadas, excremento, mariposas comprimidas, bebés no nacidos, monstruos alados, carne de culebras, huesos humanos, monumentos caídos, fundidos juntos en Pachamama, esperando a ser regenerados cuando lo desearan los *apus*. Las piedras tenían energía y nosotros, como criaturas de la tierra, podíamos invocar su poder antiguo y acumulativo si éramos suficientemente sabios.

Yo imaginaba que mi padre estaba en términos excelentes con Pachamama. ¿Cómo no iba a estarlo un hombre que removía la tierra, construía fábricas, convertía la caña en tantas variaciones? Sin duda los *apus* le sonreían. Los ingenieros, por lo general, eran queridos en el Perú. Doctor Arana, le decían los trabajadores y la gente del pueblo. El doctor ingeniero, con una reverencia reservada a los sacerdotes. A los ingenieros se les acordaba un estado que sobrepasaba de lejos cualquiera que se les daba a los médicos o a los abogados. Los ingenieros movían a Pachamama, erigían cosas de ella de la forma en que el inca había levantado templos en Sacsayhuamán. Arrimaban rocas, adaptaban piedras, construían edificios con conocimientos especiales y mentes complicadas. Se les respetaba y admiraba en el Perú —tanto, que la República los había convertido en presidentes.

En todo caso cuando yo, la hija del ingeniero regresó de los balcones de Lima a la tierra cuidada de nuestro jardín, estaba contenta de volver a casa. En el largo viaje de Lima a Cartavio, parecía que estábamos descascarando la modernidad. Las fachadas de concreto masivo y madera fueron reemplazadas por viviendas de familia sencilla; la ciudad fue reemplazada por pueblos cada vez más pequeños hasta que casi no los había, solamente el espinazo de la Pachamama. En eso, Cartavio saltó hacia nosotros en todo su esplendor.

Antonio parecía contento de verme. Ahora yo era cristiana y se lo dije mostrándole las estampas de la Virgen y Santa Rosa en hábito con oraciones que mi abuela me había dado. Asintió contento y me contó que él también le rezaba a la Virgen. «Ella es parte de esto. Sí, una gran parte.» Sacó su propia estampa con oraciones: un pedazo de papel grasiento, gastado y amarillento por el uso, con una imagen de la cara de Jesús, con los ojos mirando al cielo, el corazón rojo en evidencia y rayos deslumbrantes que salían de su pecho. «Todo encaja, Marisi —dijo mientras yo lo seguía al jardín—. Porque todo proviene de lo que tenemos bajo nuestros pies, estas rocas. La Virgen y Cristo vienen de Pachamama, así como tú y yo venimos de Pachamama, como ese árbol que está allá y esa chimenea que se ve por encima del árbol. ¡Todos tienen un lugar en esta tierra!» Recogió un puñado de tierra y sonrió.

Tenía mucho más por aprender de Antonio y me entregué a esas lecciones con vehemencia. Por cada narración que le hacía sobre la casa de Abuelita y los maravillosos eventos que habían acontecido, recibía una conferencia sobre los centros de energía. Aparte de mi *qosqo*, el sitio más poderoso de mi alma, estaban el *chaki* en mis pies, el *sonqo* en mi corazón y el *nosqo* justo en el punto donde mi frente se encuentra con mi pelo. Si yo lograba concentrar todo mi ser en estos sitios, decía Antonio, podría utilizarlos para espantar el mal o para sentir cosas que un humano no podía sentir normalmente. Yo podía conjurar un mensaje de la misma Pachamama, emergiendo de los intestinos de la tierra, pasando mi *chaki* a mi *qosqo*, a mi *sonqo*, a mi *nosqo*, punto en el cual una luz de entendimiento me diría lo que tengo que saber. «Algún día, cuando toda la gente de este mundo obtenga sabiduría —me dijo Antonio—, el Pachacutec vendrá».

—¿El Pachacutec? —le pregunté.

—Sí, Marisi. Es entonces que el mundo girará. Si somos suficientemente buenos, suficientemente amables, el mundo tendrá el tipo acertado de Pachacutec. El mal volará a las estrellas y viviremos sobre la Pachamama en paz. Hasta ese momento —agregó Antonio—, la tierra retumbará y girará, pero no de una manera feliz.

La tierra retumbó y giró poco tiempo después y como él dijo, no de una manera feliz. Estaba sentada frente al piano con mi madre una tarde, cuando de repente anunció que quería despachar a Antonio.

—Tiene una buena cabeza ese chico —dijo—. Quiero que salga de este lugar. Darle algún mundo. Enviarlo a la escuela.

Mi corazón se hundió. ¿Mandar a Antonio a la escuela? ¿Lejos de Cartavio? ¿Qué haría yo sin él para conversar sobre las brujas y la Pachamama y el poder de mi *qosqo*? Sentí que una ola de luz negra avanzaba hacia mí, retrocedía y avanzaba nuevamente con una energía terrible.

Puse mis pies bien plantados sobre el piso y me concentré en cada una de mis células. Ven a mí, Pachamama, ayúdame. Arriba *el chaki, al qosqo, al sonqo, al nosqo.* De pronto la puerta principal se abrió y mi padre apareció enmarcado en ella; detrás de él los árboles se balanceaban en la oscuridad.

—Nos vamos de Cartavio —tronó. Mañana embalamos.

Así es como yo dejé a Antonio y no al revés. Era un tipo de Pachacutec extraño, pero el mundo estaba definitivamente dando vueltas. W. R. Grace había decidido enviar a mi padre a puntos más ambiciosos: Paramonga, donde los americanos no sólo estaban produciendo azúcar y papel, sino entrando rápidamente en la era del plástico.

Flavio, Claudia y Antonio, nos ayudaron diligentemente a empacar. Con las justas tuvimos tiempo para despedirnos, ya que el reemplazo de mi padre estaba en camino para ocupar la casa. La mañana que nos subimos al Chevrolet de Don Pepe para partir me encontré con Antonio en cuclillas en la puerta de la entrada esperando verme. Tenía puesta una camisa blanca y su pelo lacio y negro estaba peinado hacia atrás. Cuando se puso de pie, me lancé a sus brazos. Me apretó contra él y al soltarme me entregó una piedra negra pequeña. «Toma este poquito de tierra, este pequeño trozo de Pachamama. Pon en ella tus preocupaciones y cuando le hables, gordita, te prometo que me hablará a mí.» Y me dijo que nunca olvidaría las cosas que yo le había enseñado. Le di vueltas en mi mano, tenía una forma tan pulida e ingeniosa como la del teléfono azul con el que me padre me había engañado. —Sí, —le dije.

❊ ❊ ❊

La carretera de Cartavio a Paramonga va a través de Chanchán, la metrópolis del reino chimú que tiene diez mil años de antigüedad. Un laberinto de barro, restos de un imperio que en algún momento se extendió entre los Andes y el mar a lo largo de setecientas millas de la costa peruana. Los chimú eran un pueblo poderoso, rígidamente estratificado, que apreciaba a sus ingenieros, abusaba de sus peones, descuartizaba a sus ladrones, construía canales y le encantaba la joyería. Cuando los ejércitos del Inca barrieron con Chanchán en 1470 y mataron a su rutilante rey Minchancaman, los incas heredaron un repositorio de conocimiento chimú vasto, desde la hidráulica compleja hasta la fundición de oro; pero los incas no se mantuvieron victoriosos por mucho tiempo. Cuando comenzó en serio la conquista española del Perú medio siglo después, los poderosos incas fueron reducidos a sirvientes y la poderosa ciudad de Chanchán fue abandonada al viento del desierto. Ahora, desde la carretera casi no se distinguía; era una joroba grande sobre la arena amarilla.

Pasamos las mansiones con rejas de hierro forjado de la ciudad de Trujillo, con sus elaborados portales blancos y balcones tallados en caoba. Era una ciudad antigua fundada en 1534 por el conquistador Francisco Pizarro, el chanchero, en honor del Trujillo de su nacimiento, un pueblo en Extremadura de España. Alrededor de 1800, cuando el elegante libertador José de San Martín la había convertido en la capital de la provincia de La Libertad, muchas de las familias más ricas del Perú se establecieron allá. Alrededor de 1930, se dejaron sentir también allí

movimientos socialistas cuando los pobres del Perú deambulaban con ojos desorbitados por las avenidas de Trujillo bordeadas
de casas resplandecientes. El espíritu revolucionario de Trujillo
estaba rondando todo el Perú.

Continuamos hacia el sur por la carretera Panamericana, esa
cinta polvorienta de asfalto que algún día conectaría Alaska con
Chile y conmemoraría el viaje que hizo el hombre primitivo
treinta mil años antes. Conforme avanzábamos rápidamente
hacia el sur de Trujillo, el sur del valle de Moche, el sur de la
Huaca del Sol y de la Luna, el terreno se ponía más desolado y
áspero, un terreno tan irreal como atractivo, tan agujereado
como la cara de la luna. La cordillera de los Andes corría a la
izquierda, negra y siniestra como el carbón. A la derecha, unos
senos de arena peinados por el viento se estremecían en su
camino hacia el mar.

Dicen que si cuatro personas en el Perú se encontraran en
cuatro lugares diferentes, aunque estuvieran a unos cuantos
cientos de millas de distancia, tendrían la impresión de estar en
cuatro esquinas del mundo diferentes. El país no es grande, no
más de quinientas millas de ancho y mil doscientas millas de
largo, encajado en la costa oeste de América del Sur donde el
pecho del continente se hincha. No es más ancho que
California; sin embargo, a pesar de ser compacto, el Perú es un
modelo de diversidad de terreno. Picos andinos helados, jungla
amazónica densa, desiertos implacablemente cuarteados y un
litoral que brilla bajo las olas bravas del Pacífico.

Los cinco mirábamos esas costas conforme se devanaban
por nuestras ventanas. Conversábamos casualmente sin buscar
los ojos del otro. Es ahora que me impresiona recordar lo poco
que me habían contado sobre el viaje de mi familia a los Estados
Unidos. Había sido sólo unos meses atrás; pero más allá de
las botas y el sombrero que George me había mostrado —sus

pistoleras y sus pistolas de juguete—, después que me dieron uno o dos caramelos y una grabación de *HMS Pinafore* de Gilbert y Sullivan, no busqué mayor información. No recuerdo haber preguntado por mis abuelos americanos, quienes habían seguido siendo, hasta el momento en que posé los ojos en ellos, misterios inexplicables, clasificados por el nombre equivocado. No puedo decir si fue o no un rechazo voluntario explorar sus experiencias. Quizás fue porque estaba resentida o era ignorante sin remedio o se debía a que estaba contenta de ser el tipo de peruana que no piensa más allá de lo que ve: chica mezquina, provinciana hasta la médula. O tal vez fue debido a que me preocupaba que de alguna forma la caja de cambios se hubiera movido, que mis padres habían vuelto a casa como nuevos y que esos cambios estaban destinados para lo peor. O quizá el resto de mi familia estaba hablando de un país de fantasía lejano. Simplemente no quería escucharlo. Todo lo que recuerdo es que mi padre y George conversaban, sin propósito alguno, en el asiento ancho de adelante junto a Don Pepe; mientras Mother, Vicki y yo conversábamos de igual manera en la parte de atrás. Hombres al frente, mujeres atrás al estilo peruano. No recuerdo escuchar una palabra sobre su viaje.

George y yo suponíamos que don Pepe le daría el alcance a nuestro primo Salvadorcito, un cadete naval de veinte años que estaba de vacaciones y capitaneaba el camión que llevaba nuestras cosas desde Cartavio esa mañana. Era el único hijo de tío Salvador, nuestro tío quijotesco, que unos años antes había dejado al oso hormiguero y al mono con mi padre en Lima. Tal vez solo a nosotros nos parecía Cito más aventurero que su padre excéntrico. En la última imagen que teníamos de él, se le veía en realidad aventurero; sentado a horcajadas sobre el piano de mi madre, rebotaba por el camino, movía sus codos delgados como un gallinazo y señalaba al horizonte con una mano.

Pero Cito no estaba en ninguna parte de esa carretera vacía. Nuestro juego de adivinanzas acabó en una mirada larga y contemplativa por la ventana. Arena. Un espiral de polvo. Un montículo de piedras. Cuatro palos y un techo hundido de paja. Una cruz clavada en un montón de tierra. Vicki leía. Mother dormía. Papi parloteaba sobre la política con don Pepe. George miraba al Perú con un espasmo que le jalaba la cara… una cosa más que había traído de los Estados Unidos además de su atuendo de vaquero. Seis horas después pasamos rápidamente un campo de caléndulas. Era una señal que deseábamos ver para saber que nos estábamos acercando, pero seguimos mirando el horizonte anaranjado como astronautas que tratan de mantener el equilibrio. «¡Veinte minutos más!», gritó nuestro chofer y luego Paramonga nos llenó de súbito la cabeza con una explosión de perfume astringente.

Pasamos de las flores a los campos de caña de azúcar madura, cada tallo grueso levantaba una bandera blanca de plumas de bienvenida. Al lado de la carretera donde la superficie negra entraba en la tierra, unas *cholas* de faldas grandes caminaban con cansancio acompañadas de sus hijos, dejando con sus talones un rastro intermitente de un polvo amarillento y se volteaban para mirarnos con caras petrificadas. Pasamos a la izquierda una fortaleza antigua de murallas altas que alguna vez albergó a los chimú y luego vimos el gran aviso blanco con letras verdes bien definidas: HACIENDA PARAMONGA.

Era diferente, muy diferente a Cartavio. En Cartavio, Grace había construido un pueblo elaborado con una plaza central donde estaba la mansión del alcalde; una oficina del gobierno local; una iglesia colonial que se asomaba; un cuartel de policía y la escuela de la señorita. Las viviendas de ladrillo de cemento de los trabajadores habían sido construidas alrededor de esa plaza como los rayos de una rueda gigante. A un lado de la plaza estaba el mercado donde los campesinos podían vender carne y productos. Las casas de los ingenieros jefes donde vivíamos estaban en un paraíso lejos del bullicio, detrás de un muro alto. En Cartavio las calles habían sido improvisadas, la caña recortada, la tierra apisonada y las superficies aplanadas con melaza; por eso, una dulzura cruda llenaba la atmósfera.

En Paramonga no había una plaza inmensa. Las calles estaban pavimentadas. Al final de la pista que nos conducía desde la carretera, pasamos las casas de los obreros especializados: estructuras de cemento grandes matizadas de varios colores y realzadas por múltiples puertas. Las fábricas dominaban la hacienda; estaban instaladas directamente en medio de ella, como si aquí, en Paramonga, Grace hubiera obviado toda pretensión de conciencia cívica. Ésta era una industria masiva y frontal, ubicada en el centro de una comunidad donde alguien de una época menos desarrollada podría imaginarse estaría una plaza. Había un mercado concurrido a un lado y en sus puestos de venta colgaban de unos ganchos pollos amarillentos sin plumas y con ojos rondados por moscas. Al otro lado se encontraba una casa de huéspedes para gringos de visita. Era un chalet alto de estilo suizo con greca de madera marrón y un techo tirolés en punta. Detrás de eso estaban las oficinas de los ingenieros, un puesto de mando imponente de dos pisos suspendido sobre pilotes, envuelto en ventanas enrejadas, y una larga escalera que se desenrollaba pomposamente como si condujera a un sitio sagrado. Había un cine color melón, un parque pequeño con seis bancas, una bodega, la tienda de Wong en la esquina y luego, en el lado de la loma, unas chozas con techo de paja. Detrás de todo eso, en un conjunto habitacional que se abría al mar, estaban las casas de los ingenieros jefes, un bulevar de estructuras imponentes de estuco. La casa de la esquina, la que estaba al frente del club de *bowling* rodeado de palmeras, la que tenía el arco saltante sobre la puerta, la mejor, era la nuestra.

※ ※ ※

En un día Cito organizó todos los muebles en su sitio y se desplomó para descansar en una poltrona al lado de la piscina, tomando un pisco sour. Desde la ventana de mi dormitorio podía ver su frente pálida y su figura alargada. Esta vista de Cito me indicó cuán diferente y ventajosa sería Paramonga para mí. No había una casa encerrada como aquella de donde venía, ningún muro alto nos protegía del bulevar. Había una reja severa entre nosotros y el mundo exterior: eso era todo. Inspeccioné nuestros dominios desde mi nueva ubicación y luego regresé a mi cuarto. Todas mis pertenencias estaban guardadas salvo una. Tomé la piedrita que Antonio me había dado la mañana anterior, la lustré con la basta de mi falda y la puse cuidadosamente sobre mi tocador.

Al día siguiente, George y yo hicimos un reconocimiento de nuestra vecindad. La casa donde se quedaban los solteros estaba al lado. Los Pineda, una pareja apacible que tenía un hijo loco, vivían dos casas más allá. Podíamos ver a su enorme hijo a través de la ventana cuando una muchacha india le daba de comer. Había cinco chicos de nuestra edad en el barrio, todos dispuestos a divertirse en las tardes. Varias mujeres en múltiples faldas coloridas pregonaban pan y fruta en las mañanas. No crecía ninguna enredadera debajo de nosotros. Nuestra casa estaba instalada directamente sobre la Pachamama, apretada contra las rocas y la tierra. Desde las ventanas del segundo piso podíamos observar la fábrica de olor dulce al otro lado de los muros de este complejo. Justo más allá del enredo de hierro, de las chimeneas negras y de los camiones de plataforma con sus montañas de caña podíamos ver un pozo de melaza monstruoso, un lago inmóvil donde estaba el residuo fragrante del azúcar cocida, espeso como arena movediza. Pero nuestro lugar de observación no sólo era urbano sino estratégico; si nos parábamos debajo de nuestro arco, frente a la puerta que tenía la forma de un tumi incaico, podíamos observar toda la actividad del Club.

Una mañana parados allí, vimos que salía corriendo a la calle la mujer con aire de pájaro que cuidaba los jardines alrededor de la piscina del club; iba hacia un *huachimán* que hacía guardia. Estaba jadeante y encorvada, con los hombros como un cuervo nervioso que agarraba su gran falda negra con las manos. Le gritaba algo que no podíamos oír y señalaba con un dedo enrojecido de arcilla hacia la entrada del club. Parecía implorarle que atravesara el portal con ella.

Escuchamos después que esa mañana habían encontrado un perro flotando en la piscina y que su pescuezo estaba torcido como el de una gallina que se preparaba para la comida. El rumor que circuló entre el servicio de arriba abajo del bulevar fue que había sido Tommy, el niño loco, quien se había escapado de su casa la noche anterior, había atacado a un perro del pueblo, torciéndole el pescuezo y lo había aventado a las aguas plácidas del *bowling* para que flotara con sus ojos saltones como grosellas silvestres límpidas. «Oh, qué tontería», dijo Mother cuando le contamos lo que habíamos escuchado, pues durante todo el día habíamos visto a los sirvientes reunidos en las esquinas, murmurando entre ellos y echando miradas acusatorias hacia la casa del muchacho desafortunado. No importaba que la puerta estuviera con llave; había volado por la ventana. Los locos pueden hacerlo. No importaba que el perro fuera demasiado pesado para forcejear y tirarlo; el muchacho había adquirido poderes sobrehumanos a la luz de la luna llena. La red del bulevar estaba que temblaba con los chismes y las señoras de las casas elegantes se apuraban a prestarles oídos a los sirvientes.

Nunca se resolvió nada sobre la mala suerte del perro. Los rumores hicieron furor a través de la hacienda durante un día y una noche y luego se evaporaron como pequeñas burbujas que dejan en el aire un resplandor diferente. El incidente no hizo sino probarnos que estábamos embarcados en otro terreno en Paramonga. Cartavio, nuestra antiguo hogar, había sido un lugar donde sólo aprendimos sobre el mundo cuando éste aparecía en nuestro jardín. En Paramonga, las cercas eran permeables, la vida real estaba próxima. Éramos parte de un mundo adornado.

Aunque Paramonga ofrecía una vida nueva más social que Cartavio, pude darme cuenta de que no habría un Antonio en ella. Los jardines en el frente y la parte de atrás de la casa eran pequeños ramilletes de lechos estrechos de flores. No había tierra que remover, corrales para animales, ninguna sección para el servicio fuera de un solo departamento blanqueado en la parte de atrás donde nos dijeron que había vivido un viejo cocinero hosco. Nuestras amas y el cocinero habían sido contratados por la compañía para trabajar en la casa e iban y venían de las chozas en la cuesta de la loma. Yo apenas sabía sus nombres.

Sin embargo, se dieron algunas mejoras marcadas. Durante nuestra primera semana, Papi trajo a casa un perro pastor alemán y nos dijo que era para reemplazar a los amigos que habíamos dejado. Lo llamamos Sigurd, como el héroe de los nibelungos de las historias de Mother y pensamos que era, de sobra, de lejos, el mejor regalo que jamás nos habían dado.

Llegó ya crecido en una jaula en la parte de atrás de una camioneta volquete llena de barro. La jaula era más pequeña que el perro, que tenía que agacharse adentro y gruñía a través de listones de madera, baboseando a los desafortunados indios que se esforzaban bajo esta carga amenazante. Estábamos parados en el balcón cuando lo soltaron y salió disparado de la caja como una criatura mítica, suspendida en el aire en lo que parecía una eternidad antes de tocar tierra y enviar chillando a sus cargadores a la puerta. Por una hora se limitó al cerco; ladraba furiosamente y lanzaba saliva por los aires hasta que finalmente se hundió en el pasto con su lengua larga y rosada colgando, acto que parecía tregua.

Cuando George y yo bajamos para darle algo de comer de las sobras de la cocina, fue como si supiera que él nos pertenecía. Trotó y acurrucó su cabeza rubia en nuestras piernas, lamió nuestras caras húmedas y comió de nuestras manos. Recibía órdenes en español. Decíamos «piso» y se echaba en el suelo relajado como una alfombra. «Puerta» y se disparaba a la puerta con sus ojos centellando. Era manso con quienes nos acompañaban y bravo con los desconocidos. El cocinero nos contó que había sido criado por un alemán que vivía en la sierra más lejana. El hombre había sido un nazi, decían —palabra que habíamos escuchado con frecuencia en conversaciones soporíferas y tediosas—, y ahora se había convertido en un nativo que vivía en una choza con una chola, criando perros para que fueran asesinos.

Me parecía una historia poco probable. Era cierto que Sigurd era un coloso, pero estaba lleno de amor. Cuando se sentaba en sus ancas, yo a mis siete años podía buscarlo, y alcanzarle el hocico con mi mentón. Cuando ponía mi mano sobre sus hombros y le miraba a los ojos, él erguía su cabeza y ponía su pata suave sobre mi pie. Dejaba que George lo enlazara, lo montara y le diera vueltas, haciendo que mi hermano sonriera con ternura. Era atento hasta la obsesión; nos seguía desde la mañana hasta la hora de acostarnos, empujando nuestros fundillos con su nariz y moviendo una cola larga y flecuda. Sólo después me di cuenta de que el perro no existía para divertirnos. Sigurd había sido la forma en que mi padre reforzaba nuestro cerco, erigiendo una pared en esas épocas nerviosas.

Conforme George y yo nos uníamos más y formamos un

pacto que duraría toda la vida, Vicki parecía flotar hacia rincones lejanos de la conciencia, como Abuelito en su mundo de la torre. Para nosotros ella era adulta aunque con las justas tenía once años. Su pelo había cambiado de oro a negro. Se había convertido en una niña seria con un aire serio y poca tolerancia para los bobos. Podíamos sobresaltarla tan sólo con reírnos tontamente. Al sentir que nos acercábamos se retiraba al otro cuarto, al balcón, a su dormitorio. Estaba feliz cuando leía o pintaba, ocupaciones que absorbían sus días. Ahora que ya no tenía a Billy, el escocés de cara radiante de Cartavio, la única compañía que parecía desear era la de Mother. Podíamos encontrarla inclinada sobre una mesa cerca del piano, dibujando cuadros detallados de todos los dioses del Olimpo mientras Mother tocaba *Barcarolle* a su lado; o la encontrábamos en el porche, boca abajo en una poltrona, jugando con su pelo mientras leía una novela de Brontë y mi madre en la otra silla, absorbida con un manual para maestros. Vicki era lenta para moverse, rápida para erizarse. Sus rasgos se encogían y su cuello se acortaba cuando se decía algo que la irritaba. Cuando las señoras del club de *bowling* se dirigían a ella, podía ver como prácticamente desaparecía su cuello. *¡Oye, Vicki! ¡Chica! ¿Cuándo vas a perder esa gordura de bebé, aprender el mambo, conseguirte un novio? Mejor es comenzar pronto hija. Te convertirás en una vieja antes de que puedas decir Jack Robinson.*

A mí me decían palabras igualmente confusas: *¡Oye, Marisi! ¡Tú, monito de cara redonda! Súbete al trampolín como lo hiciste ayer, beba. Vamos, muéstranos un salto mortal. Eres de los Arana de la selva, ¿no? Como el cauchero, ¿no? Pídele a tu papi que te cuente sobre él.* Luego emitían unas risitas con sus tragos.

Encogí los hombros. Las señoras del *bowling* estaban pintadas llamativamente, eran estridentes e inocuas, pero tan inofensivas como los tucanes no me molestaban.

Molestaban a Mother. Les había participado a las señoras que no podría asistir a las tertulias de los cafés ni a los almuerzos con *chicha*. No se le debía molestar durante el día. Desde la mañana temprano hasta la tarde prolongada estaría enseñándoles a sus hijos. Cuando lo dijo al lado de la piscina, vimos a las señoras levantar las cejas. Cuando nos movimos, nos observaron sin decir una palabra, sorbiendo con cañitas la chicha morada. Al voltear para mirarlas desde la entrada, vi que se inclinaban unas hacia otras para comentarlo.

No parecía importarle a mi madre. Ya casi no hacía vida social, casi no buscaba compañía adulta, casi no tocaba el violín. Desde el momento en que mi padre partía hacia el puesto de mando de la fábrica hasta la hora en que el cocinero se alborotaba para preparar la comida, éramos el centro de su universo. Si todavía tocaba el piano, era porque se permitía llevarse a uno de nosotros a sentarse en el banco al lado de ella para enseñarnos una o dos cosas. También había sumas por hacer, ensayos que preparar. Escribíamos en nuestros cuadernos rayados impecables con el sello de Calvert School, Baltimore, e imaginábamos que gringos de miradas frías en esa ciudad portuaria abrían sus cubiertas azules, contemplando nuestra brillantez, tocándose la cabeza con reverencia.

Al llegar las cuatro de la tarde, nos dejaba salir a George y a mí para hacer maniobras en el jardín con nuestro pelotón de granujería del barrio. Un día, cinco niños nos ayudaron a construir un *teepee*, una tienda india, aunque el concepto era ajeno a todos excepto a George, quien en realidad había visto uno en Norteamérica. El resto de nosotros jugábamos fingiendo saber quiénes eran los indios, pero comprendíamos que, si estaban combatiendo a los vaqueros con cuchillos entre sus dientes, en nada se parecían a los indígenas de ojos dulces que conocíamos —en nada.

George se mantuvo de lado gritando órdenes y mecía sus pistolas. Mientras el resto de nosotros empuñábamos cañas y sábanas, amarramos el extremo con alambre de gallinero. Trabajamos con ahínco mirando el bulevar de rato en rato; nos aterrorizábamos con la posibilidad de que el inmenso loco pudiera aparecerse en nuestro camino en cualquier momento y estrangularnos con sus manos carnosas. Tommy no apareció ese día, pero bastante después, cuando había caído la noche y miré por mi ventana, pude ver su cara pastosa sobre un babero y a la muchacha dándole de comer con paciencia.

Uno de nuestros amigos del barrio, Carlos Ruiz, era derecho como una vara, con ojos de liebre y un mechón de pelo marrón que le salía de la corona. Era el hijo de uno de los especialistas en máquinas y le gustaba hablar sobre la pericia de su padre. De acuerdo con Carlos, todas las fábricas, toda la producción de Paramonga, dependía de su viejo. Era un niño guapo, pulcro y limpio con piel de limón y una nariz esculpida. «Listo», dijo cuando se alejó del *teepee* para inspeccionar nuestro trabajo. Listo. Se metió la camisa dentro de sus pantalones cortos y sonrió.

El ama de Carlos aguaitó por la puerta donde, parada con las otras muchachas, masticaba varas de cañas de azúcar y hablaba de amor. «Carlos —le rogó en una voz alta y chillona que le salía de la nariz—, no te ensucies. Tu madre te va a gritar.»

—Vamos —dijo Carlos, ignorándola y moviendo su cabeza hacia nuestra carpa ladeada—. Entremos.

—No, no —dijo George—. Así no, tonto. No puedes entrar así nada más. Éste es un club y yo soy el presidente. Tenemos que tener reglas. —Luego, giró sobre sus talones lentamente pensando cuáles serían.

—Ya sé —dijo finalmente—. Regla número uno: tienen que aprender a dar la mano. —Se la inventó allí mismo: agarrar la derecha con la derecha, resbalarla, juntar los codos, deslizar el brazo contra el brazo, a un lado, luego el otro, entrelazar los dedos y sacudir. Todos lo hicimos después. Una y otra vez, confundiéndonos irremediablemente, riéndonos y comenzando de nuevo hasta que salió bien y lo aprendimos de memoria.

—¡Regla número dos! —dijo George—. Para ser aceptado en el club, cada uno tiene que entrar al *teepee* con mi hermana. Uno a la vez. Y cuando estén adentro, la tienen que besar.

—*Puaj* —dijo Carlos y el corazón se le hundió de sólo pensarlo—. ¿Irás tu primero?

—¡Yo no! —dijo George—. Ya te dije, yo soy el presidente, ya pertenezco al club.

—¡Bueno! ¡Yo! —dijo Manuel, un niño de dientes salidos y ojos caídos.

—George —protesté—. Yo…

—Y Marisi, si él no te gusta, tienes el poder de decir no.

Mi protesta se quedó en el aire. ¿El poder de decir no? ¿Decir quién podía entrar?

De repente los besos resultaban triviales, no más que cera para lacrar sobre la mesa de una reina.

Estaba siempre tan dispuesta a seguir a George que nunca me detuve a pensar que era la única niña allí. Ahora entiendo, cuarenta años después, sentada y mirando sobre los techos de Washington y viendo a las hijas de otra gente pasar velozmente con sus brazos delgados alrededor de los niños, lo diferente que era de mis contrapartes en la hacienda. Las chicas de Paramonga, al menos aquellas de cierta clase, estaban en sus casas, en vestidos almidonados, tambaleándose en los tacones altos de sus mamás, besando a sus muñecas. Estaban adquiriendo los modales que mi abuelita esperaba que yo tuviera, aprendiendo a contenerse cuando los demás estaban demasiado alborotados, a ser agradablemente desenvueltas cuando los demás eran demasiado tímidos. Vivían una niñez guiada, en lugares estéticamente agradables, con compañeros de juego elegidos cuidadosamente y algún día llegarían a ser jóvenes mujeres con chaperonas que protegerían sus virtudes como joyas de familia.

Las niñas peruanas no andaban corriendo por allí, hundiendo estacas en la tierra, amarrando una carpa. Se estaban asegurando respetabilidad, estudiaban las polaridades entre «señor» y «señora», cultivaban sus vidas debidamente, haciéndose las difíciles. Ahora que recuerdo, las únicas que aparecían sin avisar eran las hijas de las sirvientas, niñas sucias que se entremezclaban con sus ojos entornados, ofreciéndose sin decir palabra para nuestros juegos.

Nunca se me ocurrió otra cosa, sino que era igual a los niños. Era hija de mi madre, lista para oponerme a los chicos si tenía que hacerlo, lista para sonreírles abiertamente, como había visto a mi madre sonreírles a los solteros y enfrentarlos directamente cuando venían por la calle y se quitaban el sombrero a su paso.

Pero era dando una dicotomía y me tomaría buen tiempo entenderla. Así como era una gringa que corría detrás de mi hermano por el barrio, estaba también adquiriendo estudiosamente una feminidad peruana que llegaba sutilmente. En una de las visitas de la tía Chaba, al entrar al jardín se me acercó y me dijo al oído, «Marisi, cruza las piernas hijita, le estás enseñando tu alma al mundo». O «no te sientes allí con la boca abierta como una lagartija; ciérrala hasta que tengas algo interesante que decir». O al escucharle a la esposa de un ingeniero decirle a mi padre en la mesa, «¡por Dios, Jorge! ¿Has visto en lo que se ha convertido esa criatura, la niña Martínez? Camina como un hombre, mueve las manos como una chola, se sujeta las caderas con las manos y dice groserías que ofenden los oídos». De esta forma, cuando crecí supe que yo podía ser las dos mujeres que había en mí —la latina o la gringa— y que en cada coyuntura necesitaría escoger a una. Escogí mi camino en la vida; decidía probar una identidad y luego la otra. Me transformé en una americana cabal durante mi educación secundaria, me convertí en peruana nuevamente cuando fui a la universidad. Fui una buena latina en mi primer matrimonio, llegando al altar con el primer hombre que me tocó, colgando mi futuro del suyo, sin tomar jamás la iniciativa en la cama. Luego, fui gringa en el segundo, deshaciéndome de todos los manuales y siguiendo a mi corazón. Pero todo eso sucedió más tarde, después de Paramonga. Mucho tiempo después de haber descubierto una que otra cosa sobre los chicos.

Fue en el club de George que aprendí que los chicos eran una tribu: disfrutaban de la compañía de otros muchachos. Golpes en la espalda y camaradería, el código de pandilla. Por estas cosas estaban dispuestos a soportar cualquier humillación, padecer cualquier ultraje. Pertenecer. Pero si esto era cierto para ellos, también era cierto para mí. Ansiaba ser parte de un equipo, detentar un poquito de poder. ¿Eran los besos parte de ese proceso? ¡Caramba!, me podían besar todo el día. Mi pelo estaba demasiado largo, mis vestidos demasiado aniñados. Dios no se había dado el trabajo de crearme con una manguera, pero eso no parecía haberme detenido hasta el momento. ¿Besos? Claro, lo podía hacer. Me las arreglaría. Pertenecería.

—Está bien —le dije a Manuel bruscamente—. Sígueme.

El niño de los dientes salidos pasó la solapa de la carpa dócilmente y observó mientras yo caminaba hacia el centro y me sentaba con las piernas cruzadas sobre el pasto.

—¿Ahora qué? —preguntó enfocando su mirada oblicua.

—Siéntate aquí y déjame ver si me gustas —le dije y me moví hacia el espacio que tenía adelante.

Se sentó y estudié su cara. —Mira, —susurró nerviosamente metiendo su mano al bolsillo.

—Tengo algo que puedo darte. —Sacó un caramelo

envuelto en rojo y me lo ofreció. Su cara estaba sofocada con la expectativa.

—¿Qué sabor? —le pregunté.

—Fresa.

Caramelo. No había anticipado sobornos. Mi poder comenzaba a ser infinito.

Podía escuchar las risas y las carcajadas afuera.

—Bueno —dije y estiré la mano. Él me alcanzó el dulce cuadrado y tibio—. Si le dices a alguien algo sobre esto, te vas —le dije—. Chau.

—¿Y el beso? —dijo—. ¿El beso?

Estiré uno de mis pies. —En mi zapato.

Él cumplió.

—Está bien. Has sido aceptado.

Se tambaleó para levantarse y salió vitoreando.

Tres más le siguieron, uno por uno. Obtuve de ellos una variedad de tesoros: una bolita verde, una chapa de Coca Cola del jardín del niño loco, una moneda de cincuenta centavos. Los besos eran obligaciones menores: mi codo, mi muñeca, una mano y con cada uno, la promesa de nunca decirlo.

El último fue Carlos. Entró mirando a través de sus pestañas.

—¿Quieres estar en el club? —le dije achicando mis ojos mientras él se sentaba.

—Sí.

—Bueno, tienes que hacer dos cosas. Primero, el beso. Y luego, me das algo.

—¿Te doy qué?

—¿Qué tienes en los bolsillos?

—Oh, —Revisó. No había nada.

Lo miré de arriba para abajo, dándome tiempo para pensar. Afuera los chicos se arrastraban tratando de escuchar furtivamente. Podía escuchar a George forzándolos a que se retiraran.

¿Qué me podía dar el chico? Y luego pensé en Antonio.

—Ya sé —le dije—. Cuéntame algo. Una historia. Pero tiene que ser cierta, tiene que ser un secreto y mejor que sea rápida.

Frunció el entrecejo, estirándose un mechón. —Está bien, —dijo.

—Un beso primero —dije y puse mis labios hacia afuera esperando un beso.

No lo dudó. Aspiró aire, se inclinó, me rozó los labios y se enderezó.

—Y ahora, el secreto —dijo calmadamente juntando sobre su regazo sus manos cuidadas, mientras yo recuperaba el aire y me limpiaba su beso con el antebrazo—. Es algo que escuché que mi mamá le decía a mi papá. Y tiene que ver contigo. Dijo que tu mamá era rara. Habla extraño, no encaja. Debería tomar un barco y regresarse al lugar de donde vino. No pertenece al Perú.

Podía sentir que el calor me llegaba al pecho, subía hasta mi cuello y se quedaba en la parte de atrás de mi garganta. Un chico se tropezó a la entrada y cayó rodando hasta nosotros con la cara enrojecida y risas entrecortas. Pero con las justas me di cuenta. Carlos se paró, se sacudió y salió de la carpa. «Dijo que sí», les anunció a los otros suponiendo que había sido admitido, mientras yo me quedaba sentada con la boca abierta como un reptil.

¿No pertenece al Perú? ¿Qué significa eso exactamente? ¿Encajaba ella menos que cualquier otra persona en esa hacienda temporal? Aquí había un carnaval de inadaptados: Tommy, el loco, los solteros piernilargos y —por el amor de Dios— ¿Wong?

Entre en cualquier bodega de la esquina en cualquier sitio del Perú y posiblemente verá un rostro chino detrás del mostrador. Entre en la pequeña y miserable bodega china en Paramonga y encontrará a Wong, con su cabeza colosal y arrastrando una barba chiva sobre su ábaco como un genio que deja un rastro hasta su lámpara.

—¿Qué quiele? ¿Tulón? ¿Quiere un turrón? —Y un dedo largo y huesudo señalaba al pomo alto de vidrio con sus pedazos coloreados de turrón—. ¡Por un sol, compra cinco!

—¿Tiene flan? —le pedíamos, sólo para fastidiarlo. Para pedirle algo que sabíamos que no tenía.

—¡Mo lo! —gritaba, contestando en cantonés—. Ya lo vendí.

Nos habían dicho que Wong era del pueblo de Huarmey. Sus padres habían sido culíes de Shanghai. La esclavitud había sido abolida hacía casi un siglo en América del Sur, pero una nueva "legislación china" estaba vigente cuando su familia fue tentada hacia el Perú.

Los magnates del guano y el azúcar pagaron una libra esterlina por el padre de Wong y la mitad por su madre. Los dos hicieron el viaje de nueve mil millas hasta el Callao en la bodega de un barco con cuatrocientos otros como ellos. Cuando llegaron a los campos de caña de azúcar, cinco meses después, se dieron cuenta de que nunca debieron haber venido. Al padre de Wong le pusieron grilletes para que no se aventara al mar. Su madre tomó una sobredosis de opio y se recostó sobre los brotes de caña de azúcar para morir.

Wong creció, se casó y tuvo hijos. Pero se quedó en Paramonga, vendiendo sus menestras y sus dulces, prendiéndose de las cañas como la cubierta de un saltamontes seco, tan arrugado como un camarón muerto y el tau-err-tong que llenaba los barriles de su tienda.

«¡Mo lo!» remedaban los niños peruanos cuando rengueaba de regreso a su casa en la oscuridad. Se acabó.

No encaja. ¿Como quién? ¿Como el danés que vivía al lado en la casa amarilla de los solteros? Había llegado años antes con la cara radiante y buen mozo, alardeando sobre mujeres de traseros rosados. Al principio fue una persona común, iba a trabajar en las mañanas y chupaba ron en las noches. Hasta que un buen día comenzó a babear, dejar que las cosas se le cayeran de las manos y girar por las habitaciones con sus manos en la cabeza. Lo llevaron al hospital después de eso. «Nervios —susurraban—, algo relacionado con su espina dorsal». Después, cuando lo regresaron a la casa de al lado, se puso muy bien, deslumbrante como un instrumento de acero.

Pero una tarde George y yo, en medio de nuestras guerras de vaqueros, vimos al gringo haciendo volar mesas y sillas por su ventana del segundo piso; se meneaba sin control, hacía una pausa sólo para descolgar su cabeza sobre el alféizar y babeaba sobre la ruma de muebles abajo. Cuando subieron para agarrarlo, dijeron que el hombre se había vuelto loco. Cuando se lo llevaron y le abrieron la cabeza, encontraron adentro un puñado de gusanos.

Los peruanos tenemos un nombre para eso. *Taki Onqoy*: una plaga de gusanos que invade el cuerpo con una necesidad irresistible de menearse. Se sabe que los indios de la sierra han sido conocidos por invocar al *Taki Onqoy* contra los españoles por todas los males que habían traído al Perú. Los españoles bailaban y se retorcían hasta que se aventaban a los ríos, algo muy conveniente que les sucediera a los extranjeros, una maldición que los precipitaba a donde pertenecían.

Que regrese de donde vino. Todos estos años después me provoca esa frase una tensión, una indignación que difícilmente puedo contener. ¿Quién podía decir que la madre de Carlos Ruiz con sus raíces que se remontan a Segovia, pertenecía al Perú? ¿O en ese caso el conquistador del rey, Francisco Pizarro, un chanchero de las márgenes españolas? ¿Tenía él algún derecho de nacimiento en la tierra de los incas? Si la señora Ruiz y

Pizarro tenían derechos de nacimiento pioneros como mi familia peruana aducía tener, ¿eran derechos que mi madre gringa no tenía?

Hasta ese momento dentro del *teepee* con Carlos Ruiz no sabía que mi madre era una paria en el país de mi padre. Sabía que era diferente, que ella y mi abuela estaban distanciadas, que se le veía extraña en el ambiente peruano, que la gente se reía de la forma en que hablaba. No era que a ella se le subestimara de alguna manera por su aspecto o por el color de su piel. No, los tonos de piel claros se admiraban en el Perú y su piel de alabastro se consideraba una ventaja, un crédito para mi padre. Se había casado con una blanca y, al hacerlo, había blanqueado a futuras generaciones de Arana. Era bueno ser pálida. Lo que aprendí esa tarde de Carlos Ruiz fue que el problema con nosotros no se trataba de la piel. No se trataba del idioma. Ni del dinero. Era que éramos americanos. Era considerar a mi madre, a pesar de toda evidencia de lo contrario, como una yanqui de caricatura: de huesos grandes, torpe, extrovertida, fanfarrona, corta de sesos, jactanciosa.

※ ※ ※

Mi indignación finalmente disminuyó pero nunca me abandonó. Había muchos indicios de la creciente antipatía contra los americanos en el Perú. Podía verlo desde mi ventana. La forma en que el guardia del club en la vereda del frente se limpiaba los dientes cuando miraba a los solteros. La forma en que los sirvientes de la casa de huéspedes se reían tapándose la cara cuando un visitante neoyorquino partía; la forma en que las señoras se callaban y miraban cuando mi madre pasaba. No me di cuenta en ese entonces pero ahora sé que mi mundo se redujo cuando Carlos Ruiz me confió su secreto. Me retiré, me convertí en un satélite distante del club de los chicos y comencé a desear que George pasara todo su tiempo solo conmigo excavando la tierra de la Pachamama, contemplando sus prodigios como me había enseñado Antonio.

Papi debió haber percibido que necesitaba airearme y salir de Paramonga, pues un día anunció que había arreglado con el señor Gonzáles, el entrenador de caballos de la hacienda para que nos trajera las yeguas más mansas que tenía, nos diera lecciones ecuestres básicas y nos llevara tres veces por semana a observar la topografía en la que vivíamos: los campos de caña, el litoral rocoso y las extensiones áridas que rodeaban la hacienda. George y yo salíamos de la casa después de nuestras lecciones de la mañana y encontrábamos a estas criaturas gentiles esperándonos en la puerta, formando con las colas arcos amplios al moverlas. El señor Gonzáles estaba recostado en la cerca con su cara dura y delgada como una alforja y sus ojos enmarcados por arrugas profundas.

Si el tiempo era bueno y los caballos lo permitían, el señor Gonzáles nos dejaba montar hasta *la fortaleza*, la fortaleza de adobe precolombina al otro lado de la carretera Panamericana aproximadamente a tres millas de nuestra casa. Había sido erigida a principios de los 1400 por los chimú, la gente más poderosa que gobernó el Perú antes de los incas. La fortaleza, tan ancha como la cuadra de una ciudad, era voluminosa y enigmática, construida para albergar a las eminencias chimú y a los guerreros que habían reclutado para defenderse contra las invasiones de los incas.

Me encantaba ese monstruo de varios niveles. Me gustaba la manera como se elevaba desde una tierra cetrina con olor de orina y melancolia. Me encantaba correr por su laberinto polvoriento: cuarto tras cuarto de pisos y paredes agujereados. La vida era buena cuando George y yo saltábamos de nuestras yeguas, les acariciábamos las narices, le entregábamos la riendas al señor Gonzáles y trepábamos esa pendiente bañada por el sol.

El propósito de la fortaleza, hasta donde podíamos decir, había cambiado de ser ciudadela a servir de cementerio. Las bóvedas de sepultura, tan amplias que parecían bostezarnos mientras gateábamos a través del laberinto, descubrieron cráneos y fémures dejados allí por otros ladrones. Nuestros sirvientes nos habían contado cómo los ladrones habían saqueado esas tumbas en años anteriores. Algunos se autodenominaban académicos, otros eran buscadores de fortuna, pero, sobre todo, sencillamente eran ladrones, tratando de conseguir dinero fácil. Habían venido desde muy lejos y de todos lados; se escabullían a través de la noche, hundiendo puntas de lanzas en la Pachamama, extraían huesos chimú y se mataban entre sí en el proceso. Pero emergían del lugar con maravillas: capas hechas de alas de picaflor. Narigueras de oro. Imponentes tocados. Aretes con gemas del tamaño de nuestros puños. «Esas piezas o están en un museo o adornan la mesa de algún hombre rico en San Francisco», comentó Papi. Habían partido hacía tiempo a otros mundos. Pero no le creíamos. Buscábamos ansiosamente fuegos fatuos que, según Antonio, se elevarían si había un tesoro escondido allí abajo. Al no verlos, George y yo metíamos nuestras manos por el simple placer de hurgar en esa tierra. Pero lo único que desenterramos alguna vez fueron huesos. Los estudiábamos y los guardábamos si nos interesaban, poniéndolos al lado impacientemente. Veteranos de la excavación.

—¿Qué es lo que están haciendo? —dijo el señor Gonzáles jadeando detrás de nosotros un día. Una mirada de disgusto torció su cara cuando nos vio manipulando los restos—. En nombre de Dios, qué…

—Los necesito —dije, jalándole los dientes a un cráneo polvoriento—. Para mi colección.

—¡Tengo más que tú! —dijo George, haciendo sonar sus bolsillos.

—Que Dios los perdone —dijo el señor de la cara de alforja—. Y ojalá que los *apus* estén mirando a otra parte.

—¿Los *apus*?

—Los espíritus de estas montañas. No les gustará que ustedes estén fastidiando a los muertos. Apúrense y vámonos. No necesito más mala suerte de la que ya tengo. —Dio media vuelta hacia el sol e inició el regreso sacudiendo sus hombros, como si un aire helado hubiera barrido la fortaleza, y se frotó las mangas.

Al bajar tintineando y matraqueando, encontramos un roedor muerto. George lo recogió y se lo metió en el bolsillo con el resto de dientes encontrados. «Para el doctor Birdseye —dijo—. Quizá me dé un buen precio.»

Birdseye era un científico norteamericano que había llegado a Paramonga para asesorar a los ingenieros encargados del papel sobre nuevas formas de cocinar bagazo, la fibra con apariencia de madera que quedaba después de procesar la caña. Paramonga estaba por convertirse en una empresa innovadora, uno de los grandes éxitos de la Grace. Almacenes completos de productos secundarios del azúcar salían de las máquinas, desde papel higiénico y cajas de cartón, hasta gin. Los ingenieros ya sabían lo que tenían que hacer con el residuo: cloruro de polivinílico, uno de los plásticos de la edad moderna. Paramonga se había convertido en el tipo de vitrina que visitaban los presidentes y Birdseye era una de sus estrellas.

Era naturalista, botánico y químico, pionero de la criogenia y «un genio completo» según mi papi. Pero más importante en lo que a nosotros concernía, es que era alguien que nos servía.

Era pequeño, vivaz y enjuto, con mechones de pelo blanco que le salían de ambos lados de la cabeza. Cuando nos veía, sus ojos se ponían brillantes, casi sobrenaturales, y nos llamaba para que escucháramos sus ideas sobre alguna maravilla de la naturaleza. En su primer día en la casita al lado del club de *bowling*, Birdseye había anunciado que cualquier niño y todos los niños eran bienvenidos en su casa. «Especialmente bienvenidos —agregó con un guiño de ojos y un estremecimiento de su alborotada melena— si me traen buen negocio».

«Negocio» quería decir animales de cualquier tipo, muertos o vivos. Insectos, mamíferos pequeños, serpientes, lagartijas, pájaros —no importaba—, él los compraría por unos cuantos centavos y los incluiría en su laboratorio. Su laboratorio, nos dijo, podía estar trabajando con cualquier cosa, de manera que era mejor llevarle de todo. Nunca sabía cuándo le llegaría la inspiración. Durante una expedición a Alaska para estudiar las costumbres de los osos, había concebido una manera de congelar rápidamente vegetales frescos. Años después, en los mercados en los Estados Unidos, al ver los ladrillos coloridos de Birds Eye en la sección de alimentos congelados, comprobamos que el trabajo que estaba haciendo en el campo, incluyendo en el Perú, lo había convertido en un hombre muy rico.

Pero en ese momento, no parecía sino un alocado Merlín con asociados del tamaño de una botella de leche. Y una lata llena de monedas sobre su escritorio.

Cuando llegamos a casa, dejamos los caballos con el señor Gonzáles y emprendimos el camino hacia la prosperidad, a la casa de Birdseye. Era una estructura de un piso con un árbol de casuarina imponente que ostentaba sus flores amarillas brillantes a la entrada. No había cerco ni reja. Cada vez que veíamos su puerta nos maravillaba el hecho de llegar a ella libremente desde la calle. Hasta que pusimos nuestros ojos en la casa de Birdseye, los únicos portales que habíamos visto tan libremente eran las puertas de las casa de los indígenas. El lugar era abierto, permeable, accesible desde cualquier lado. En la parte de atrás, donde la dulce señora Birdseye pasaba la mayor parte de sus días, había un jardín de flores y orquídeas. Había pavos reales que se paseaban abriendo sus colas y contoneándose como conquistadores incas. Los loros parloteaban en los árboles. Pájaros, animales, gente como nosotros podían pasearse libremente en la casa de los Birdseye. Un aura de bienvenida envolvía el lugar.

El criado que se acercó a la puerta nos recibió calurosamente y nos llevó a la gran mesa de jardín del doctor Birdseye, un tablero verde de madera repleto de palitos, instrumentos, vidrio y una gran lata. El doctor estaba detrás, sentado en una silla alta.

Era gris en todo su aspecto excepto en sus ojos, que eran de un azul agudo resplandeciente. A través de las lunas de sus anteojos, parecían grandes e importantes como planetas. Tenía una ligera joroba de tanto doblarse sobre las mesas, mirando a través de lentes que guardaba en una caja sobre la repisa. Cuando nos acercamos, vi que tenía puesta su chaqueta blanca de laboratorio raída y abotonada hasta su mentón.

—¡Mis asistentes! —dijo en voz alta cuando nos vio, abriendo sus brazos.

George le mostró nuestra rata sujetándola por una de sus patas.

—¡Pero eso no es una rata legítima, querido Watson! —dijo el doctor, tomando entre dos dedos a la criatura descarnada—. Es un cuy, ¿no saben? Un conejillo de Indias. ¡Ustedes los peruanos los comen en la cena! ¿No los han visto tostados y flotando en una rica salsa de maní? Unas cuantas horas antes y hubieran tenido una rica comida criolla con este pequeño compañero. Así como está, será mejor bocadito para mí. ¿Cuánto será?, mis queridos Watsons. ¿Veinte?

Asentimos felices. Veinte centavos. Un caramelo en Wong. Birdseye rebuscó ruidosamente en su lata, sacó una moneda y la puso en la mesa. «Ahí tienen».

Tomamos el dinero y lo revisamos antes de que George lo

guardara en sus pantalones. Birdseye sonrió y sacó de un montículo sobre la mesa un palo de madera de un pie de largo. Sin duda estaba en el proceso de construir algo.

—No sólo somos peruanos —dijo George entonces, parado allí con su mentón hacia afuera y sus dos manos en los bolsillos—. Somos americanos como usted.

—Sí, sí lo son, pero mejores —respondió Birdseye.

—¿Mejores?

—Claro que sí, hijo. Ustedes dos son híbridos. ¿Saben lo que eso significa? Mestizos, a medias por partes iguales. En términos científicos, ustedes son mejores especimenes debido a eso.

—¿Es mejor a medias? —chillé.

—Por supuesto —dijo Birdseye—. En el mundo natural, por supuesto. Por ejemplo, en botánica. ¿Quieres conseguir una planta más fuerte? Consigue dos débiles. Crúzalas. Obtendrás cada vez una especie más fuerte.

Miré a George examinándolo, tratando de imaginar a mi hermano como una planta. ¿Cómo podía ser que él, siendo fuerte, fuera más fuerte que Mother o Papi? —Pero —continuó Birdseye, trabajando mientras hablaba y recortaba el palo al tamaño de los otros que se extendían desde el edificio incomprensible sobre su mesa—, entonces, por supuesto, los peruanos son mitad, mitad. Medio español, medio indio. Un poquito chino. Un poquito árabe. Los americanos también son la mitad de esto y la mitad de eso. Hace cinco millones de años a través de generaciones. Es la fertilización cruzada la que mejora las cosas. ¿No han escuchado hablar de las mulas? Son más fuertes, pueden cargar más. Son híbridos. Mitad burro, mitad caballo. Ustedes dos son un par de mulas. Más fuertes que los simples norteamericanos. Más fuertes que los peruanos. ¡Mezclar! ¿Ven estas flores aquí? —Señaló una maceta de rosas que estaba dentro de un ejército de plantas rotuladas—. Las híbridas son las orgullosas y erguidas. ¿Ven lo que quiero decir? ¡Como ustedes! ¡Mezclar, mezclar, mezclar! Eso es lo que nos hace más adelantados. Es un hecho científico. Y pueden decir que yo lo dije.

Volvió a sus palos de madera, pero cuando levantó la mirada, vio que lo observábamos fijamente, aún avasallados por sus palabras, mentes pequeñas aturdidas por la idea de nuestra superioridad. Riéndose, dejó descansar su cuchillo. —Ustedes dos son una buena audiencia —dijo—. Casi tan buenos como Tommy.

George y yo intercambiamos miradas. ¿Tommy?

Birdseye nos miró sobre sus anteojos con marco de alambre y yo señalé con un dedo vacilante en dirección a la casa: —¿Ese Tommy?

—Sí, ese Tommy —dijo el anciano sin dudar.

—¿El loco? —balbuceó George.

Hubo un largo silencio y luego Birdseye se quitó los anteojos. Los puso cuidadosamente sobre la mesa frente a él. —¿Martha? —llamó—. ¿Martha, estás allí?

—Sí, querido. —Una cabeza blanca surgió en el invernadero de atrás y la señora Birdseye secó su frente con la parte posterior de su mano. Se incorporó y puso su pala en el suelo cuidadosamente—. Aquí estoy. —Se acercó sacudiéndose el polvo de las manos.

—Estos chicos simpáticos, Martha, creen que Tommy Pineda, el muchacho que vive al frente, es un loco.

—Oh, no, no, pequeños. —La dulce señora vino hacia nosotros inclinándose de tal forma que podíamos ver las vetas doradas de sus ojos—. Tommy no es loco. Es retardado. Eso es muy diferente. Es algo que les pasa a veces a los niños, una enfermedad. Nació así. Tiene un poquito de dificultad para comer y mucha dificultad para hablar y quizá hace ruidos fuertes y tontos. Pero, bueno, es un niño grande de diecisiete años después de todo. Y le trae al doctor Birdseye las cosas más interesantes:

escarabajos y plumas de pájaros. Vean, todo en este mundo tiene una explicación correcta, una buena razón. No deben creer todo lo que escuchan. Él no está loco. Oh, no. Y se lo digo con toda la seguridad de este mundo. No le haría daño ni a una mosca.

—¿Y a un perro? —preguntó George.

—No, a un perro, no.

—Encontraron a un perro flotando en la piscina del *bowling* —se aventuró a decir George.

—No tenía sangre. Wong dijo que estaba tan seco como un camarón salado.

—Definitivamente no fue culpa de Tommy —dijo la señora Birdseye.

—Nuestra ama dice que durante la noche vuela buscando amor —dije.

La señora Birdseye pareció físicamente atraída por ese comentario y luego, de pronto sus hombros se relajaron.

—Bueno, sí, quizás lo haga —dijo ella—. ¿Y no lo harían ustedes si estuvieran encerrados en esa casa grande todo el día? Yo no sé por qué los Pineda creen que es necesario hacerle eso. Debe ser… bueno, solo sé que debe haber una razón. Pero no tiene nada de malo, niños, eso de estar volando a través de la noche buscando amor. Pobre muchacho, con todos sus problemas durante el día. ¿Se imaginan algo más acertado que el amor para él? ¡Dios mío! No tiene nada de malo eso.

Esa noche saqué de mis bolsillos los antiguos dientes grises y los puse en fila sobre mi tocador, al lado de la estampa de la Virgen y mi pequeña piedra negra brillante. Tenía bastante que expiar. Había saqueado una tumba, deseado una plaga de gusanos para el cerebro de la señora Ruiz, confundido a un niño enfermo con un loco. Seguramente las fauces del infierno se abrirían y me devorarían. Seguramente los *apus* me pondrían una maldición.

Acaricié por un rato la frente color trigo de Sigurd y luego me senté sobre mi cama y recordé a Antonio. Nunca habíamos hablado mucho sobre la Virgen o sobre el poder de los *apus*, pero Antonio siempre hizo hincapié en enseñarme sobre mi vínculo fundamental con la Pachamama: que yo era un producto de fuerzas naturales; que yo era otra versión de la tierra; que yo podía prevalecer contra el mal si sólo aprendiera cómo hacerlo. ¿Era posible realmente abrir el estómago y absorber el mundo? ¿Lo malo y lo bueno? ¿Podría traer todo adentro —los fantasmas, los demonios, los muertos, el loco, la enredadera, la bruja—, absorberlos y luego dejar que se fueran en un haz de luz negra hasta el corazón de mi piedra?

¿Podría arreglar a Tommy Pineda? Él no era un loco, pero la señora Birdseye había aceptado que podía ser capaz de hacer vuelos nocturnos por Paramonga. ¿Qué importaba que estuviera buscando amor? La sola idea de ese muchacho de cuello grueso, babeando y tambaleándose en el aire nocturno, me aterrorizaba, prueba de que había fuerzas extrañas funcionando en el mundo. Pero ¿era posible absorber a Tommy a través de mi *qosqo*, dejarlo limpio de toda fuerza negativa, de cualquier germen mínimo de intención malévola contra nuestro Sigurd de mirada resplandeciente y lanzar su enfermedad hasta las profundidades de mi piedra?

Me levanté la camisa, dejé mi *qosqo* desnudo y giré para quedar sin ninguna obstrucción frente a la piedra. Aseguré que mi alineamiento fuera perfecto, cerré los ojos y pensé en ese pobre niño sumido en la oscuridad cerca de mi casa.

Ábrete, me propuse a mi misma. Trae la tormenta. Deja que entre la enredadera de la bruja. Déjame ser tan quieta como la tierra, tan firme como la Pachamama.

Nada. Hubo un ligero susurro del viento a través de las casuarinas del bulevar. No se escuchaba una voz en la casa, ningún sonido, salvo el ruido de cubiertos en la cocina. No podía discernir si la comida de mis padres comenzaba o terminaba. Había una calma encantada a través de mis ventanas, como si el *bowling* del frente se hubiera vaciado de todos los parranderos, como si la casa de solteros hubiera puesto seguro a las puertas. Sigurd dejó escapar un largo suspiro, un chasquido de sus mandíbulas y se incorporó. Estiró sus patas y puso los dedos en punta. Al final, sus párpados aletearon y se cerraron. Me mantuve en esa postura por lo que me pareció un largo rato, respirando apenas, agarrándome la camisa; empujé mi barriga hacia la piedra tratando de liberar a mi mente de todo lo que no fuera la imagen de la cabeza monumental de Tommy Pineda.

No recuerdo cuánto tiempo pasó antes de que sintiera que la cama se zangoloteaba debajo de mí. Mis ojos se abrieron desorbitadamente. El cuarto estaba temblando. Los dientes, la Virgen y la piedra bailaban sobre el tocador marchando sobre la superficie como una compañía de infantería. Sigurd se sentó con los ojos abiertos, luego aulló y salió disparado por el corredor hasta bajar golpeando la escalera.

Los muebles saltaban por el cuarto ahora y podía oír que los vidrios se rompían contra el suelo. La voz de mi padre resonó en la casa. «¡Terremoto!», gritó.

Mi madre voló por la puerta y me agarró mientras su bata se sacudía como alas de vampiro. Luego, la noche se puso negra. De alguna forma, pudimos bajar las escaleras hasta el arco del frente donde mi padre se paró con las piernas separadas y sus manos agarrando el umbral encima de él. Vicki y George se apiñaron por abajo. Allí nos quedamos hasta que el movimiento se detuvo. En el jardín, los sirvientes estaban diseminados sobre el pasto boca abajo.

—Ya —dijo Papi finalmente—. Ya terminó.

Podíamos percibir cómo corría la gente hacia la calle. —¿Hay algún herido? —gritó un soltero, trepándose por el muro y echando una ojeada en la oscuridad.

Comencé a llorar. —¡Fui yo! —le chillé a George—. ¡Yo lo hice! Yo hice que temblara. Ha sido mi culpa!

Me miró como si hubiera perdido la razón.

Nadie más me escuchó. Los vecinos corrían por el bulevar, evaluando los daños. Papi fue a la fábrica. Un soltero vino a ver a mi madre. Los sirvientes encendieron velas y nos abrazaron.

Cuando me llevaron de regreso a mi cuarto, las cosas estaban como las había dejado, salvo que la piedrita negra estaba en el suelo.

Hay una parte de mí que todavía cree que causé el terremoto. Por eso es que de todos los terremotos que pasé durante mis primeros seis años de vida (casi dos docenas de acuerdo con los registros sismológicos y algunos de ellos, bastante más violentos) éste es el único que puedo recordar. Trato de reunir en mi memoria a los otros: los chillidos, el correr para encontrar espacios abiertos, el tintineo de los vidrios, pero todo lo que logro recordar son las horas entre la oscuridad y el amanecer de esa noche. Después que me depositaron en mi cama, estuve sentada, inspeccionando mi ombligo, ahuecando mi mano sobre su pequeña abertura. Una serie de caras cariñosas se acercaron para tranquilizarme, pero yo no lograba cerrar los ojos. Las amas me trajeron agua de tilo. Mi madre me puso una compresa fría en mi cabeza afiebrada. A medianoche caí en un sueño profundo. Todo el día siguiente lo pasé en cama.

Dos días después, el señor Gonzáles vino a decirnos que había encontrado a Sigurd flotando en el pozo de melaza con la panza hacia arriba.

※　※　※

La tierra siempre estaba moviéndose en aquellos días. Pachamama era temperamental, malhumorada, moviéndose pesadamente debajo de nosotros y volteándose de un lado a otro. Mi madre y mi padre estaban pinchados con esa misma petulancia contemplativa y hosca desde que nos habíamos mudado de Cartavio. Es decir, desde su regreso de los Estados Unidos.

En ese momento no identifiqué estas cosas, por supuesto, pero ese estado de ánimo es bastante fácil de ubicar y evocar ahora que lo encuentro catalogado en el mismo cajón de otras infelicidades vagas. Un presagio callado se movía por la casa y si no hubiera sido por los terremotos y los cadáveres cubiertos de melaza, la distracción providencial de los juegos infantiles y el escarbar en tumbas antiguas, quizá nos hubiéramos fijado, lo hubiéramos señalado, lo hubiéramos comentado.

No puedo decir exactamente lo que pasó, qué incidentes agudizaron la brecha entre mi padre y mi madre. Aún ahora, después de mucha reflexión, no hay un evento específico que me venga a la mente. Lo sabía por la forma en que se movían. O no se movían. La mano de él que ya no se deslizaba por su cintura. La forma en que se paraba súbitamente de la mesa. El tic en la frente de ella cuando le decía que esperaba que su madre viniera a visitar a los niños. El temblor en las aletas de su nariz cuando ella sacaba cartas antiguas de su mesa de noche y se iba del cuarto. La forma melancólica de tocar Palmgren en el piano. La frustración cuando él se servía otro ron. El sonido de sus tacones cuando regresaba sola de una fiesta. La imagen de él llevado de los codos por sus trabajadores de regreso a casa después de una noche de farra. El ángulo de la mirada de la tía Chaba cuando vino de visita un fin de semana. Era como si todas las convulsiones de Pachamama los hubieran sacudido.

Días agitados. La tierra bajo nosotros se estaba haciendo la interesante agitando nuestros pies. «¡Por fin!», nos contaba tía Chaba que nuestros antepasados españoles habían gritado cuando pusieron sus botas en el Perú. Por fin. «¡Tierra firma!» No podían imaginar que, nosotros los descendientes, pasaríamos el resto de nuestros días temblando sobre nuestras piernas. «Manténganse firmes», nos había contado mi madre que los gringos habían dicho en Lexington. Era una frase que sonaba muy tonta a nuestros oídos. «El suelo firme de los resultados», citaba al santo Churchill cuyo nombre le había dado a su hijo. Y George Winston y yo nos caíamos de la risa.

Sabíamos, así nadie lo admitiera, que no había nada de firme acerca de la Pachamama. Recuerdo que me llamaba la atención cómo la gente del norte de los Estados Unidos miraba al cielo cuando les decían que se acercaba un desastre pero, por supuesto, tiene un sentido perfecto. Sus peligros vienen del aire y del mar. En el Perú miramos al suelo. Somos seres terrestres preocupados, unidos a intervalos, atemorizados por los inmuebles volátiles sobre los que vivimos. Nos inquietamos por pisos impetuosos. Arrastramos los pies cuando bailamos. Mantenemos un ojo hacia abajo cuando lo hacemos. No hay un peruano exento de solevantamiento geológico: ni los ricos, ni los pobres, ni los bellos, ni los feos. Hay un vínculo de maltrato entre nosotros, un cierto fatalismo que se acumula en los niños que han sido movidos por la tierra.

En esos años de incertidumbre teutónica, hablábamos constantemente sobre terremotos. El ruido de un camión que pasaba nos alertaba y agarrábamos nuestras sillas aguzando nuestros oídos alistándonos para escapar. Algunos de los residentes de Paramonga tenían tanta práctica en las sutilezas de los movimientos geológicos que desde mi ventana podía verlos —el panadero, el barrendero— mirarse los pies y gritar «¡temblor, temblor!» cuando el resto de nosotros no sentía nada. George y yo rastreábamos alrededor del jardín simulando una parálisis, gritando «¡terrrrrremoto!» y, caíamos al piso a carcajadas, sobando nuestras caras en la tierra.

Un atardecer que Papi nos escuchó hablar de estas cosas, nos llamó para contarnos sobre un terremoto que había sacudido Lima cuando era un joven de veinte años. No como los temblores de bebecita de nuestra propia experiencia, sino uno que aparentaba la posibilidad de llegar a partir la ciudad en dos. Estaba parado en un piso muy alto de un edificio público en el centro de Lima, esperando recibir su permiso de conducir. Frustrado y ansioso por volver a la oficina o a la escuela —pues eran épocas de mucha actividad— se mecía de un lado a otro de una larga fila, observando al tonto del mostrador, rezongando maldiciones para sí mismo.

De pronto, el piso comenzó a ondularse. Se abrazó a una columna y lanzó una mirada alrededor, tratando de entender lo que estaba pasando. Donde se juntaban dos paredes vio que la esquina se abría y cada pared se encogía en direcciones opuestas, dejando una rendija entre ellas. Cuando cesó de caer el polvo del yeso, miró hacia afuera a un pedazo de cielo azul. Abajo estaba suspendida la iglesia de San Francisco, cuyas campanas tañían frenéticamente en sus torres. Nos contó que las paredes del edificio se quedaron abiertas así durante lo que a él le pareció una eternidad, las ensordecedoras campanas en sus oídos y la imagen de la iglesia grabadas candentemente en su cerebro. Luego, las paredes se juntaron tan perfectamente como se habían abierto y el edificio apareció nada peor de lo que había estado. Los burócratas arrastraron los escritorios de vuelta a su sitio, acomodaron el retrato del presidente en la pared y antes que se diera cuenta, un funcionario con cara de hacha, lo señalaba y gritaba, «¡el siguiente!».

En el mundo de los Incas hay explicaciones acertadas para

este tipo de cosas, tan perfectas como las que mi abuelo encorbatado publicaba sobre el par de torsión o tan perfectas como el cociente de terremotos que mi padre incluía diligentemente en sus estructuras donde fuera que estuvieran. De acuerdo con los incas, la tierra está formada por burbujas de energía: el dominio de un *apu* está aquí, el otro está allá y es natural que la tierra reaccione violentamente cuando las burbujas de energía se cruzan. Si dos campos de fuerza se encuentran, se produce el enfrentamiento. Así de sencillo. Pero la habilidad de llevar ese fenómeno a un nivel superior —pasar de temblar a tomar conciencia, del enfrentamiento a la iluminación— es un objetivo que los seres terrestres rara vez alcanzan.

El cruce de los campos de fuerza de mis padres, entraba ahora en una fase volátil. Se habían atraído al principio por un magnetismo fiero e inexplicable; se habían enamorado, se habían casado, habían tenido hijos y ahora se estaban retrayendo hacia sus propias burbujas de energía, sorprendidos por la manera como habían cambiado. Mi madre ya no estaba libre de trabas, dispuesta a levantar el ancla, avanzar y reinventarse de acuerdo con su estilo americano. Estaba en un sitio pequeño, con gente de mente estrecha y tradiciones que no le eran familiares que consideraban extraña su independencia. Respecto a mi padre, estaba en un limbo. Vivía en el país de sus antepasados, hablaba con sus hijos en su idioma, actuaba como si fuera completamente peruano, pero su casa era territorio ajeno.

Cada uno de ellos ahora no sólo estaba respirando un aire diferente y alterado, sino que se sentían incómodos entre personas que alguna vez habían pensado que conocían. ¿Cómo podía confiar mi padre en sus compadres peruanos? No les era posible entender lo que era ser el esposo de una gringa, no ser alabado y consentido de la forma que una latina aprende a mimar a un hombre. Las amistades americanas de mi madre podían seguir

con dificultad lo incomprensibles que les resultaban los peruanos. Por este motivo no sentía que podía confiarles lo difícil que
cada vez más encontraba el Perú. Había conversaciones trunca-
das. Momentos extraños. Una sensación de intransigencia que
llenaba la atmósfera.

Es por eso quizá que el tema de otro matrimonio mixto
comenzó a interesarnos en la casa. El romance entre Ralph
Cunningham y Carmen, la hija de la lavandera, se convirtió en
un tema de conversación intensa entre mi madre y mi padre.
Esto también creaba un incendio instantáneo entre dos campos
opuestos de energía. Mis padres descubrieron que podían hablar
sobre Ralph y Carmen y en el proceso decir mucho sobre sus
propios sentimientos. Podían hacerlo sin ser acusatorios o
hirientes. Era algo parecido a la forma en la que alguna vez las
mujeres chinas timoratas le explicaban a su doctor dónde les
dolía señalando las partes tabú del cuerpo en sus muñecas de
marfil. Mis padres hablaban de los Cunningham en intercambios interminables y acalorados. Nosotros lo sabíamos porque
escuchábamos detrás de las puertas.

Parece que Ralph Cunningham era un inglés de Dover, un
soltero cuyo porte sólido, anteojos gruesos y terquedad escon-
dían un ansia en el corazón. Había llegado a la hacienda como
una mula grande llega al agua, en la trayectoria simple de un
hombre que venía a trabajar. No se había dado cuenta de que
venía buscando amor.

Pero el amor lo encontró en la forma de Carmen, una mujer
pequeña e insolente que se paraba a la entrada de la casa de solteros con el pelo negro suelto y una cadera suspendida hacia el
viento como un signo de interrogación ansioso.

Su madre, la lavandera de la señora McLaren, era una indígena trabajadora de uno de los pueblos que salpicaban el
desierto cercano. Aún cuando vivía el ingeniero McLaren, su

esposa se había interesado en su empleada, un ser humano leal y agradable como nunca había conocido esta mujer escocesa. Pero cuando el señor McLaren murió, su viuda desarrolló un interés aún mayor, desplegando un celo misionero en beneficio de la lavandera y trayendo a la hija a su casa para enseñarle los modales de una señorita escocesa.

Carmen aprendió a hablar, leer y escribir bien el inglés, aprendió a poner correctamente la mesa, servir una cena completa, mantener una conversación educada y citar una o dos líneas de Robert Louis Stevenson tan hábilmente como cualquier debutante en guantes de seda. En las mañanas, la joven dejaba a su madre en la parte de atrás de la casa con su tabla de lavar y entraba en la casa para sentarse a la mesa de la señora McLaren. Comenzó a los doce años y fue educada hasta los dieciséis. Pero sus caderas se llenaron y su andar adquirió un balanceo de día de mercado. Cuando aprendió a apretar con codos sus senos hacia arriba —una lección que la señora McLaren no le enseñó— y cuando se pintó la boca, las cabezas comenzaron a girar para mirarla. Fue en ese momento que las señoras comenzaron a quejarse y que Carmen se encontró dando vueltas por nuestra hacienda hermética hacia la puerta de los solteros.

Al principio fue un holandés alegre quien sucumbió a la tentación, dirigiendo la atención hacia ella con un irresistible guiño de sus ojos azules. Uno detrás de otro, todos los de la casa de solteros comenzaron a jugar y peloteársela como gatos con un juguete nuevo y suave. La señora McLaren nunca supo de las visitas de Carmen donde los solteros o quizá, siendo una señora escocesa perfecta y correcta, prefirió no enterarse. Pero una noche, cuando Carmen, la de piel color nuez, aterrizó —con unos labios llenos y maduros— en una silla al costado de Ralph, éste parpadeó, se quedó como un tonto y le pidió que se casara con él.

La noticia conmocionó a la hacienda cuando la señora McLaren la anunció. «Estoy tan con-ten-ta —les dijo a las señoras del club— que Carmen haya aceptado la propuesta de Ralph Cunningham. ¡Qué pareja tan encantadora van a hacer!» ¿Pareja encantadora? Las esposas se miraron entre sí. ¿Un británico de cara tiesa de Dover y el engendro con trasero caliente de la lavandera de pies aplastados? No podía haber esferas de energía más opuestas. Sin embargo, a pesar de toda la cháchara maliciosa, nadie podía negar que había electricidad entre ellos. Pero un matrimonio de dos razas era una corriente que nadie quería tocar.

«Pueblo chico, infierno grande», dice el refrán. Cuando Ralph Cunningham anunció la buena nueva las mujeres del club de *bowling* miraron las paredes. Los solteros sacaron el gin bueno y le rogaron que lo reconsiderara. Cuando él le pidió a Papi que fuera su testigo, Papi le dio una larga charla sobre las cosas que puedes y no puedes hacer en el Perú. Cuando intercambiaron votos en la iglesia, un gentío de fiesteros estaba allí sólo porque la buena viuda escocesa había insistido en que fueran. Cuando la nueva señora Cunningham llegó al club en su vestido veraniego color verde limón, lista para la chicha y el chisme, se encontró con una mesa vacía y mirando cómo botaba la chimenea un humo negro hacia el cielo.

La situación de los Cunningham era el tema sobre el que se centraban las conversaciones de dormitorio de mis padres. Coincidían en que no se puede dar la espalda a un tiempo vivido, que para nuestra sorpresa y aún a nuestras edades tiernas sabíamos que era exactamente lo que ellos habían hecho. No se puede engañar a nadie; la sangre lo dirá. «¿Saben estos dos enamorados realmente en lo que se están metiendo? ¿Por qué Ralph no pudo evitarse tantos dolores de cabeza? —se lamentaba mi padre— ¿encontrando una inglesa simpática para él?» y así le hacía entender a mi madre lo que pasaba en su propio corazón. «¿Por qué Carmen no se fue de este lugar desagradable? —replicaba mi madre— ¿Y se dirigió a una ciudad donde la gente fuera más instruida?» Y así le hacía entender a mi padre cuánto ansiaba sentirse libre de la estrechez mental del Perú.

Total, que mi madre rápidamente se hizo amiga de Carmen Cunningham. En las fiestas de la empresa, en el *bowling*. Desde mi ventana podía verla dirigirse directamente hacia la paria de la hacienda. Las dos se sentaban y hablaban durante horas —el pelo rubio rozando el negro— encontrándose cómodas entre ellas. A cierta distancia, las señoras del club, desconcertadas, movían sus cabezas. Ésta era muy extranjera, ésa muy indígena. ¿Qué pueden tener que decirse la una a la otra?

Al mes siguiente, Papi recibió la noticia de que lo trasladarían a Lima. Puse mis reliquias —mi estampa, mis dientes y mi piedra— en una caja y antes de que me diera cuenta, todas nuestras posesiones estaban envueltas y cargadas en un camión. Los esplendores de Lima se manifestaron: nuestros tíos y tías, el alboroto urbano, la magnitud de todo. Después de muchos años de estudiar en la casa con Mother, íbamos a asistir a una de las mejores escuelas privadas de Lima.

Al atardecer de la víspera de nuestra partida nos vistieron elegantes y nos llevaron a una despedida que le daban a mi padre en el *bowling*. Nos lavaron y peinaron y nos dijeron que nos cuidáramos en lo que decíamos. Vicki llevó su pelo como una catarata ondulada y se puso un libro bajo el brazo, por si acaso. Papi se puso una guayabera blanca y tenía las mejillas encendidas con sus éxitos. Mi madre se puso un vestido de satén bronce, recogido en pliegues llamativos en su cintura. Circulaban por la fiesta marcando sus propios caminos.

Un conjunto tocaba música criolla sobre el pasto del club, «José Antonio» y «La flor de la canela». George y yo nos lanzamos al camino entre la piscina y las canchas de tenis y nos dirigimos a nuestro mozo favorito en el bar. Tres golpes en la ventana, miró hacia arriba y asintió. Un momento después, paseábamos por el club como nobles empuñando botellas frías de Crush de naranja. Buscamos a nuestros amigos y comimos corazones de res, *anticuchos* suculentos en cañas de bambú colocadas sobre planchas de terracota.

—Vamos —dijo George, encontrando la cara de Carlos Ruiz a la distancia. Vi a mi madre cerca de la piscina en animado palique con la señora Cunningham.

Nos saludamos con Carlos dándonos la mano a la manera del club de los chicos: agarra la derecha con la derecha, deslízala hacia arriba para agarrar el codo, resbala el brazo contra el brazo, un lado primero después el otro, entrecruza los dedos y sacude. Carlos resollaba y sacó una lagartija muerta de su bolsillo. Estaba plana y aplastada, transparente en el cuello, polvorienta por la tierra. —Creo que tengo un negocio con el señor Birdseye —dijo regocijándose con orgullo. —¡Ay, pues, sí! —chillamos buscándolo. —Les digo una cosa —dijo George—, separémonos y busquémoslo. Quien lo encuentre regresa para decírselo a los otros dos.

—Correcto —dije y me dirigí al comedor con techo de paja. Apenas había entrado a la luz de las velas, vi la cabeza blanca de la señora Birdseye. Volteó y encontró mi mirada con un guiño de reconocimiento y un dedo índice en el aire. Estaba parada con alguien, yo no veía con quien, y ahora se agachaba dándole la mano al hombre. Se dio media vuelta y se dirigió hacia mí seguida por él.

Era Tommy Pineda. Me enderecé y consideré salir corriendo. Pero la boca de la señora Birdseye se movía hacia mí y conforme avanzaba a través de la gente agarrando a Tommy, movía un dedo maliciosamente.

—¡Ahí estás! ¡Ahí estás! —jadeaba. Detrás de ella el muchacho grande caminaba lentamente acercándose con sus pies pesados hacia adentro y su guayabera ancha y amarillenta. Recuerdo que pensé que su cabeza era tan retorcida como la de un pavo borracho de ron antes de que el cocinero lo cuelgue de un palo —boca abajo— para que se ahogue en su baba.

—Aquí, aquí, mira a quien tengo aquí —dijo ella respirando hondo y llevando la mirada desde mí hasta él. Nunca había visto al muchacho Pineda tan cerca. Era grueso y pálido con pelo negro corto y hoyuelos como ombligos. Su frente era plana como una pizarra, sus ojos se arrugaban como los de Wong. Cuando se fijó en mí, sonrió. Burbujas bailaban en las esquinas de su boca.

—Tommy, ésta es la pequeña niña Arana de la cual te estaba hablando. Ella y su hermano viven en esta cuadra. Los que tenían el perro que murió. ¿Te acuerdas querido?

—Perr —dijo y gruñó. Su gran cabeza rebotaba vigorosamente.

—Muy triste —dijo ella.

—Triss —repitió él, y su saliva humedeció mi cara y mi cuello.

—Le conté a Tommy lo que pasó con tu perro —dijo la señora Birdseye—. Ese terremoto —parece ahora tan lejano— y la forma terrible en que murió. Espero, pequeña, que cuando llegues a donde estás yendo tu mamá les permita tener otro. —Sus rulos resplandecían levemente a la luz de las velas. Los ojos del gigante se oscurecieron como piedras. Con sorpresa me di cuenta lo imposible que hubiera sido para este coloso dócil matar a un perro, chuparlo hasta dejarlo seco y abandonarlo flotando en la piscina del club para hacer chillar a los sirvientes.

Luego puso su mano gorda en el bolsillo, la sacó en puño y me la puso enfrente con los dedos enroscados ajustadamente.

Estaba fascinada. Estiré un dedo para tocarla. Él sonrió y la abrió como una flor.

Ahora sé que lo que vi allí, significaba que estaba dejando a la Pachamama. Era una pequeña concha de mar, tan rosada y perfecta como un camarón recién cocinado.

—Adiós —dijo, haciendo un esfuerzo con la lengua—. A-dioss.

Luego, me tomó por la muñeca y puso su regalo en la palma de mi mano.

8

EL MUNDO ARRIBA

Sky

La conchita fue algo más que un regalo de despedida. Fue un presagio. No sólo me despediría de Paramonga, sino que me despedía de mi vínculo más cercano a la Pachamama, a la tierra bajo mis pies. Sobre la superficie y a lo largo de las dunas nos encaminamos hacia el sur por la carretera Panamericana con los ojos fijos en el mar. El Pacífico estaba grisáceo y picado, escupiendo con indignación. Apreté la conchita de Tommy, jugué con la piedrita de Antonio e imaginé mi futuro como chica citadina. Pero cuando llegamos a la casa de Abuelito y Abuelita en Miraflores, ocho horas después, era obvio que Lima no era nuestro destino final. No por el momento al menos. Había un telegrama sobre la chimenea y cuando entramos mi abuela llevó a los niños al comedor, sentó a mi madre en la sala y le puso el papel amarillo en sus manos.

La noticia era parca pero decía todo lo que Mother necesitaba saber: mi abuela Lo se estaba muriendo. No parecía que duraría hasta la primavera. Cuando Mother levantó la mirada de esa carta, había tomado una decisión. Viajaría para estar al lado de su madre, nos llevaría con ella, nos quedaríamos hasta la mitad del verano si fuera necesario, hasta que la abuela Lo muriera. La compañía Grace le otorgaba rutinariamente a Papi tres meses de vacaciones por cada tres años de trabajo. Ese arreglo le había permitido a mi familia ir a los Estados Unidos tres años antes, cuando me habían depositado en la casa de Abuelita.

A mi padre le debían ahora otros tres meses de vacaciones y Mother propuso que los pasáramos en Rawlins, Wyoming. «He vivido años con tu madre y tu padre —le dijo a Papi cortantemente— y no siempre en las circunstancias más agradables. Ahora puedes hacer el esfuerzo de pasar unos cuantos meses con la mía».

«¿Wyoming?», Abuelita preguntó cuando la besamos para despedirnos esa tarde. Estaba vestida con un sastre color vino y unos zapatos tan ajustados que la piel de sus pies sobresalía encima del cuero como masa que crece.

«¿Adónde se van? —dijo ásperamente mi abuelo desde lo alto de la escalera, parpadeando como si acabara de cegarse con la luz—. ¿Adónde van?»

«Parece que se van a Wyoming, Víctor», le dijo mi abuela, *Wa-yo-min*, como pudo decir «la tundra de Yakustkaya», pues era todo lo que podía venirle a la cabeza con ese nombre.

Para Abuelita, la familia de mi madre era un vacío que nadie se había dado el trabajo de llenar. No se le había dicho —a pesar de que mis padres habían hecho un viaje unos años antes— exactamente dónde vivía la familia de mi madre. Mother y Papi habían llevado a Vicki y a George en un largo paseo a través de Miami, Chicago, Denver, Wyoming, California y Washington, y la familia estaba en algún lugar por allá. Los pocos hechos que Abuelita conocía habían sido impresos en partes matrimoniales distribuidos hace once años: *James B. Campbell y Sra. de Seattle anuncian el matrimonio...*

—*Wa-yo-min* —le repitió mi padre a su padre—. Nos vamos a Wyoming, papá. Estoy dejando la dirección aquí en el mueble de tu radio. Regresaremos en julio.

Al atardecer del día siguiente estábamos sobre un océano perlado y yo esperaba fervientemente ver a gente como Paul Bunyan, David Crockett, Pocahontas, George Washington y Betsy Ross a lo largo del camino. Pero la verdad de exactamente a quién íbamos a ver se iría aclarando más allá, cuando aterrizáramos en Miami, subiéramos a un tren hacia Denver y nos dirigiéramos hacia el norte en un ómnibus Greyhound. En algún lugar de ese inacabable campo norteamericano le pregunté a Vicki: —¿Veremos a David Crockett?

—No, tonta. Se murió en El Álamo.

—Y entonces ¿dónde viven los Campbell? —le pregunté.

—No Campbell —dijo Vicki tajantemente—, su apellido es Clapp. Y mejor no cometas el error frente a ellos. —Movió la cabeza hacia nuestros padres al otro lado del pasillo.

—Oye —dije volteando hacia George—. Cuéntame sobre Wyoming.

Se encogió de hombros. —No recuerdo mucho. Allí está el abuelo Doc. Es muy grande.

—Un vaquero, no? —le pregunté, azuzándolo—. ¿Con una pistola?

George me miró de soslayo con un tic vigoroso en sus labios. Me contestó algo pero yo ya no lo escuchaba. Me senté y contemplé el zumbido del verdor; nunca antes había visto tantos árboles, al menos no como estos con troncos anchos y redondos con copetes verdosos. Pasábamos volando las partes posteriores de las casas; la ropa limpia se secaba colgada en los jardines. Las calles resplandecían con tiendas. No había puestos de venta destartalados, ni mercachifles, nadie empujaba una carreta, pregonando su mercadería. Había puertas de entrada a las que, como la de los Birdseye, uno podía acceder y tocar. Había perros descansando. Había extensiones de tierra de cultivo, montones de carros oxidados.

¿Dónde estaban los ríos refulgentes con polvo de oro? ¿Dónde estaban las calles adoquinadas con piedras preciosas? ¿Dónde estaba el dinero que crecía en los árboles? ¿Dónde estaba Moby Dick, Toro Sentado, Abe el honesto? Veía algo que nada tenía que ver con las historias de mi madre. Los únicos americanos hasta entonces estaban detrás del vidrio, conduciendo a toda velocidad sobre caucho negro y por una serpiente larga de asfalto.

Nuestro tren era un Pullman de Union Pacific, una bala larga y gris en una hilera de balas largas y grises exactamente iguales. Era limpio y cómodo con asientos amplios y pasajeros amables. «¿De dónde eres, dulzura?», me preguntó una mujer impotente, metiéndome la cara cuando me escuchó conversar en español. No entendía una palabra de lo que me decía.

Mi madre salió al paso desde su lugar al otro lado del pasadizo para defenderme. —Nació en América del Sur. Este es su primer viaje a los Estados Unidos.

—Bueno, eso se nota —dijo la mujer, examinándome de pies a cabeza—. Es una pequeña extranjera.

—No, señora —dijo mi madre con una pequeña y adecuada sonrisa—. Ella es cien por ciento ciudadana americana.

—Ajá —dijo la mujer y siguió por el corredor.

—Tú eres americana —me amonestó mi madre gravemente— de arriba para abajo. No dejes que nadie te diga nada diferente.

Miró por la ventana y suspiró, acariciándome la cabeza. En un momento, comenzó a recitar uno o dos versos a su manera graciosa y macarrónica. «Ahí respira un hombre con el alma tan muerta, bampdai-bampdai-bampdai», dijo. «¡Esta es mi tierra, la que me vio nacer!»

Yo podía comprobar por qué amaba su tierra. Era limpia, pulcra. Hasta la basura era limpia. Las paradas a lo largo del camino eran oasis de linóleo, con mostradores de caramelos, vendedores de leche malteada, parrillas de *hot dogs* y amplias galerías de tiendas. Tallahasee, Birmingham, Memphis, St. Louis, Topeka, Denver. Quería mecerme en esas estaciones de tren como un mono en el bosque denso, pero George me lo impedía pegándose a Mother y a Papi para no perdernos o perder el siguiente tren. Estaba preocupado y arisco desde que partimos de Paramonga. Sus palabras eran saltonas, llenas de preocupaciones. Su cara saltaba con un tic.

En la estación de St. Louis, Vicki y yo fuimos a buscar un baño y nos detuvimos delante de dos puertas que decían «señoras». Una decía «de color», la otra decía «blancas». Nos preguntábamos sobre estas palabras, intrigados por lo que significaban, pero mi madre apareció, nos agarró de las manos y nos empujó hacia la segunda puerta.

—¿Por qué dice «de color» en la otra puerta? —preguntó Vicki a mi madre.

—Porque se supone que solamente la gente de color puede entrar.

—¿De color? —preguntó mi hermana, revelando una falta de entendimiento extraña.

—Sí. ¿No te has dado cuenta en la estación, querida? ¿O en el tren? ¿Los negros?

—¿Quieres decir con pelo negro —dijo Vicki.

—No, querida —contestó mi madre camino a un cubículo y cerrando la puerta con cerrojo—. No pelo negro, piel negra. Tú tienes pelo negro, tú eres blanca. Tu piel es blanca. La mía también.

La escuché y miré a mis rodillas oliva oscuro colgando del blanquísimo inodoro. Eran verdes. Eran amarillas. Eran marrones. Eran de color. Nunca ni en un millón de años se podía decir que eran blancas. Pero cuando Vicki y yo salimos del baño y dimos una mirada alrededor de la estación vimos lo que significaba. Había americanos de una tez más oscura. No ocre como yo, no color nuez como Antonio, sino chocolate. Habíamos abordado el tren con ellos, mirado a sus caras cuando se inclinaban para conversar, les habíamos comprado dulces en los mostradores. No se nos había ocurrido que no se les permitiría entrar por las mismas puertas.

Todavía no tenía siete años, pero supe lo que significaba la raza. Había peruanos que medían su color con lo que parecía la precisión de calibradores de laboratorio, pero nunca había sospechado que algo de eso podía representar peligro para mí. Me había sentido frustrada cuando no se me permitió traer a una india a mi fiesta; había pegado la oreja a las puertas del dormitorio para escuchar el escándalo de la hija de la cocinera; había sido humillada por una maestra que no me consideró suficientemente marrón. Pero la raza en el Perú era un aspecto más sutil que en los Estados Unidos. Los indios venían de la sierra, de la selva, iban a escuelas fiscales, se mezclaban con mestizos y luego sus hijos mestizos se mezclaban con los blancos, con los chinos, con los zambos, se mudaban a las ciudades, se mezclaban aún más. No puedo decir que a tan temprana edad haya comprendido algo de ello, realmente, pero había visto al Perú en tonos, lo había sentido. Aquí, sin embargo, en marzo de 1956, en la estación de tren de San Luis, donde se deletreaba en negro y blanco tan atrevidamente, donde los colores se grababan en las puertas con directivas, creo que por primera vez tuve un poco de miedo por mí.

❖ ❖ ❖

Después de cinco días sobre rieles, llegamos a Denver y tomamos un ómnibus hacia Rawlins. «Ya casi hemos llegado —me dijo Papi—, medio día más». La vista desde mi ventana abarcaba largas extensiones de praderas con vallas de alambre guarnecidas de púas que ondulaban como cintas hasta el horizonte y volvían. Traté de contar los postes de teléfono, la única promesa de que la vida me esperaba en algún lugar del camino. Cuando llegué a 157, mis ojos se rindieron al paisaje. Había tramos de pasto alto, abandonado y amarillo, azotado por vientos furiosos. Penachos pálidos de salvia y leños diseminados a lo largo de la carretera. Muy de vez en cuando, veía un pozo de petróleo, un albergue de ganado o una choza abandonada cuyo techo volaba y arrastraba madera desteñida por el sol. Eso me parecía que era como el Perú —dunas, chacras destartaladas, restos polvorientos de vida— y así me encontré cabeceando sin conmoverme por el panorama que veía pasar. El salto de un conejo, el rápido movimiento de un perro de pradera o un aleteo en el abovedado cielo azul me jalaba hacia la ventana. Hasta que de pronto, a la distancia, vi erguirse una montaña —de pelo blanco y poderosa— bajo un cielo color salmón.

—Ahí, niños, ahí —dijo mi madre, señalando el pico—. Sus abuelos están un poco más allá en la carretera. —Sacó un lápiz de labios y se pintó.

Pasamos Walcott Junction, una combinación de estación de gasolina, tienda y café. Un aviso volaba sobre esto, tan alto que llamaba a los clientes por millas. Mojo Gas, decía. Una palabra solitaria latía en una ventana: Pabst.

Había un tanto que me resultaba familiar y un tanto que no lo era. La tierra con su desnudez podía haber sido Pachamama. Pero había una vida diferente en ella, algo que no podía precisar. No era la pradera que atraía mi mirada. En el Perú, la tierra era todo lo que yo había mirado: las montañas, los desiertos, el litoral rocoso. Mi orientación había sido siempre hacia abajo.

En este lugar me encontré mirando hacia arriba, revisando el cielo. Una lona se arqueaba sobre Wyoming, una bóveda vasta y brillante que hacía que levantara la cabeza y llevara mis ojos hacia arriba. Si la Pachamama estuviera viva en esa tierra, uno casi ni la hubiera notado. Pocos árboles habían en esta parte de los Estados Unidos, ni ramas para que los espíritus nos saludaran. Ni un arroyo murmurador para satisfacer a un fantasma. Ni enredaderas. Es que los *pishtacos* que deambulaban por el Perú no existían en estas tierras planas.

Quince millas después de Walcott, un ganglio de metal asomó desde la planicie. Conforme nos acercábamos, apreciamos la inmensidad total de la cosa, una catedral de tuberías de acero contra un cielo oscuro. Sinclair Oil, decía el anuncio. Luego, un bulevar de casas pasó bajo una bruma de humo. Máquinas de gringos. Si su maquinaria estaba aquí, también debían estar los *pishtacos*.

Me preparé para salir, convencida que éste era nuestro destino, pero Papi me miró y movió la cabeza. La fábrica y la hacienda eran una ilusión. Una puerta familiar en un mundo no familiar.

Cuando el ómnibus ingresó a tumbos en Rawlins, igualmente podíamos haber llegado a la luna. El pueblo no se parecía a nada que hubiera visto antes. Edificios grises, masivos y chatos, desparramados sobre una ladera. Los camiones se alineaban en la calle. Había oficinas, tiendas, hoteles, pero nadie entraba ni salía de ellos. Una quietud reinaba. Podía ver las luces pestañeando en las ventanas y las puertas e iluminando los avisos: botas, música, bar del oeste, rifles, carnada, Sheriff, granos, carnes, licores, Ferris Hotel y después, al seguir por el camino con una pista de entrada muy bien iluminada, Penitenciaría del Estado de

Wyoming. Al otro lado de una estación de tren, blanca y brillante, una profusión de casas pequeñas —de madera, metal y ladrillo— se salpicaban sobre la montaña y hacia una carretera de dos carriles. Parches verdes impecables se extendían por delante. El omnibus llegó a Main Street, dobló pesadamente las esquinas, chirrió y aceleró nuevamente hasta detenerse.

El chofer anunció en voz alta el paradero, «¡Rawlins!», abrió la puerta y un viento nocturno penetró. Estiré bien el suéter de alpaca que llevaba puesto, corrí delante del resto y salté dos gradas al pavimento frente a la sala de llegada. Una hilera de botellas llenas de polvo llenaba el borde de la ventana y a través del vidrio sobre el bar, podía ver la cara gigante de un venado. La cabeza era descomunal bajo las astas, con sus ojos nublados, como si el animal hubiera necesitado un trago y hubiera atravesado la pared para obtenerlo.

«¡Hola!», dijo una voz y me di vuelta para ver a un hombre alto, de hombros anchos, que venía hacia nosotros en la penumbra. Llevaba puesto un sombrero blanco hueso: hundido en la parte de arriba y doblado en el ala. Alrededor de su cuello colgaba una corbata de cinta con una piedra de cuarzo tan azul y transparente como los ojos con los que nos miraba. Azules como el azul de los de mi madre. «Hola, Takey», dijo usando su nombre de bebé y ella voló a sus brazos.

El abuelo Doc parecía tan grande como una fortaleza inca, más grande que cualquier gringo soltero que hubiera conocido. Le dio una palmada a Papi en los hombros, dio nuevamente la bienvenida a Vicki y a George y luego se agachó y me cargó más arriba de sus seis pies de estatura para que pudiera verle la cara de cerca. Su mentón era cuadrado como una lampa y sus mejillas rojizas. Su cabeza dejaba escapar el irresistible perfume de whisky y tabaco. Su aliento era dulce como la melaza. Me gustó el hombre al instante.

Ayudó a Papi a organizar nuestro equipaje y nos acompañó luego al edificio Ferguson en Cedar Street, un mausoleo de ladrillo rojo y piedra blanca donde insistió en instalarnos en nuestro propio departamento.

El Ferguson era donde él y mi abuela Lo vivían durante la semana. El edificio ocupaba toda una cuadra y albergaba una bodega y una verdulería abajo, apartamentos y oficinas arriba. Subimos ruidosamente las escaleras de metal al segundo piso, marchamos a través de los pasadizos cavernosos y pasamos placas de bronce que proclamaban un espectro de oficios desde la taxidermia de grandes alces hasta la evaluación de piedras raras. Por fin llegamos a una puerta marcada con el número 6, James Bayard Clapp, Cirujano Dentista, y el abuelo Doc nos hizo pasar a unas habitaciones que llamaríamos casa por los siguientes cuatro días.

Sólo habían pasado tres años desde que mi madre había visto a su madre, pero obviamente la salud de la abuela Lo se había deteriorado durante ese tiempo. Mi madre estaba tensa, nerviosa; caminaba por la habitación mientras mi abuelo le advirtió lo que iba a ver. Lo no había comido durante semanas. Estaba con un dolor constante y extremo. Entraba y salía de un estado inconsciente. Sin duda estaba muriendo. A la abuela Lo la habían cuidado dos de las tres hermanas de Mother, cuyos nombres no estaba segura de haberlos escuchado antes, pero ahora habían partido donde sus familias a los alrededores o a algún sitio en Nebraska.

Resultó que la abuela Lo estaba en el cuarto de al lado. Mi madre entró apuradamente y el resto de nosotros nos preparamos para una larga vigilia. George y yo nos tiramos en el suelo, demasiado cansados como para hablar. Vicki, quien había llegado a conocer al abuelo Doc en su último viaje, se acomodó en su regazo y tomó su mano grande. Papi se instaló con un

National Geographic. Al principio nuestro silencio lo marcaba solamente la cadencia triste de un reloj. Pero no había pasado mucho tiempo cuando escuchamos los gemidos amortiguados y desolados de mi madre, como si algo estuviera estrujándole el corazón. Papi se levantó bruscamente y salió al corredor para fumar.

Uno por uno, fuimos llamados para ver a la abuela Lo. Cuando recién la conocí, estaba recostada de lado, con la cara hacia la pared con su pelo blanco y suave enmarañado en la parte de atrás de su cabeza. Podía oír un silbido tan ligero y regular como el de un niño enfermo.

—Mamá —susurró mi madre y los dedos manchados de mi abuela se levantaron como banderas al viento, hacia arriba y nuevamente hacia abajo, pero su muñeca nunca se movió de su cadera.

—Aquí tengo a mi más pequeña —dijo suavemente, secándose los ojos con un pañuelo—. Nunca la has conocido. —Me empujó ligeramente— Anda, Mareezie, dale un beso. Deja que te vea la cara.

Me acerqué a la cama angosta y la cabeza de mi abuela giró levemente de manera tal que su cara se alumbró con la luz del techo. Su perfil amarillo parecía de cera y su frente estaba arrugada por el dolor. Abrió los ojos y pude ver cuán claros eran, cuán extraordinariamente azules. Luego, en un instante, los cerró apretadamente. —Qué bonita —dijo, aunque yo estaba segura de que no me había visto—. Qué cara tan dulce.

—Anda —mi madre me insistió y yo me incliné y presioné mis labios contra sus mejillas. Estaba fría como una iguana a pesar de que una estufa eléctrica zumbaba y escupía a los pies de la cama.

Había oído hablar de la muerte, había tenido en mis manos huesos humanos y sacado dientes a las calaveras. Había observado cómo Flavio emborrachaba a los pavos y los ponía patas arriba preparándolos para nuestras comidas. Había visto a gente lamentarse y llorar en procesiones funerales por las angostas calles de Paramonga. Pero nunca había sentido tal proximidad con la muerte.

Esperé con una mano en el cubrecama de *chenille* y las aletas de mi nariz temblaron como las de un conejo frente a un olor acre, pero mi abuela no se movió y yo tampoco. Sentí a Mother como una piedra detrás de mí. Quizá era miedo, quizá era la costumbre de esta tierra extraña e inescrutable, pero no la vi acercarse para tocar a su madre.

La mesa de noche de la abuela Lo estaba llena de una diversidad de cosas que ansiaba inspeccionar. Había una Biblia negra con el nombre de su suegra —L. E. Clapp— impreso en oro en el cuero; un pañuelo de lino bordado color rosado bailarina; un pomo alargado con una cascada de lilas que caían a un lado; una hilera de frascos marrones; una aguja hipodérmica; tres botellas rectangulares con corchos y etiquetas escritas a mano; una argolla de madera; un carrete de hilo color limón.

Registré estos detalles mientras escuchaba la respiración dificultosa de mi abuela. De vez en cuando un escalofrío la atravesaba como si una criatura invisible, metida en su cuerpo, recorriera los túneles. Finalmente, cuando salimos de la habitación, la cara de mi madre estaba hinchada de dolor.

Ahora me doy cuenta de lo poco que sentí por la abuela Lo. Ella no era la figura vibrante e imponente de mi abuelita, el tipo de presencia que hubiera esperado de una mujer de su generación. Estudié las fotografías de ella en ese departamento buscando signos del brío de mi otra abuela, pero sólo vi una dulzura leve diferente a todo lo que había visto antes. Aún en fotografías tomadas en épocas más jóvenes y más sanas, la abuela Lo era una mujer sin pretensiones. Usaba poco maquillaje, se vestía modestamente en uniformes médicos almidonados, no se pintaba el pelo. Era tan sólo tres años mayor que Abuelita y tenía una cara más bonita, pero no existía vanidad en ella. Como si no quisiera que el mundo le prestara una atención indebida.

—Cáncer del estómago —dijo mi abuelo simplemente cuando nos reunimos con él en la sala de espera de su consultorio. Antes habíamos escuchado decir a nuestra madre estas palabras. Un sombrero y una chaqueta de piel de carnero colgaban haciendo bulto en la percha para abrigos detrás de él, confirmando la tristeza de su mensaje.

Ávidos de distracción, George y yo comenzamos a explorar los estantes de libros y gabinetes de Doc. Las dentaduras nos devolvían la sonrisa, los adornos de miniatura habían sido hechos con esmalte dental: un oso blanco brillante con sus garras en el aire, un indio con su tocado de plumas en la cabeza. Mientras estábamos fascinados, el abuelo Doc les explicó a mis padres cuánto había avanzado la enfermedad de mi abuela.

Durante los últimos cuatro años desde que ellos habían venido a Rawlins, ella había sido su enfermera, su secretaria, su contadora. Él operaba, ella le pasaba los instrumentos. Él se hacía cargo del conmutador de los rayos X, ella sujetaba la película. Él había construido la clientela, ella llevaba los libros de cuentas. Pero en los últimos años, decía, la podía encontrar en una esquina envuelta en dolor o doblada detrás de una puerta para que el paciente no la viera.

Casi no sabía quién era Lolelia Brooks Clapp, pero podía darme cuenta de que mi abuelo la adoraba. Su agonía le rompía el corazón. Era un hombre de pocas palabras, pero conforme hablaba, y George, Vicki y yo nos acomodábamos alrededor de sus pies para escucharlo, emergía una imagen borrosa de su vida juntos. Ella le había dado cuatro hijas. Ella había sido la compañera dócil, tolerante de sus caprichos antes de que se estableciera como doctor: sus negocios de tierras, sus días como empresario de rodeo y sus negocios de construcción de puentes.

Había sido amante de los libros, lo había convencido de recostarse en el sofá de la sala de espera, entre las citas, para escucharla leer Coleridge, Whitman, Kipling. Había tocado el piano cuando él tocaba el violín. Había descansado en la canoa mientras él pescaba en el lago Seminole, cantando versos dulces sobre la felicidad venidera. Pero lo que había llegado al final era agobiante: dolor, encogimiento, una llama vacilante en el mundo.

Le contó a Mother que la había conducido a un hospital en Denver. Había traído a especialistas del este. Se había devorado toda revista médica que podía encontrar. Ahora, enfrentado contra lo inevitable, todo lo que podía hacer era sentarse en su propia sala de espera, marcando el tiempo.

Nos enteramos de que su vida tenía distracciones. El abuelo Doc estaba criando a dos nietos en el edificio Ferguson —Huey y Nub—, hijos de sus otras hijas, mi tía Erma y mi tía Helena. También él se hacía cargo de su anciana madre, Lucinda Ellen Clapp, quien, como lo comprobaríamos por nosotros mismos, era sorda y excéntrica. Se estaba construyendo una casa en su rancho a treinta millas al pie de la montaña Elk, una caja de madera pulcra sobre una extensión de salvia. Cualquier cosa que lo distrajera de lo que estaba pasando en el otro cuarto.

Ahora estábamos nosotros.

—Tienes hambre, Takey —le dijo el abuelo Doc finalmente a mi madre.

Ella miró a Papi. Estaba encorvado sobre el escritorio estudiando ahora un mapa, pasándose una mano por su pelo ondulado y negro.

—Bueno, quizá los chicos —dijo suavemente—. ¿Y tú, papá? ¿Y mi madre?

—Oh diablos. Ella no comerá mucho —dijo mi abuelo y

volteándose alcanzó una escupidera de bronce donde escupió jugo negro de tabaco.

George y yo nos miramos y sonreímos. Las cejas de Vicki se levantaron como dos pájaros.

—Bueno, vayan a la tienda abajo y carguen a mi cuenta lo que les guste —dijo—. Digan que lo pongan a cuenta de Doc Clapp.

—Bueno papá. Mañana Jorge y yo comenzaremos a buscar un sitio para quedarnos. —Se dirigió a su padre y puso una mano ligera en su hombro. La miró con una sonrisa melancólica. No hicieron sino eso y, sin embargo, sentí un vínculo entre ellos. Un lenguaje que entendían. No necesitaban llenar el aire de palabras estos gringos, aligerar sus corazones, besarse entre ellos ruidosamente en las mejillas. Podían sentarse inmóviles, mirándose las manos, y comunicarse. Podían cuidar a una madre agonizante sin tocarla. Cuando nos despedimos, me prometí aprender cómo hacer todo eso algún día. Pero primero aprendería a escupir.

❖ ❖ ❖

Conforme pasaban las horas de ese primer día en Rawlins, mi madre insistía en contarnos sobre los Clapp. Obviamente estábamos desorientados, fuera de nuestro elemento, y su naturaleza pedagógica volvió en forma de charlas rápidas sobre la historia familiar. Comenzó a describir a la bisabuela que yo todavía no había conocido, la madre del abuelo Doc, Lucinda Ellen Adams-Hatter Clapp.

La bisabuela Clapp aducía ser descendiente de John Quincy Adams. El resto de la familia aceptaba ese linaje sin mayor argumento: su madre, Matilda Adams, así lo había dicho. Se había casado joven y había llegado al oeste con James A. Clapp, mi bisabuelo. James A. Clapp descendía de uno de los cinco herma-

nos Clapp que habían navegado desde Inglaterra seis años antes
de la revolución americana. Dos de esos cinco hermanos origi-
nales habían buscado fortuna en el Canadá. Con el tiempo dos
se hicieron de un nombre en Boston. Los Clapp de Boston
produjeron abogados y banqueros, un editor de periódico, un
etnólogo famoso, un mecenas generoso de Amherst College:
columnas de la sociedad de Nueva Inglaterra. Pero el quinto de
estos hermanos ingleses se fue al oeste a predicar la palabra de
Dios. Ese fue el Clapp de mi linaje.

En 1880 James A. Clapp, que había estudiado derecho, y su
esposa Lucinda Ellen establecieron un negocio en Hollenberg,
Kansas, que incluía un banco, un estudio de abogados, una oficina oficial de correos y una tienda de abarrotes. En veinte años
habían amasado una fortuna. Cuando mi bisabuelo murió y le
dejó a su esposa todo, ella demostró ser una mujer de negocios
audaz. Antes de 1908, había enviado a un hijo a estudiar medi-
cina, a otro a estudiar derecho; había casado a su hija y le había
regalado a cada uno de sus hijos una granja.

Pero la muerte del bisabuelo Clapp no fue su primer desa-
fío. La bisabuela Clapp había tenido su cuota de desastres.
Había sobrevivido una guerra civil. Había visto descender como
nubes negras plagas de insectos que arrasaban con los paisajes
desnudos. Había presenciado a guerreros indios abrirse paso con
hachas a través de campamentos de blancos para vengar la
muerte de Toro Sentado.

Después de la muerte de su esposo, superó dos guerras
mundiales al haber tenido hijos y bisnietos que eran o demasiado viejos o demasiado jóvenes para pelear. Sobrevivió a la
Gran Depresión porque su tienda estaba abastecida y sus deu-
dores le pagaron con bienes raíces. Acres y acres de tierra. Poseía
tanta tierra que casi no importaba si de vez en cuando perdía
algo a favor del gobierno. «Conozco todas los dobleces y las

vueltas del negocio mercantil», se jactaba ante los periodistas, pero el desastre financiero a nivel mundial cambiaría todo. Los Clapp se volvieron ricos en tierras y sospechosos de los bancos. Comenzaron a llevar su propio dinero en maletines, veinticinco mil dólares a la vez. Poseían pedazos de Kansas, pedazos de Wyoming. Cuando tres de los hijos de la bisabuela Clapp murieron de leucemia, el único hijo vivo, mi abuelo Doc, heredó la fortuna. El abuelo Doc había crecido con bastante dinero. Su instinto distinto al de sus antepasados fue gastarlo. Pero otro de sus instintos constante en la familia fue dirigirse al oeste, siempre al oeste. Cuando crecieron sus cuatro hijas, tomó a la abuela Lo, dejó Kansas y siguió ese impulso. Cuando mi madre enviudó y su tío Elver le propuso pagarle la instrucción en el conservatorio de música, nunca se le ocurrió que su padre pudiera haber hecho la misma propuesta. No se lo preguntó, él no se ofreció. El abuelo Doc llevó sus maletines de dinero a Wyoming. Desempolvó su título de médico y lo colgó en la pared.

En nuestro segundo día en Rawlins, Papi me llevó al cuarto 7, uno de los departamentos en el edificio Ferguson, para conocer a la bisabuela Clapp. Era una mujer disecada como una pequeña coronta de maíz con una gorra de tafetán negro, un vestido de percala y una capa negra de mago de circo. Su pelo blanco y largo estaba envuelto en un rollo en la nuca. Su mandíbula formaba una línea plana y adusta.

Hice una venia y besé su mejilla arrugada como cuero de la forma que mi padre me había instruido y luego me senté en el borde de un sofá de madera mientras sus dos ojos acerados me examinaban. Era fibrosa, flaca y rematada por una frente arrugada. «Es una gran ayuda para tu abuela Lo», decía mi padre en una voz muy fuerte para que ella pudiera escuchar, pero yo me daba cuenta de que la mujer no era de gran ayuda para nadie. Parecía no confiable, loca.

Estuvimos allí sentados durante un buen rato hasta que ella se aburrió y comenzó a revolver sus periódicos. Compraba dos o tres al día y los leía con dos pares de anteojos que ponía sobre su nariz, uno sobre otro, y además una lupa. «Mientras viva en este mundo —chillaba triunfalmente a mi padre—, quiero saber lo que está pasando». Papi me miró y me hizo un guiño. Era obvio que él había alcanzado cierto nivel de confianza con ella en su última visita. «¿Cuántos años tienes ahora, abuela, viejecita?» le gritó en la oreja. Entrecerró los ojos y enseñó tres dedos en respuesta. Prefería recordar su edad hacia una fecha y no desde una. Tenía tres años de un siglo, noventa y siete. Había nacido en la era del mosquete y moriría en la era de la bomba nuclear.

No tenía equivalente de la bisabuela Clapp en mi familia peruana. Había conocido a tías ancianas en Lima: mujeres gordas, vivaces y activas con caras sedosas y suaves y pechos perfumados. Yo sabía de la feminidad, había escuchado decir a mi abuelita que los zapatos finos y la conversación podían llevar lejos a una mujer. Pero esta antepasada marchita y pequeña no se parecía a ninguna mujer que hubiera conocido: no tenía forma de calibrarla. En sus botas, era un poquito más alta que yo, jactanciosa como si fuera un hombre. Estaba más allá de mis posibilidades de evaluación.

Poco después encontré que el cuarto 8, al lado de la bisabuela Clapp, era donde vivían mis primos. Huey era el hijo de tía Erma: alto y delgaducho, de dieciocho años con ojos radiantes. Nub era el hijo de tía Helena: dieciséis años, indisciplinado, temperamental y hermoso. Eran estudiantes en la escuela secundaria de Rawlins y estaban bajo la tutela temporal de mi abuelo, quien se había ofrecido a moldearlos.

Cuando vimos a los chicos, parecían tan diferentes como un par de broncos salvajes, muy lejos de estar domados. En el caso de Huey, estaba allí porque tía Erma, la hermana mayor de mi madre, era una maestra en la planicie, en una cabaña que servía de escuela, mejorando la mente de los hijos de un ranchero rico. Veíamos a Erma solamente durante los fines de semana: subía rápido las escaleras metálicas del edificio Ferguson con libros bajo el brazo y un lápiz saliendo de su pelo.

Nub estaba allí porque su madre estaba «fuera de sí»: vivía en un asilo y sometía su cerebro a electrochoques porque no había dónde encontrar al padre de Nub.

Era virtuoso en ser chico malo, un genio para torear la ley. Había comenzado pequeño: carreras de autos en la madrugada, un poco de gasolina del camión de un vecino. Pero pronto se dirigiría hacia la ruta 30 en carros robados, succionando gasolina de las estaciones, regresando a casa en el asiento trasero del carro del *sheriff*. Era temerario, duro e irresistible.

El abuelo Doc sentía una profunda responsabilidad por aquellos que vivían bajo su techo... o en todo caso, el techo del Ferguson. Nos contó una historia que resumía lo que tenía que sobrellevar. Un día de primavera cálido, cuando él atendía a un comanche, encontró a Nub en el sofá de la sala de espera con una niña pecosa a su lado.

—¿Hace rato que están acá? —dijo Doc.

—No —dijo Nub, con una sonrisa de conquistador.

El abuelo Doc siguió atendiendo al indio, saliendo de vez en cuando para botar jugo de tabaco en la escupidera y dar una mirada a los dos en el sofá. Podía oír a la bisabuela Clapp subiendo y bajando las escaleras de metal, tocando puertas, visitando a los buscadores de uranio en el corredor. «¿Cómo van los negocios, muchachos? —les gritaba—. ¿Encontraron algunas rocas hoy día?». Pero ella estaba demasiado sorda para escuchar sus respuestas, así que seguía con su caminata apurada a través del corredor como un murciélago con radar defectuoso, chocando contra las paredes.

Doc estaba excavando la mandíbula de su paciente cuando se dio cuenta de que la conversación en la sala de espera se había amortiguado; había ruidos inequívocos de ropas que crujían y respiración pesada. Doc midió sus opciones. ¿Debía interrumpir la cirugía dejando desangrarse a su paciente? Dudó con un pie en el metal de su silla y su bisturí en el aire. Hasta que la solución apareció.

El *sheriff* estaba en la puerta. Junto a él, cenicienta, diminuta, como un cuervo en su capa larga que llegaba hasta el suelo estaba la madre de Doc. Nub se levantó. El abuelo Doc se adelantó. Los ojos del comanche se enroscaron alarmados.

—¿Qué tal, Doc? —dijo el sheriff, pasando la bola de tabaco al otro lado de su sonrisa—. Caramba, lo ha hecho otra vez. La encontré corriendo por el pueblo como un mono, gritando a todo el mundo, preguntando si no habían visto a su papá. —Movió la cabeza hacia Nub—: Mantén a los tuyos bajo control, ¿me oyes, Doc? Dos generaciones de tu gente me están jalando de un lado al otro. Me estoy poniendo un poco impaciente.

Poco era lo que podía relacionarme con mi abuela agonizante y su suegra loca, pero me encontré atraída por mi primo precioso. Estaba loca por Nub. En una época en la que el mundo parecía tener más sacudidas que un terremoto andino, él me impresionó como alguien en quien podía confiar. Era independiente en sus deseos y tenía un humor seco y malicioso. Comencé a buscarlo de la forma en que lo había hecho con Antonio: en el techo del edificio Ferguson donde él iba a fumar. En el callejón entre la tienda de abarrotes y la oficina del *sheriff* donde lo encontraba mordiendo una hierba. Como Antonio, me acogió, sonriendo ampliamente y señalándome con un toque ligero un lugar donde poner mi pequeña posadera a su lado. Mientras las lecciones de Antonio habían sido sobre las leyes de

la naturaleza, reglas de la energía, la consecuencia de las historias, la escuela de Nub era algo más: las leyes existían para rom-
perlas. Las reglas eran para los tontos. La historia no contaba
para nada. Las mañanas eran para barajar cartas.

Más que todo, Nub me enseñó cómo echar la cabeza hacia
atrás y aspirar el cielo. Se recostaba contra la pared o se estiraba
sobre la grama, creando argollas con el humo de su cigarro hacia
nuestro firmamento protector. Algunas veces me pasaba el final
de su cigarro y me dejaba dar una bocanada. Con mayor frecuencia, ponía mis codos atrás de la cabeza y observaba las argollas perfectas elevarse, enroscándose hacia arriba en el aire frío
de la primavera.

De vez en cuando me trepaba a su regazo, ponía mis manos
sobre sus hombros y me empinaba para poderlo mirar a los ojos
desde arriba. Eran azul cristalino. Así como los ojos de Antonio
tenían un color marrón rico y barroso. Los ojos de Nub eran
vivos y diáfanos. Mirarlos me levantaba el ánimo, me hacían sentir ligera, mareada, alucinada.

Ahora sé que para Nub yo no era sino una niña tonta con
excentricidades divertidas. Pero de vez en cuando, al recostarme
a su lado y mientras él contemplaba el azul sereno, algo hacía
que abriera su corazón. Yo contemplaba esa vastedad escuchando su voz con su dejo cálido y me enteraba de su mundo.
Hablaba de su madre, mi tía Helena, que estaba internada desde
hacía unos años, pero que ahora se estaba escapando constantemente del asilo y se le encontraba caminando por alguna carretera en su camisón. O sobre su padre que estaba en algún lugar
de Nebraska o Kansas o Colorado, en una borrachera inacabable.
O sobre lo incomprensible de estar sentado en una silla de
madera dura en la escuela secundaria de Rawlins para adquirir
el tipo de conocimientos que nunca iba a usar. —Sólo quiero
—me decía— esfumarme, como el tío Jabez.

—¿Tío Jabez? —le pregunté—. ¿Quién es Jabez?

—Uno de nuestros tíos, Mareezie. Pero dudo que alguna vez lo conozcas. Está en las montañas. Muy lejos.

Resultó que Jabez no era mi tío. Era mi primo segundo. Me enteré de él bastante en nuestras conversaciones con Nub, pero conforme pasaba la primavera y los años, la historia de Jabez emergió como una historia completa.

Mientras Nub y yo descansábamos, Jabez Clapp pasaba su tiempo en la cueva de una reserva india en algún lado de los acantilados de Arizona, bajo el mismo vacío cósmico. Era el primo de mi mamá, el hijo del hermano de mi abuelo Doc, un fugitivo de los militares que había desertado en 1929. De acuerdo con lo que Nub contaba, el padre de Jabez había muerto joven de leucemia y el pequeño Jabez había sido criado por su madre, una bella sureña con más interés en enseñarle versos bonitos que los duros rigores de la vida. Jabez era un soñador inclinado a mirar a las estrellas y a la poesía, y reducido a deslumbrarse y quedarse con la boca abierta por las manifestaciones más pequeñas de las cosas. Una libélula sobre una ortiga. Una hormiga cargando yerba de un lado a otro de una roca. La perspectiva de una tarde larga e inmutable. En algún momento a lo largo del camino, alguien tomó la decisión desastrosa de que el ejército norteamericano podía convertirlo en un hombre, en el padre que nunca tuvo.

Una noche que deambulaba alejado de su cuartel fue un poco más allá de lo que quería. «Imagínate, Mareezie —dijo Nub— dio una mirada a su alrededor. No había nadie. Es allí cuando decidió hacerlo. Salió corriendo, desapareció». Se fue por el asfalto, atravesó la llanura hacia el horizonte, pasó los peñascos hasta un hueco en el lado de las montañas. Aparentemente, se alimentó con fresas salvajes, asó raíces sobre el fuego, se dejó crecer una barba hasta las rodillas. Los indios dijeron que lo vieron flotando a través de las montañas y su cara siempre miraba al cielo. El Que Ilumina las Estrellas, lo llamaban. Consideraban que gran parte de su espíritu ya había partido, se había ido al Gran Más Allá. Así es que lo dejaron con sus pensamientos y le enseñaron a sus hijos y a los hijos de sus hijos a hacer lo mismo. Durante treinta años, ningún destacamento de cazadores ni policía militar pudo encontrarlo.

Pero largo tiempo después de esas tardes de ocio con Nub, largo tiempo después que estuvimos de regreso en Lima, largo tiempo después que la historia lo había sobrepasado, largo tiempo después de que sus compañeros militares habían entrado a los campos de concentración nazis o habían sembrado la muerte en el Pacífico, después de que Stalin había purgado a millones en nombre del proletariado, después de que Mao descendió en Pekín con sueños y promesas rojas, mi madre se enteró de lo que realmente le pasó a Jabez. Era 1959 y un grupo de trabajadores del gobierno había llegado a esa reserva en Arizona para hacer el reconocimiento del terreno. Una mañana ventosa buscaron refugio y vieron la gran piedra en la boca de la cueva de Jabez. La movieron a un costado. Se acurrucaron adentro. Y allí, para su sorpresa, se encontraron rodeados por tiras y tiras de cortezas dibujadas con poesía. Había collares de heliotropo y jade. Había tres plumas cazadoras de sueños, una identificación del ejército, una olla llena de polvo de oro y un diario con iniciales de plata.

En las profundidades de ese santuario de piedra, encontraron los huesos de Jabez, diseminados en reposo, tan fríos como las cenizas de su fogata.

La historia de Jabez —aún en su pálida versión original— fue la única historia que Nub me ofreció. Escuché con suma atención esa historia de la misma forma como había escuchado tantas otras de Antonio, intrigada por su significado, dándole vueltas en mi cabeza; decidí que debía ser importante. Todos esos años después comprendí por qué. Tiene que ver con mi propia ansia por el horizonte. Tiene que ver con una parte de mí: una parte profundamente no peruana que quiere correr. Partir. Irse.

El cielo puede tener ese efecto. Si miras el desierto de Gobi, el ojo abraza el suelo. Párate cerca del mar y el ansia te lleva a entrar, a sumergirte. Pero mira al cielo y el alma se eleva, va hacia arriba, flota, tan desamparada como una pluma en un viento cálido. Antes de darte cuenta, estás buscando carreteras, dejando a tu familia, buscando algo más allá del mundo cómodo que conoces. Los católicos siempre percibieron esto y aprendieron a utilizar las imágenes del cielo escasamente, en las cúpulas de las iglesias solamente bajo el ojo vigilante de Dios. Pero en el oeste, conforme iba aprendiendo, un cielo inmenso estaba en todas partes. No hay que tratar de explicar por qué un espíritu ansía moverse.

Al final de nuestra primera semana en Rawlins, nuestros padres habían encontrado una casa con un departamento cómodo en el primer piso en la calle West Buffalo. Era pequeño y amueblado, a menos de tres cuadras del edificio Ferguson, entre la penitenciaría y los rieles del tren. Era un lugar pequeño y alegre, una estructura de dos pisos que se elevaba retirada de la calle, verde con blanco, con un techo doble en forma de A y ventanas pequeñas. Había una cocina que se abría a un espacio para comer, algo que nunca habíamos visto. Un sofá-cama en la sala que George reclamó inmediatamente. Los dos dormitorios para mis padres y para mí y Vicki estaban unidos por un baño común. Lo mejor de la casa era que no había reja, muro ni nada que nos impidiera salir por la puerta de entrada para correr por la calle libremente, sin que nos cuidaran. No había sirvientes que nos detuvieran y a mi madre parecía no importarle.

George estaba cada vez más nervioso. Era casi como si fuera un espejo de la desorientación de mi padre, del nerviosismo de mi madre. Parecía delicadamente tenso, fácilmente afectado por ruidos, demasiado contraído en los espacios públicos. Prefería jugar adentro. Mi madre estaba absorbida por la enfermedad de la abuela Lo, constantemente al lado de su cama, pero la condición de George no se le pasaba inadvertida. Yo veía cómo lo observaba y me di cuenta de que ambos comenzaban a comerse las uñas.

El día que nos mudamos a la casa, sentí que una nueva vida había comenzado para nosotros. Vicki fue matriculada en una escuela primaria al final de la calle. Papi caminaba por West Buffalo para mirar los carros, inspeccionar nuevas máquinas, conocer Rawlins, mirar la refinería de petróleo de Sinclair. «¡Oye, tú!», un niño con pelo color mantequilla me gritó. Estaba colgado de la baranda de la casa de al lado cuando me vio entrar cargando mi maleta. «¿Quién crees que eres?».

Había una de esas tiendas de baratillo en la esquina. George y yo le rogamos a Papi que nos diera diez centavos, corrimos a la tienda, revisamos las filas y filas de chulerías y caramelos y nos decidimos por un paquete de chicle Juicy Fruit. Cruzamos la calle, nos sentamos frente a la escuela e introdujimos los palitos dulces en nuestras bocas. Los niños que vimos por las ventanas de la escuela eran como de nuestra edad. Eran pastosos, indefinibles y se desdibujaban dentro de sus ropas de franela. «¿Extrañas a tus amigos?», le pregunté a George, descifrando los espasmos de su cara. «No —respondió—. Te tengo a ti, ¿no?»

Un anciano rengueaba por la calle y volteó para mirarnos, canoso y escuálido, con una nariz larga y picuda y un sombrero arrugado. Cruzó hasta donde estábamos sentados y se quedó parado por un rato escuchando nuestra conversación.

—¿Qué hacen ustedes jovencitos sentados ahí? —dijo finalmente, encogiéndose de hombros—. ¿Hablan ustedes español? ¿Son mexicanos o qué?

Le devolvimos la mirada, sin decir una palabra.

—Éste no es el lado del pueblo para ustedes, ¿verdad? —continuó—. Se supone que deben estar cruzando los rieles, allá en el lado de los negros, ¿verdad? —La saliva se le acumulaba en las esquinas de su boca y su mentón cerdoso temblaba.

—¿Se les perdió la lengua? —dijo. Sacó las manos de sus bolsillos y las frotó contra su abdomen pequeño protuberante. Luego pisó fuerte sobre el pasto e hizo sonar las palmas de sus manos en dirección a nosotros, pero el sonido no fue sino algo más que un golpe patético. Un pájaro cruzó y voló a un árbol. —Bueno, váyanse —gritó—. ¡Fuera! —Sus ojos pequeños estaban rojos y ardían—. ¿Son sordos acaso? ¡Ustedes, pequeñas garrapatas, no pertenecen aquí y ya lo saben! ¡Todo el maldito México va a llegar hasta aquí y hacerse cargo si no nos cuidamos!

—Oye, ¡Pa!, ¡Pa! —una mujer corpulenta llamó, moviendo sus brazos y caminando hacia nosotros rápidamente.

—Este hombre es un loco —George me susurró, con sus ojos brillando—. No te muevas hasta que te lo diga.

—¿Qué crees que quiere? —le dije—, ¿nuestro chicle? —A un loco después de todo se le debía dar algo.

El viejo murmuraba a sí mismo escarbando el suelo con sus pies. La figura detrás de él se acercaba rápidamente. —Ven, papá, deja tranquilos a esos niños —le gritó la mujer que era ampulosa y de cara gorda. Su pelo color paja flameaba en el aire.

—¿No te indigna? —le dijo el viejo—. Sentados ahí hablando español. ¿Qué hacen aquí? Hay una escuela allá para estos canallas.

—No, papá, no me indigna. Lo que me indigna eres tú, ahí parado y gritando. Ven a la casa ahora. Ven a casa.

Se lo llevó sin mirar hacia donde estábamos nosotros. Toqué

el chicle que estaba en mi bolsillo, considerando si debía correr detrás de él y dársela. Si lo hacía, me podía tragar completa. Si no lo hacía, su maldición podía ser cierta: quizá no tenía el derecho de estar aquí, quizá mi madre estaba equivocada, quizá yo no era americana después de todo. Pero George simplemente se sentó allí y lo mismo hice yo. Doblamos nuestras rodillas y vimos al hombre con su hija irse por la calle y desaparecer en una casa blanca y pequeña.

Nunca había prestado mayor atención a mi apariencia, pero después de esto me encontré parada frente al espejo de nuestro baño estudiando mi pelo corto y negro, la piel de mi cara y mi cuello, desnudándome y observando mi forma de moverme. Grité en español a mi propia imagen y pronuncié las palabras imaginándome cómo vería la gente que no podía entender lo que decía, los movimientos de mi cara. Imité al niño vecino. «¡Oye, tú!», me grité a mí misma, imitando su mueca y pronunciando las palabras con el dejo de un nativo. «¿Quién te crees?».

¿Quien creía este viejo que éramos? Había dicho que pertenecíamos al lado de los negros del pueblo. ¿Estaba Rawlins partido en dos? ¿Había un lado de gente blanca y otro de gente de color, como en las puertas que habíamos encontrado en los baños de St. Louis? ¿Podrían llevarse a mi mamá lejos de nosotros? ¿Se le forzaría a Papi a regresar a donde pertenecía?

—Tu pelo es negro —le dijo mi madre a Vicki— pero eres blanca, como yo.

Por otro lado, yo tenía la sospecha de que mi piel no engañaría a nadie. Yo no tenía nada de blanca. Yo era de color, sin duda.

Hay un rasgo en la niña de entonces que reconozco ahora, una curiosidad sobre mi propia composición física, una obsesión casi febril. Quizá esa inquietud es propia de los niños de padres mixtos. Cultivas, cavas y escarbas buscando pedacitos, desenterrando raíces, ansiosa por saber a qué tribu perteneces. ¿Te pareces más a uno que al otro? ¿Eres de una forma cuando estás en un país, pero de otra cuando no estás allá? Uno cuelga de ese precipicio, preguntándose dónde caer.

Es una tarea agotadora ese tránsito entre mundos, ese vértigo de doble sentido. Yo era mitad y mitad. Me lo había dicho el Dr. Birdseye. Pero con dificultad consideraba que me iba mejor por eso. Tenía dos cabezas, dos corazones. Era torpe como gemelas siamesas en un alambre de circo: inepta para el equilibrio y con demasiada curiosidad por el otro lado.

❖ ❖ ❖

Los viernes después de la clases, Huey y Nub se dirigían al paso de Rattlesnake, el rancho de Doc al pie de la montaña Elk. Lo estaban ayudando a construir una casa. Allá afuera con ellos estaban dos compañeros de trago de Doc: un mormón cervecero y un tabernero de Sinclair, el pueblo de la refinería de petróleo. Los lunes mis primos regresaban llenos de historias sobre las borracheras de los hombres, cada cuento más chistoso que el anterior. Resultaba que el suelo de la cabaña había comenzado bastante bien —las losetas bien alineadas y ordenadas—, pero cuando le pusieron las últimas, las filas estaban tan torcidas como las manos que las habían colocado. Al abuelo Doc parecía no importarle. Los muchachos estaban en la pradera fuera de peligro.

Sin embargo, cada día en el pueblo traía consigo un cambio siniestro. Un desplazamiento de los muros de apoyo. La abuela Lo entraba y salía de su estado de coma y los esfuerzos de sus médicos parecían inútiles. Un día la llevaron de su cama en el Ferguson a la casa del mormón. El compañero de tragos de fin de semana del abuelo Doc resultó estar casado con una enfermera. Se trataba sólo de cuidarla ahora.

Mother y Papi continuaban sus respectivos sueños: ella al

lado de su madre, él en su periplo por las tiendas que ofrecían los últimos inventos americanos. Vicki estaba perdida en sus libros. Sin nadie que nos cuidara, George y yo comenzamos a peinar Rawlins como haraganes en una aventura. Nos robamos caramelos de la tienda de baratillo, provocamos peleas con los gringuitos de al lado, tomamos cigarrillos de nuestros padres y los fumamos lejos en la parte de atrás. Cuando George robó un camión de juguete porque yo lo instigué, mi madre amenazó con denunciarlo. Lo llevó, mientras él bufaba y lloriqueaba durante todo el camino, hasta la puerta de la penitenciaría. Cuando lo trajo de regreso a casa, le pegó debajo de la mesa del comedor; él se zafó con sangre en la cara. Poco después, caminábamos por la calle bien agarrados de la mano de Vicki hacia otro tipo de encarcelamiento, en el mismo sitio donde el loco nos había insultado: la escuela con los niños de caras pastosas. Dentro de sus paredes pasamos días interminables, liberando a nuestros padres para que enfrentaran abiertamente las ansiedades y miraran a la muerte directamente a los ojos.

El abuelo Doc estaba también tenso como un jinete de rodeo, atontándose con trabajo. Emprendió más cirugías. Siempre se la había ofrecido gratis a los indios que la necesitaban. Ahora tenía citas durante días enteros, penetrando en las cabezas, extrayendo dientes, emergiendo una tarde con cuatro de los molares de mi padre. Durante los fines de semana estaba en el rancho, trabajando en su casa o en el bar Rustic. «Ven conmigo, querida —decía cuando Georgie perseguía a Huey y Nub, ofreciéndose para ayudarlos a martillar clavos—. Vamos a mirar a los linces un rato». Brincábamos por el polvoriento camino a Saratoga, donde se sentaba y tomaba whisky durante horas. Me sentaba en el bar de roble a su lado, silenciosa como una piedra, observando cómo dos gatos gordos disecados arañaban el cadáver de un venado.

El rancho de los Clapp se extendía más allá de los rieles del Union Pacific, donde el paso de Rattlesnake cruzaba un arroyo. El terreno era plano como una lápida y alcanzaba rápidamente el horizonte. Pero hacia el este, donde salía el sol, la colina Sheep se inclinaba sobre el monte Elk como una ternera se apoya contra su madre cuando hace un viento fuerte. Ese monte más grande se elevaba altivamente, inescrutable al empujar su joroba de nieve hacia un cielo auroleado de nubes.

La marca de Doc, una z al revés y un cuarto de círculo doble, estaba grabada en el anca de todas las vacas, toros y caballos que pastaban en sus muchos acres. Había una cabaña, un baño exterior, un establo y detrás de todo esto, su nueva casa, elevándose toda blanca y perfecta como un joyero sobre una mesa. Afuera, por el corral donde se mantenían los animales, un cerco de madera envejecido trazaba el pie de la montaña Elk.

Sólo había otras dos casas que el ojo humano podía alcanzar desde las tierras de Doc. Una era una choza abandonada que él le había dado a Clem Riley, un ex convicto negro que había tocado a la puerta de su cabaña una mañana de invierno buscando un lugar para quedarse. El Viejo Negro Riley, le decía mi abuelo. El hombre había vivido allí durante años, cultivando una huerta y cazando conejos hasta que se despertó una mañana y se marchó en busca de una vida mejor. «Oye, abuelo Doc, ¿qué pasó con el Viejo Negro Riley?», le pregunté mirando hacia la choza y sintiendo cierta afinidad con el hombre que hubiera estado consignado conmigo al otro lado de los rieles en Rawlins. «No sé, querida, se fue, me imagino».

Al otro lado de la propiedad del abuelo Doc, donde los acantilados de piedra gris iban hacia el oeste donde los coyotes ladraban a la luz de la luna, estaba la segunda casa. Era la de los Widener. A cuatro millas del paso y difícilmente visible desde la nueva casa de Doc, Jack Widener era el ganadero que había empleado a tía Erma para enseñarles a sus hijos. En un día despejado se podía percibir su escuela, plantada en la tierra como juguete.

Más allá, detrás de la casa de los Widener, vivía el Viejo Joe Krozier. Era un hombre salvaje con un pasado misterioso y ojos tan abiertos como las ruedas de una ruleta y el pelo desgreñado.

«Bueno, él sí es un verdadero bebedor», se decían el uno al otro, el mormón y el tabernero, y luego ambos gritaban y se reían hasta que las lágrimas corrían por sus mejillas. Corría el rumor de que la esposa del viejo Joe lo había dejado y él había jurado nunca más tener un carro. Era el único hombre en los Estados Unidos —que yo pudiera decir— que había decidido prescindir de carros. Y con buena razón: una mañana calurosa de agosto su esposa se había llevado el último carro que tenía y cruzó el paso de Rattlesnake para encontrarse con su joven amante. Nunca regresó. Veíamos al viejo Joe jorobado sobre una yegua de lomo hundido; iba por los senderos del paso de Rattlesnake o deambulaba, solo, a lo largo de los rieles sobre sus piernas delgadas y arqueadas.

«¡Levántense, flojos, y tráiganme una piedra!», el abuelo nos gritaba a George y a mí cuando estábamos en el rancho, para sacarnos de la cama y comenzar la mañana. Salíamos y encontrábamos rápidamente una del tamaño de un mango y volvíamos corriendo a la casa sabiendo que ese día cazaríamos. Doc ponía la piedra en el fondo de una olla grande, echaba algunos frijoles y un hueso de jamón, agregaba agua y lo dejaba cocinar.

Aprender a disparar era la primera prioridad del negocio cuando Doc nos llevó al paso de Rattlesnake. «No puedes vivir en esta tierra y no saber cómo manejar un rifle —nos decía—. No me importa si le llegan a las rodillas de un grillo. Aquí hay serpientes. Osos. Lobos. Y por lo que veo, ustedes dos parecen bocaditos jugosos y apetitosos. Necesitan aprender sobre las armas».

Al principio disparamos a latas en el cerco o a papas puestas sobre los arbustos. Pero pronto aprendimos a colocar la culata de un calibre 22 en el hombro, alinear la mira, poner el dedo en el gatillo, sentir el *ping*, y ver que nuestras balas alcanzaban sus blancos como *qosqos* a la luz negra.

Doc mataba venados. Nosotros matábamos conejos. Doc mataba antílopes. Nosotros matábamos gallinetas corriendo tras ellas a través de los arbustos mientras ellas se escapaban y cacareaban mirándonos con alarma. Cuando habíamos terminado, arrastrábamos los cadáveres a una camioneta *pick-up* para regresar a casa. Los frijoles nos esperaban fragantes y calientes, cocinados parejamente por la piedra. Pero no nos permitían sentarnos a comerlos hasta que todos los animales estaban limpios.

Doc nos enseñó como si fuéramos sus iguales y nos enseñó bien. Aprendimos a disparar a la cabeza, matar rápidamente. Supimos romper pescuezos, estar seguros. Nos había enseñado a quitarle la piel a nuestra caza riéndose de nosotros cuando nos escurríamos pálidos y verdes. Pero fue el primo Nub quien me enseñó a sacarles las entrañas a las gallinetas y cortarlas con la pericia de un carnicero. Hacer un tajo en el pescuezo para que sangrara hasta el suelo. Agarrar la gallineta por el ano y jalar. Tomar sus alas y columpiarlas hasta que las entrañas volaran. Desplumarlas hasta que quedaran tiernas como una nalga rosada.

—Tú eres la única aquí que no estás completamente loca —me dijo Nub un día—. Por supuesto, tú eres joven y todo. Puedes partir en cualquier minuto. —Sacaba su lengua y volteaba los ojos hasta que yo chillaba encantada—. Como que me estás gustando, ¿ah? —decía. Me levantaba y me ponía sobre el cerco largo en el borde de la propiedad de Doc y me escuchaba hablar a borbotones sobre el poder de mi *qosqo*, los *pishtacos* del Perú y los espíritus en los árboles. Luego él gritaba y palmeaba las rodillas. Nunca supe si era mi acento o mis cuentos sobre fantasmas lo que lo entretenían, pero mientras más se reía él, más intérprete me hacía. Más gritona, más rápida y más aterrorizante. Luego me sentaba y escudriñaba su cara.

Nub era casi dorado, intrínsecamente guapo, el pelo color miel le colgaba hasta los ojos. Era angosto de caderas, angosto en el torso y de ojos encendidos.

—¿Te cuento más? —le preguntaba—, ¿sobre el danés con los gusanos en la cabeza?

—Sí, me gustaría escuchar ese cuento. Sabes, tienes las historias más extrañas que yo haya escuchado, chiquita.

—¿Tú crees que hablo raro, Nub? ¿Tú crees que yo soy una extranjera? —Estaba recordando a la mujer grande del tren, al viejo que nos había gritado en Rawlins, todos los gringos que levantaban sus cejas cuando George y yo entrábamos a las tiendas conversando.

—No prima, para nada. Yo entiendo bien lo que estás diciendo. Pero te digo, esto me probará que no lo eres.

Nub se subió al cerco a mi costado, metió la mano al bolsillo, sacó una pequeña bolsita y sonrió.

—Ten —me la puso bajo el mentón.

Bajé la mirada y vi las hilachas marrones y olorosas dentro de la bolsita. —Tabaco —dije—, sé lo que es.

—Prueba —lo miré a la cara. Estaba serio—. Vamos, niña, toma un poquito.

—Claro, sí —dije y tomé un poco. Saqué un puñado y me lo metí a la boca.

—¡Bravo! —gritó y mostró su hilera de dientes blancos.

Así fue como Nub me enseñó a mascar y cómo finalmente aprendí a escupir. Me tomó más de una vez —un gran despliegue de gritos a lo largo del camino—, pero pude lograrlo, pues meses después, cuando partí de Wyoming, podía guardar mi tabaco y escupirlo por un lado de mi boca como él.

¡Dale al mojón! *¡Zum!* y Nub se agarraba de los costados y se reía tan fuerte que me parecía que se iba a caer del cerco y morirse.

—¿Sabes a quién te pareces? Te pareces a un vaquero borracho del tamaño de una arvejita, a él te pareces.

—Ah, ¿sí? ¿Qué tal a una llama?

—¿Una qué?

—Una llama. Ah, Nub, vamos, sabes, el animal peruano del que te estaba hablando.

—¿Mascan?

—No, tonto, pero sí escupen.

—¡Ah!

—Ajá, mira. Justo como una llama. *¡Piu!*

—Bueno, qué bárbara. Más como una ballena, diría. Saliendo de su orificio: *¡Pum!*

Supongo que era lo del orificio lo que lo precipitó. En todo caso, algo me empujaba. Me levanté la camisa, dirigí mi barriga a los acantilados de piedra y grité: —*¡Qosqoooo!*

Nub me miró como si estuviera loca con sus ojos brillantes y abiertos sus ojos. En eso echó la cabeza para atrás y lanzó su gran carcajada hacia el cielo.

▩ ▩ ▩

Mientras el cielo atraía nuestra atención resultó que pasaban muchas cosas en el panorama. Estaba sucediendo un fenómeno extraño bajo nuestros pies en Wyoming. Nada familiar. Nada que entendiéramos. Nada como placas movibles en la roca subterránea. Nada como fuerzas que nos habían remecido anteriormente —nada como esos momentos en el Perú cuando la Pachamama se echaba y los edificios caían y los vidrios volaban y corríamos rogando por nuestras vidas.

No. Esto no era estruendoso o ruidoso. Esto era fuego de

carbón, silencioso y atemorizante, calcinándose justo debajo de la superficie de la tierra. Quemaba lentamente.

Nos habían dicho que la pradera podía jugar males pasadas. Salvia y pasto yacían inocentemente allí afuera, como si todo en el mundo estuviera bien. Espejismos. Bajo ellos, un infierno de arenas movedizas. Un mal paso —como el encuentro de Perséfone con Hades— y podías caerte al fuego del infierno.

Había historias sobre camiones que cruzaban a Hanna, entre Walcott y Medicine Bow. Sin aviso previo, la tierra se había hundido y se los había tragado en un bostezo. Nos imaginábamos que los chóferes se caían. Nos imaginábamos que los camiones se hundían y se mecían, así como los camellos caen sobre sus rodillas. Imaginábamos a los hombres observando cómo se derretían sus carros, antes de ser chupados por la ceniza.

En uno de esos atardeceres ansiosos cuando la preocupación inquietaba detrás de una ilusión de tranquilidad, quemé el incienso de mi madre y recé para que a mi primo Nub no le pasara nada. Era conocido por meterse en un carro e irse por la pradera con una botella o una chica a su lado. Soplé el incienso y vi que su ojo rojo me hacía un guiño debajo de una puntiaguda capucha blanca.

—¿Qué haces, Marisi? —me preguntó mi padre.

—Pienso en Nub —le dije. George estaba en el suelo empujando un camión de juguete por una carretera imaginaria.

—Ven aquí, tengo un trabajo para ti.

—¿Qué? —dije y avancé hasta donde él estaba descansando en el sofá con un periódico, el *Saratoga Sun*, abierto sobre su pecho.

—Aquí —levantó su cabeza y me indicó ese lugar—. Siéntate, pon mi cabeza en tus faldas. —Lo hice como me había dicho.

—¿Te das cuenta de lo que me están haciendo estas grandes vacaciones americanas? ¿Me ves esos pelos blancos en la cabeza?

Agaché la cabeza y los vi —una docena, no más— saliendo de la v del borde de su pelo. «Sí», dije y sonreí al imaginármelo buscando el espejo. Un ingeniero sin tener nada que hacer. «Sácalas. Te daré cinco centavos por cada una que me muestres». Y codiciosamente puse manos a la obra. Así estaba, doblada sobre la cabeza de mi padre cuando mi madre y Vicki entraron. «Lo hicieron —dijo mi madre sentándose en una silla—. La llevaron al hospital». Mi padre me acarició las manos y se incorporó.

—¿Inconsciente?

—Respirando apenas —dijo mi madre. Sus ojos estaban hundidos, amarillentos.

Hubo entonces un silencio, mientras nosotros sobrellevábamos el peso de sus noticias. Papi dobló su periódico en un cuadrado perfecto y lo puso cuidadosamente sobre sus faldas.

—Bueno, bueno —dijo finalmente mi madre. Respiró hondamente y miró alrededor del cuarto—. ¿Y qué hay de nuevo con ustedes dos hoy día? —Miró la cara de George y luego, la mía, y lo repitió.

—Georgie tiene una enamorada nueva —le dije y era verdad lo que decía. Una niña en la clase de George en la escuela lo había seguido hasta la casa con risitas y sonriendo como una imbécil.

—No, no tengo —dijo George y me miró duramente.

—¿Sí? —la cara de mi madre se iluminó. Se sentó en la silla como si le hubieran sacado un arnés.

—Oh sí, sí tienes —dije parándome enfrente de él ahora con mis manos en las caderas como un jefe—. Y también es una princesa de verdad. Una narigona. Tiene una nariz enorme.

—Ella no es mi novia —gritó George. El rojo se le subía al cuello, rojo como el ojo del incienso. Su tic bailaba salvajemente.

Yo estaba emocionadísima de ver la cara temblorosa de mi hermano. Quizá era porque estaba aburrida, quizá porque había tenido un exceso de tristeza. Pero sentí un placer perverso en fastidiar al dios que había venerado tanto tiempo. Azuza el fuego para que brille. Uno se sentía bien al pelear. Era agradable.

—Y otra cosa —seguí, jactándome—. Es una potona. —Salté y moví la cola.

—Ya, ya, Marisi —Papi se rió, sin poder evitarlo—. Es suficiente.

George balbució.

—No sé por qué encuentras tan sorprendente —dijo mi madre— que Georgie tenga una nueva enamorada, es decir, si la tiene.

—¡No! —chilló él.

Ella le hizo un guiño cómplice. —¿Te acuerdas cuando me dijiste que habías amado a Antonio, Mareezie? ¿Te acuerdas de eso? ¿Y te acuerdas cuando te enamoraste del joven que buscaba a tía Chaba?

—Ahora estoy enamorada de Nub —confesé.

—¿Nub, tu primo? —dijo Papi—. Dios mío, ¿qué va a seguir? Tendrás que tener una dispensa especial del Papa. Tus tatarabuelos por mi lado fueron primos hermanos también, ¿sabes? Eso es lo que tuvieron que hacer.

—Bueno, quizá ella no está pensando en el matrimonio todavía, querido —dijo mi madre—. Quizá sólo un amor entre amigos, ¿eh?

—Un amor entre amigos —dije y asentí.

—Ah, ya veo —dijo mi padre, sonriendo—. Es mejor que no le cuentes a tu esposo sobre ellos —agregó e hizo un guiño.

—Un amor entre amigos. Seguro —dijo George bajo su respiración—. No hay tal cosa.

—¡Sí, lo hay! —grité.

—¡No hay!

—¡Sí hay! ¡Mother tiene uno!

En ese momento una quietud invadió la habitación mientras miraba a mi alrededor como un animal sorprendido.

—Nuestra madre tiene uno —repetí más suavemente esta vez. Había un olor a peligro en el aire pero lo superé. Quería probarles que estaba cierta de qué estaba hablando.

—¿Un amor entre amigos? —dijo mi madre y se inclinó, sonriendo apenas con los codos sobre sus rodillas.

Fermata.

Y luego, de nuevo yo. —Sí, tú tienes uno. Un amigo amoroso. En Cartavio. Yo te vi sentada con él en el sofá. Se estaban mirando a los ojos. Uno de los solteros. El alto con el... amarillo.

—¡Ya basta! —gritó mi padre. *Presto.* Se paró ahora con un carbón encendido detrás de sus ojos. Georgie estaba congelado en el piso y sus hombros hundidos hasta sus orejas. Vicki se levantó y se fue a otro cuarto.

—No puedo imaginarme a quién crees que viste en Cartavio o en otra parte, Mareezie —dijo mi madre con una voz llena de calma—. No puedo imaginarme.

—Es cierto —grité—. ¡Tú estabas allí y él estaba aquí! Yo te vi. Tú sabes que es verdad.

Papi se dio media vuelta, tiró el periódico sobre la mesa y salió rápido por la puerta de entrada. La mampara se cerró con un golpe fuerte y se sacudió contra el marco. Mi madre se paró y caminó hacia el lado donde comíamos. Dándonos la espalda, presionó sus nudillos contra la mesa, encogió los hombros, pero no dijo ni una palabra.

Él no vino a comer esa noche. Me acosté en la cama enferma con la preocupación de que nunca volvería a casa, que lo había conducido a un infierno en Hanna, algún sitio entre Walcott y Medicine Bow. Cuando regresó bamboleante alrededor de las cuatro de la mañana del día siguiente, escuché un *huaj* agudo y luego un zumbido ruidoso, como si el aire saliera de una llanta. Me arrastré desde mi cama, aguaité en la sala y vi una botella vacía en su etiqueta con un hombrecito elegante, saludando con su sombrero, meciendo su bastón. La botella estaba sobre nuestra mesa central, donde una mano indignada la había plantado. Junto a ella en el sofá, desparramado y macerado como un cadáver, estaba mi papá.

El amanecer trajo una cosa más. La noticia de la muerte de la abuela Lo.

■ ■ ■

Yo había visto la fotografía de la hermana de la abuelita muerta. La había visto en los álbumes de su familia pegada entre retratos de mis antepasados patilludos con cuellos almidonados y sombreros de copa. Su hermanita descansaba vestida de encaje blanco sobre su féretro con guirnaldas de rosas que le caían y un ramo de lilas en su pelo. En la foto sus zapatos blancos apuntaban como los de una bailarina; sus brazos descansaban en paz cruzando el pecho; sus rulos estaban peinados hacia abajo en su frente; sus ojos miraban muy abiertos. Mi bisabuelo Cisneros está parado detrás del cuerpo y sobre su corbata negra, su cara larga y enjuta. Sus ojos parecen estar resbalándose por sus mejillas como piedras en el huayco de una montaña. Su hija mayor, mi abuela, está parada junto a él con un velo de encaje negro. Sus ojos están secos y embrujados. Aunque tiene siete años su cara pequeña parece aún más chica que la de su hermana. Su hermana no tendría dos años.

Había visto esto. Había visto los féretros de los pobres pasar por calles peruanas; las mujeres los seguían, lamentándose y arrastrándose con las cabezas envueltas en tela negra. Había visto a hombres de sociedad llegar a una iglesia solos, ya que sus esposas eran demasiado delicadas para ver un cuerpo inerte, aun cuando a su alrededor hubiera flores fragantes. Pero nunca había visto un cadáver distendido, sereno, mirando hacia arriba al éter.

El cuerpo de la abuela Lo se instaló para que lo viera la familia en la funeraria Wooten, tres días después que expiró en el hospital de Rawlins. «Estoy llevando allá a los niños», dijo mi madre, sentándose frente al espejo y asegurando el sombrero a su cabeza. «¿Tú estás qué? —oí que Papi decía—. No estarás hablando en serio. Los funerales no son para los niños. Los vas a enfermar. Torcerles la mente para el resto de sus vidas».

Mi madre volteó la cabeza como la de un toro: un poco inclinada con una mano hincando el alfiler largo de su sombrero en dirección a su cerebro. «Jorge, los estoy llevando conmigo. ¿Quieres hablar de torcerles la mente? Hablemos de tu borrachera. Tu apestosa noche en el pueblo».

Un camión pasó por Buffalo Street, acelerando su salida de Rawlins. Mis padres se miraron y luego Papi comenzó nuevamente. —Estamos hablando de los muertos aquí —dijo—. De donde vengo yo, ni en sueños llevarías a un niño a ver uno. Los niños son muy impresionables. Aun las mujeres mayores no van.

—Bueno, de donde vengo yo, aprendes a mirar a la muerte a los ojos —dijo mi madre—. Que lo aprendan ahora mismo, es una lección importante.

El mortuorio estaba en las afueras del pueblo. Era una casa de madera de color gris paloma y sin ventanas, sin verdor, salvo una azalea que sobrevivía en una maceta de arcilla cerca de las gradas. «Clam-Hand» Wooten, el director de la funeraria, vivía a la derecha detrás de dos pilares gruesos y un vestíbulo mustio. A la izquierda, donde la sala de exhibición conducía al laboratorio para embalsamar, estaba la abuela Lo.

Había muerto en la mañana del Día de la Madre. Clam-

Hand la había metido en su refrigerador y había partido a Laramie. Tres días completos habían pasado antes que pudiéramos subir las gradas para ver su versión de mi abuela.

La sala Wooten estaba organizada como una escuela. Había cuatro filas de sillas de madera detrás de una plataforma elevada. Veinticuatro sillas en total. El techo del cuarto era bajo y sus paredes estaban cubiertas con papel azul, un diseño de flor de lis contra un crema amarillento. La alfombra era sucia, trajinada por la mugre de la pradera y gastada por las botas de los deudos.

La cara marcada del Sr. Wooten nos recibió en la puerta. Se frotaba las manos con pena. Sus dedos eran largos, fríos como pescados cuando nos dio la mano, encerrándonos las muñecas y las palmas. «Todavía el Día de la Madre —susurró—. Lo siento mucho». Una sonrisa se dibujó en su cara y se retiró.

Mi madre pasó delante de él y entró a la sala. Había velas puestas sobre una mesa y un cadaver detrás de ellas, bajo un vidrio. La señora estaba en un vestido de algodón floreado y sus manos estaban dobladas perfectamente sobre su corazón. Una sábana de satén blanco cubría sus piernas. No vi nada más al principio. Una mirada rápida y entonces mis ojos volvieron a mis zapatos de charol negro.

Éramos los únicos allí. Al abuelo Doc no se le veía por ninguna parte. Cuando le susurramos a mi madre rápidamente preguntándole dónde estaba, ella simplemente volteó y golpeó un puño enguantado sobre su seno izquierdo, sobre las cavidades de su corazón.

Conforme entrábamos a la última fila de sillas, las velas flameaban contra la cálida brisa de mayo y Clam-Hand se dio media vuelta para cerrar la puerta atrás de nosotros. Una mosca gorda entró zumbando. Nos sentamos en las sillas duras y miramos la mesa de enfrente.

—Ésa no es la abuela Lo —dijo mi madre en una voz que parecía de otra persona—. Ése es sólo su cuerpo. Ella ya está con Dios ahora. Quería que ustedes mismos lo vieran.

Era obvio que tenía razón. La mujer que estaba allí era sonrosada y sonreía. Tenía el pelo muy rizado. En la boca tenía un toque bermellón, sobre sus mejillas círculos rosados de polvos. Se parecía más a la señora Birdseye que a mi abuela. Estaba inflada, pintada y vivaz. En cualquier momento ahora, iba a rodar, levantar su mentón con una mano, levantar la tapa de vidrio con la otra, ver la mosca y decir con la voz fina y clara de la señora Birdseye: —Bueno, queridos, todo en este mundo tiene una explicación lógica. No es nada malo morirse. ¡Nada malo, en absoluto!

¿Adónde se había ido la abuela Lo? Fuera. Como la abuela Clapp, bajando ruidosamente las escaleras del edificio Ferguson, volando por la calle Cedar, persiguiendo a los fantasmas de su pasado.

Fuera. Como la madre de Nub en sus ventoleras desde el manicomio, corriendo por los jardines hacia la noche. Hacia el *triquitán* del camino.

Fuera. Como la mujer de Joe Krozier, a quien nunca se le volvió a ver. Fuera, hacia alguna amplia extensión de la carretera, como los americanos tienden a irse.

❊ ❊ ❊

No había otra razón para quedarnos en Wyoming ahora. Hicimos nuestras maletas y nos fuimos al rancho por última vez. El abuelo Doc estaba en la nueva casa sentado en su sillón al lado de la chimenea, jugando con las cenizas con su marcador de hierro largo. Su cara estaba desencajada y le colgaba del cráneo como el cuero que ha sido expuesto a un clima duro. Un vaso de whisky descansaba cerca.

—Tranquilízate, Papá —dijo mi madre y él asintió, pero sus ojos no eran los de un hombre que había planeado tener cuidado de nada. Tenían el brillo mate del plomo.

Al atardecer, me senté en la baranda con él mientras el sol caía en la montaña Elk. Una cinta de color se resbalaba de las nubes y salpicaba la cresta: rosado como una concha y luego anaranjado metílico ardiente. Lo contemplamos en un silencio acompañado. Finalmente había aprendido cómo lograrlo. George estaba paseando por la pradera con la bisabuela Clapp y su falda se inflaba como la vela de una bestia marina, lista para envolverlo y hundirlo. En la distancia, alguien cantaba.

Llegó la noche antes de que nadie encendiera las luces del interior de la casa y yo volteé y me encontré con los ojos de mi abuelo. Me hablaban de la forma en que lo hacen los ojos de los gringos. Le contesté con la mirada. Luego él habló.

—¿Ves hacia allá? —Él se movió y señaló a un lugar en el cielo detrás de mí. Giré. Dos águilas volaban en círculo en la noche perlada.

—Sí, sí las veo —le dije.

—Son dos —dijo enigmáticamente y luego se quedó callado. Las observamos volar displicentemente y luego emprender vuelo hacia los acantilados.

—¿Sabes sobre las águilas? —me preguntó. Moví la cabeza con un no.

—Vuelan boca abajo cuando se están cortejando. Se alocan. Hacen demostraciones y luego cuando se aparean, aparean para toda la vida. Para toda la vida. Si una se muere la otra no durará mucho tiempo. No sin aquella a quien quieren. No mucho tiempo.

Quería preguntarle sobre todo si había estado casado antes, como mi mamá. O si se casaría nuevamente. Tenía setenta años y a juzgar por la bisabuela Clapp tenía treinta años de vida por delante. Las respuestas a estas preguntas fueron no. Él se había casado con una mujer y se moriría habiéndose casado sólo con ella, pero nunca se lo pregunté. No me atreví a arriesgarme a molestarlo de la forma que había molestado a mi madre. Resbalé mi mano hacia su palma larga y me concentré en el bulto negro en la distancia.

—Abuelo, ¿tiene la montaña Elk un *apu*?

—¿Qué es eso?

—Un *apu*, un espíritu.

—Bueno, sí. Supongo.

—¿Cómo sabes?

—¿Ves como todos nos reunimos alrededor de ella? El viejo Widener allá, Joe Krozier ahí, yo aquí. No me sentaría aquí mirando hacia arriba si algo no nos atrajera, ¿verdad? Así es como yo lo considero.

—¿Se molesta tu *apu* alguna vez?

—¿Quieres decir como el volcán? No.

—Quiero decir que si tú haces algo que lo fastidia. Como por ejemplo excavarlo para buscar huesos.

—Bueno. Yo creo que los indios lo creen. Me dicen cosas parecidas. Pero no sé. Yo nunca he visto algo así y tiendo a creer en lo que veo.

Debo haberlo mirado muy intrigada porque prosiguió.

—Quisiera que fuera diferente, querida niña. Por supuesto que quisiera creer en algo del otro mundo. Algo que asegurara cien por ciento que veré a tu abuela Lo de nuevo. Simplemente no sé qué creer. —Me apretó la mano, se incorporó de la silla, abrió la mampara y desapareció adentro.

Esa noche escuché a mis padres discutir sobre nuestros tres meses en el oeste. La casa era pequeña, las paredes delgadas y podía recostarme sobre la frazada estirada sobre el sofá de mi abuelo y escuchar cada sutileza de la conversación.

Vicki estaba bien, decían, pero necesitaba algo de distracción, algo que le sacara la muerte de la mente, algo que la hiciera reír. Quizá un museo, una visita rápida a un lugar histórico, un concierto en algún parque. Marisi era fácil, ningún problema, parecía haber tomado todo normalmente. Pero George, parecía que estaba sufriendo. Él está bien dijo mi padre. No, no está bien insistió Mother. Estaba enfermo, algún trauma; ¿no se había dado cuenta? Un trauma de algún tipo. Probablemente debido a que se le había forzado a mirar a su abuela muerta, dijo Papi. No, dijo mi madre, cortante. Comenzó mucho antes de eso. En el Perú. Qué tontería dijo mi padre, pero definitivamente veremos a un doctor mientras estamos aquí, si eso te hace sentir mejor.

A la mañana siguiente el viejo Joe sin esposa llegó atravesando las curvas del paso Rattlesnake en su yegua comida por la sarna y de espalda hundida. Cuando terminamos de ingerir el último *pancake* del abuelo Doc —más ligeros y dulces que los que nos había preparado algún sirviente— el viejo Joe mostró su cara en la puerta y gritó. —¿Alguien va a Rawlins? ¿Tienen sitio para un jinete de puño grande y posadera pequeña?

Fuimos a Rawlins ese día. Dejamos a Joe. Lo vimos entrar en el bar en la calle un poco más allá del edificio Ferguson. Luego abordamos el tren que nos llevó a Boston. Era un pueblo grande, un pueblo duro, con nada para recomendar excepto que mis padres se agarraron de la mano brevemente cuando caminaron por el Fenway. Pero recuerdo que vimos tres cosas allí que nunca habíamos soñado ver: un televisor, una rocola y un psiquiatra.

La televisión estaba en el salón del hotel; había dentro un hombre cubano, riñendo a su pelirroja esposa. Era exactamente lo que hacía reír a Vicki. La rocola estaba en la esquina de un mostrador donde se vendían gaseosas; le puse una moneda de cinco centavos y nuestra camarera se paró junto a nosotros y gemía cada palabra de la canción. El dios de la mente estaba en el Children's Hospital; le dio a George un pomo de píldoras e hizo que su cara se relajara, suave, tranquila como las dunas de Pachamama, sonriendo e invitándonos a casa.

9

LA CONQUISTA

Power

No sólo Pachamama nos daba la bienvenida en Lima, la tensión también nos recibió. La espalda de Abuelita formaba un arco.

—¿Y la abuela Clapp? —me preguntó Abuelita, pronunciando el apellido correctamente como el sonido agudo de un pistolazo—. ¿La vieron antes de que muriera?

O sea que sabía sobre los Clapp. Con esa salva me resultaba claro que las peleas entre ella y mi madre se reiniciarían. Mucho después, cuando estaba crecida, Papi me contó que durante años habían llegado cartas a la casa de mi abuelita dirigidas a mi madre con el nombre de Clapp impreso claramente sobre los sobres. Cuando los comentarios de mi madre le indicaron que las cartas eran de sus padres, él no dijo una palabra, nunca planteó una pregunta. Pero entonces se encontró previniendo aniegos y tapando las goteras con anticipación.

«Cambió su nombre por el de Campbell antes que la conociera en Boston —les dijo una vez—. Clapp tiene un significado médico desafortunado en los Estados Unidos. No muy agradable para una mujer».

¿No muy agradable? Clapp, como en *cloepian*, sajón que significa «nombre»; o *clappen*, inglés medieval para «golpe». Por ejemplo: el ángel nombrado Clapp sacudió (golpeó) sus alas, tiró (golpeó) una montura sobre su caballo, y galopó hacia las puertas celestiales. ¿Qué tiene de desagradable eso?

Tanto mejor. Pero una traducción prestada del francés se metió en el camino en los Estados Unidos e hizo la vida miserable para Mamá. Clap, *c'est à dire*, *clapier*, un burdel, o más exactamente, *clapoir*, una llaga venérea. Por ejemplo: *le diable, en visitant le clapier, a trouvé un clapoir dans une partie de son corps que je ne veux pas mentionner ici.* En otras palabras, no muy agradable para nada.

O, para darle un sentido más agudo, ver la edición de 1828 del diccionario Webster. *Clapdoctor: aquel que es hábil en curar el clap.* Pero si el nombre ha sido suficientemente bueno para seis generaciones de Clapp en los Estados Unidos —entre los que se encuentra un cirujano bucal—, ¿por qué no iba a ser bueno para mi madre? No, no. La explicación no iba a ser válida. Pero el asunto nunca se tocó abiertamente.

Había otras preguntas que permeaban en el aire como un olor feo y la familia era demasiado educada para reconocerlo: «Ahora que estarás viviendo en Lima, Marisi —me preguntó mi abuelita, como si fuera toda una señorita— ¿a qué iglesia vas a asistir?». La pregunta tan abrupta, cuando se la repetí a Mother en nuestra pensión de la Avenida Ricardo Palma, la empujó al cuarto de al lado. Parecía que también mi alma sería su campo de batalla. Había escuchado a Mother quejarse de que Abuelita no tenía el derecho de bautizarme como católica a sus espaldas. Había tratado de hacerlo con Vicki, dijo Mother y fracasó; la única forma como George se había librado era por haber tenido la buena idea de nacer en Wyoming.

En nuestro segundo día de regreso en Lima, cuando Abuelita anunció que me recogería de la pensión para llevarme a misa, Mother le respondió diciéndole que ella ya me había inscrito en la American Union Church. No parecía preocuparle a nadie que ardiera en los infiernos si iba y venía a diferentes iglesias. Yo misma se lo había escuchado decir a un sacerdote. Pero claramente la disputa no era sobre el infierno. Era sobre la voluntad.

—Jorge, ¿qué hago para que me deteste tanto tu madre? —le susurró Mother un día. Se les había dado por irse al cuarto de al lado para hablar en voces destempladas.

—Nada específico —contestó—. Pero eres gringa, querida. Tu presencia la ofende.

—Somos culturas distintas —declamaba mi abuelita sobre la diferencia entre Lima y Rawlins. Somos dos culturas muy diferentes. Pero yo podía darme cuenta de que quería decir que la suya era mejor.

En una semana, mis padres encontraron un lugar para vivir. Nos deslizamos a nuestros nuevos dominios en la Avenida Angamos como si fuera algo familiar, pero había algo ajeno en ello. Un cambio. La casa no tenía nada de grandioso. Con certeza no era la construcción colonial amplia a la que estábamos acostumbrados, con arcos salientes en el frente y el sector de los sirvientes en la parte posterior. No lo había comprendido cuando mis padres lo habían discutido en la mesa de la cocina en Rawlins, pero Papi estaba renunciando a W. R. Grace para fundar una firma de ingenieros en Lima. Era un sueño que tenían los hermanos Arana, un vínculo para honrar a su padre. Cuando finalmente entregó a Grace su renuncia a los treinta y ocho años, Papi era el hijo mayor, el más distinguido y más exitoso de los tres hijos de Abuelito. Para él, el lanzamiento de esta nueva compañía de ingenieros, Techo Rex, era el cumplimiento de una obligación. Para mis tíos, Víctor y Pedro, bastante más jóvenes y con ambiciones muy grandes, era un salto a la fortuna. Para nosotros, los niños, hacía tiempo que nos había llegado la prosperidad —ya habíamos probado la buena vida—, por lo que el cambio significaba algo más. En términos reales, habíamos dejado de ser los protegidos de una compañía gringa rica: teníamos menos dinero, menos prestigio, menos protección contra los vientos duros de la política peruana. Menos poder. Estábamos en una casa pequeña, enfrentándonos al ajuste de la vida urbana sintiendo una marea bajo las cosas.

En ningún lado era más evidente esto que en los rangos de los sirvientes. Había uno donde antes había seis. Nora tenía diecinueve años, una niña tímida con una cara linda y una cola de caballo gruesa y negra. Limpiaba y barría, cocinaba y compraba, pero apenas tocaba nuestras vidas conscientes ya que trabajaba sin parar de aquí para allá con todas las exigencias de su día.

Nuestra casa estaba en la planta baja de una casa de piedra y estuco de dos pisos en la zona residencial de Miraflores. Rejas negras protegían las ventanas; nada protegía su puerta. Al frente, en la avenida, había un terreno abierto casi vacío adentro, salvo por la tierra y el bosquejo de una torre de departamentos imaginada. Un poco más abajo, la mansión del embajador americano: de estilo colonial español con balcones anchos y elegantes. Un aluvión de fucsia salpicaba sus paredes.

Nuestros cuartos eran angostos, cerrados, oscuros en días soleados. Los vendedores ambulantes que llegaban pregonando pan y fruta eran gente citadina impaciente, con bolsillos sonoros y prisa. El jardín era mínimo —una ilusión de Potemkin— sin lugar para los juegos de chicos. Después de la escala de Paramonga a Wyoming, George y yo nos dimos cuenta de que necesitábamos restringirnos, reducir el radio de acción y pensar en pequeño. Habíamos retrocedido en toda medida material. Las preocupaciones empezaban a surgir.

—Los niños necesitan uniformes de colegio, Jorge.

—Compra lo mínimo, por favor.

El último lujo que aún teníamos —el aula de mi madre, un lujo del espíritu si no del monedero— se cambió por los pasillos sepulcrales del colegio Roosevelt. «¡Un colegio de verdad, con libros en inglés y profesores americanos!», resplandecía mi madre, pero cuando fue a la oficina de matrícula, parecía un edificio inmenso, lleno de gringos arrogantes y un ruido de campanas ensordecedor. «¿La escuela americana? —mi abuela resolló cuando él se lo contó—. ¿Con todos los colegios católicos buenos y antiguos en esta ciudad?»

Nos metieron en lana gris y camisas almidonadas. En nuestro primer día de clases, Papi nos llevó a la entrada de la casa donde se paraban como centinelas los ansiosos geranios rojo brillante.

—Éste es Tang —dijo señalando a un hombre redondo como un Buda bonachón que asentía desde dentro de nuestro Studebaker amarillo—. Primero me lleva al trabajo y luego los conduce al colegio. Presten mucha atención. Ésta es una ciudad grande. Pasan cosas malas.

Mother, parada bajo el marco de la puerta tallada, nos hizo adiós con la mano. —¡Van a aprender mucho! —gritó. Pero volvió a la casa como si hubiera algo que acabara de perder.

El patio del colegio Roosevelt estaba repleto con cientos de niños que revoloteaban y gritaban, esperando que sonara la campana. Nos escurrimos por la puerta y nos quedamos parados deslumbrados.

Una niña como de mi edad estaba reclinada contra la pared y nos miraba. Tenía piel oscura, era frágil y sus ojos saltaban de su cara como huevos duros, azul-blanco y de goma.

—¿Primer día? —preguntó. Yo estaba mirando a mi alrededor como una conspicua recién llegada. Asentí que sí lo era.

—¿Hablas inglés? —dijo, más como un hecho que como una pregunta.

—Sí —respondí, lista para probarlo. Pero ella prosiguió en español y mi afirmación se quedó colgada en el aire como un silbido.

—Entonces vas a estar bien —me aseguró—. No te preocupes. Soy Margarita Martínez. Mi inglés no es muy bueno. Me pusieron en la clase de la señora Arellano.

Había dos secciones para cada grado en el Roosevelt, explicó Margarita. La principal era para los angloparlantes y una más pequeña para aquellos que hablaban el español. Examinarían mi capacidad y me pondrían donde correspondía de acuerdo con mi nivel de lenguaje.

El hombre que decidiría mi suerte se sentía contrariado en compañía de niños. Pude darme cuenta desde el momento en que me llamó. Tenía el ceño fruncido y estaba intranquilo, alisando su pelo con los dedos y mirando impacientemente su muñeca. Seguí su cabeza anaranjada hasta llegar a un cuarto junto a la oficina del director.

—Señorita, ¿usted habla inglés o español en casa? —preguntó en español, indicándome una silla.

—Ambos —le contesté y miré su pelo. Había algo milagroso en la forma en que se levantaba en la parte de arriba y se le pegaba alrededor de las orejas.

—¿Cuál lees?

—Ambos —volví a contestar.

—No —dijo tamborileando los dedos de una larga y blanca mano sobre la superficie de la mesa. Vellos dorados salían de sus nudillos. Tenía un anillo protuberante como el de un primer ministro. —No me entiende. Debe haber una diferencia en el

nivel que habla y lee los dos idiomas. —I-dio-mas. Su español
era amplio y acentuado como el de mi madre. Abrió una carpeta
verde y la revisó y luego cambió sus preguntas al inglés. —Lo
que le estoy preguntando, señorita, es sobre qué idioma tiene
usted dominio. No figuran transcripciones o exámenes aquí.

—Yo creo que los dos son iguales —dije.

—Señor —dijo.

—¿Qué?

—Creo que los dos son iguales, *señor*.

Repetí la frase después de él. Nunca había escuchado a
nadie en los Estados Unidos de América hablar así. Quería
tirarme al suelo y gemir, sus palabras me parecían idiotas. Pero
no había nada simpático acerca del hombre.

—Aquí —dijo—. Léame de este libro. —Me empujó un
volumen marrón por encima de la mesa, juntó dos dedos y jaló
el puño de una camisa blanca de la manga de su chaqueta.

Le di vueltas al libro con las manos. *Indians of the Great
Plains.* Indios de las grandes praderas, anunciaba la cubierta. Lo
abrí. —¿Qué parte le gustaría que lea? —pregunté.

—Cualquier página —dijo—. Escoja una. —Se recostó en el
respaldar y cruzó sus manos detrás de la cabeza.

Lo hojeé mirando las imágenes. Casi a la mitad del libro
había una titulada «Brujo con sonaja» o palabras parecidas. El
brujo estaba mirando afuera de una carpa, sosteniendo un arte-
facto. En la parte de adelante, un indio bravo en un taparrabo
corría hacia un río con el pelo suelto en la espalda como alas. El
texto era bastante interesante, algo como esto: *Luego de la última
ceremonia vaporosa y sudosa, el indio se sumergía en el agua
durante el verano o se aventaba sobre un montículo de nieve en el
invierno. Purificados de esta manera, estaban listos para hacer una
ofrenda al gran espíritu o buscar una señal del Gran Más Allá.*

Contemplé las palabras y consideré mi situación. Podía leer

esto en voz alta y me pondrían en la sección de inglés. Era tan sencillo como eso. O podía hacerme la loca como le gustaba decir al abuelo Doc. Engañar al arrogante.

Cerré el libro y lo puse sobre la mesa. —No puedo leer esto —dije y miré hacia arriba.

—¿Ni siquiera vas a intentarlo?

Moví la cabeza. —Muy difícil.

—Bueno, lea esto entonces —dijo y me dio otro libro. Era delgado y brillante como una galleta con dulce.

Lo levanté, lo hojeé. Luego lo abrí y puse sobre la mesa frente a mí. —Jane ... ju-ju-ega con la ... pelota.

—Ya veo —dijo luego de algunas páginas de esto—. Así me parecía. Esto será suficiente. —Garabateó un comentario largo en mi expediente.

Me pusieron en la clase de la señora Arellano y, por lo que parecía un largo tiempo, mis padres no se dieron cuenta. Cargaba mi Historia del Perú ilustrada para niños, memorizaba toda la letanía de los gobernantes incas hasta que pude recitar sus nombres quechua como una metralleta.

Y Margarita Martínez me prestó atención.

◼ ◼ ◼

Hay una historia que cuentan en Cajamarca sobre los cuatro hijos de una familia honorable que conoció el valor de la honestidad, los placeres del trabajo duro y el valor de un trabajo bien hecho. El primer hijo se puso a construir casas. El segundo llegó a ser general del ejército. El tercero fundó un banco. El cuarto se fue al oriente e hizo sombreros. Pasó el tiempo y el sombrerero se enamoró de una mujer de ojos verdes. Le pidió su mano al padre. Pero como estaba escrito, su padre lo rechazó. No era solamente que el negocio de sombreros de paja no fuera de importancia adecuada. El pretendiente no tenía la piel muy blanca, ni los ojos muy claros, ni era su lenguaje muy elegante y, para rematar el rechazo, entre todos sus hermanos, le habían dicho que él era el que tenía menos poder.

El sombrerero no aceptaba una respuesta negativa. Tenía la intención de ganarse a la señorita de los ojos verdes. Primero, consideró su situación. Nada podía hacer sobre el color de su piel, la brillantez de sus ojos, ni la habilidad de su lenguaje, pero ciertamente podía hacer algo sobre su poder en el mundo. Le quitó una mansión a su hermano mayor, mató al general y se adueñó de sus hombres, secuestró a su hermano, el banquero, y creó un imperio. Y cuando había terminado, la mujer de los ojos verdes era suya.

Entonces, ¿cuál es la moraleja de esta historia? La respuesta que viene de Cajamarca es ésta: haz lo que puedas. No puedes cambiar la piel, no puedes arreglar el lenguaje, no puedes aclarar los ojos, pero el poder es para tomarlo. Róbalo, miente y mata si tienes que hacerlo. Puedes ganarte a la niña de los ojos interesantes.

Recordándolo, comprendo lo que estaba pasando, aunque ciertamente no lo comprendía en aquel momento. Mother había hecho un trato con Papi. Él podía tomar el riesgo de renunciar a Grace y unirse a sus hermanos, podía ponernos en una casa más pequeña, pero la primera porción de su sueldo sería para el colegio Roosevelt y sus hijos serían educados como americanos. No había contado con las realidades de esa decisión. Roosevelt era donde iban los americanos prósperos. Era donde iban al colegio los hijos e hijas de diplomáticos, industriales, banqueros. Si yo hubiera seguido siendo una pequeña princesa del reinado de Grace, hubiera tenido algo que ver en eso. Como estábamos, nos habíamos convertido en niños de circunstancias disminuidas. Nunca lo dijimos, nunca nos quejamos, pero saber que habíamos perdido nuestro poder no llegó sin sus consecuencias. Mi instinto era el de Cajamarca: haz lo que puedas. Reclámalo.

No tenía poder entre las americanas ricas. Sin embargo, podía tontearlas. Enredarlas, seguir su juego. Mentiría, trampearía, bailaría rápido si tenía que hacerlo. Yo ganaría a la niña de los ojos saltones.

Aunque me las arreglé para sentarme en el pupitre vecino a Margarita Martínez, no resulté ser una amiga especialmente buena con ella. Jugábamos juntas cuando podíamos, pero ella estaba demasiado interesada en las muñecas para mi gusto. Su casa estaba sobre la avenida y a la vuelta de la esquina de la nuestra, más importante y con un séquito de sirvientes que la acompañaban por la calle.

Por algún motivo, no había podido ingresar a ninguno de los colegios distinguidos para niñas y su padre —el dueño de un restaurante— había hecho lo que podía. Se las arregló para que entrara al colegio de los americanos. Era tímida, algo estirada en el patio de juegos, y yo me divertía mandoneándola más de lo que debía. Le hacía hacer las cosas a mi manera.

No puedo decir lo que había en el corazón de mi hermana o de mi hermano, pero definitivamente en el mío había un apetito. Me encontré buscando a mi alrededor y evaluando qué tipo de poder estaba a mi alcance. Algo parecía existir: con los niños peruanos del Roosevelt alardeaba de ser realmente gringa. Con los gringos, me hacía la bizca y recurría al español. Con las tímidas como Margarita, jugaba a ser la reina. Hacía lo que podía.

Pero había algo más, mucho más potente. Conforme me instalé en esa casa de Lima, con su puerta principal directamente sobre la calle, comencé a decodificar un sistema que no había sospechado en las haciendas, aunque la jerarquía era evidente. Comencé a ver que no sólo los gringos ricos ejercían una buena parte del poder en la ciudad; esto era aparente en sus casas, sus carros, su ropa, sus juguetes; pude apreciar también que los peruanos más claros de piel, aquellos con sangre india menos visible, eran los que mandaban en el Perú. Mientras más sangre española corría por tus venas, mayor poder tenías. Quizá yo tenía aquí una ventaja, quizá podía cosechar el beneficio. Nadie lo ponía en avisos ni enviaba a los menos favorecidos al otro lado de los rieles, pero la evidencia estaba por todas partes: los indios eran los sirvientes, bestias de carga, obreros de construcción, vendedores ambulantes, mendigos. Los mestizos eran los dueños de las tiendas, oficinistas y pequeños empresarios. De vez en cuando veía a un chino o a una japonesa detrás de un mostrador o un negro alto en uniforme cuidando las puertas de un hotel elegante. Las variaciones eran relativamente pocas. Pero la casta más alta, los terratenientes, los intelectuales, la clase adinerada, eran casi siempre los blancos. Obviamente, mis abuelos no eran ricos. Pero aun cuando mi abuelo se había refugiado en los altos y frustrado su carrera, los dos tenían una posición respetable en la sociedad peruana. Habían heredado la hacienda de la sierra cuando murió tía Carmen. Tenían una casa cómoda en un barrio atractivo de Miraflores. Teníamos algo también que nunca podíamos perder. Éramos gente decente. De las buenas familias. Como le gustaba decir a mi abuela, «somos puros hispanos», españoles hasta la médula.

Había tenido cierta experiencia con el poder de la piel. Había sido de una raza cuestionable en el país de mi madre. A pesar de nuestro descenso material, yo seguía siendo miembro de la clase alta en el país de mi padre. No utilicé esta información inmediatamente, pero la consigné en el espíritu del arribismo. Era la moneda del reino.

⚒ ⚒ ⚒

Durante toda mi infancia y hasta hoy día, George sería siempre nuestro psiquiatra, el sismógrafo de la familia, su delicado tejido emocional nos advertía sobre cambios sutiles en nuestro terreno.

Sus píldoras pequeñas amarillas funcionaban tan bien ahora que había superado sus tics, sus temores y su dispersión. El brujo de Boston le había hecho recobrar su hermosa cara. Las píldoras consistían en un tratamiento de seis meses para el estrés; eran tan efectivas que mi hermano se había convertido en un ejemplo de valentía —cruzaba corriendo por el tráfico, se tiraba de los árboles y saltaba los muros de la vecindad.

Era tan ruidoso que el hijo del embajador no jugaba con nosotros. Su empleada movía la cabeza, indicando que no en la puerta. Estaba demasiado ocupado con un tutor, decía, o en una fiesta o se bañaba.

Pero había otros que deseaban unirse a nosotros en el terreno polvoriento bajo la torre imaginada. Bárbara, la suiza de pelo como casco cuyas uñas del pie estaban tan limpias que parecían conchas. Roberto, el hermano de Margarita, un chico travieso que ganaba puntos interceptando secretos que Vicki garabateaba sobre el papel, los metía en una lata y los enviaba por medio de una cuerda a un amigo a los altos. Albertito Giesecke, quien rechazó darme un beso porque se había entregado a Dios. Sandra, la japonesa americana cuyo padre pertenecía al ejército de los Estados Unidos, estaba acumulando jamones marca Swift Armor en un refugio para bombas que había excavado bajo su casa. La misma Margarita que se sentaba al borde de la vereda y nos miraba actuar con sus ojos saltones. George no había tenido problema en convencerla para que lo besara. Los había visto hacerlo en el terreno detrás del muro.

—Juguemos a Pizarro —dijo George un día, saliendo del terreno con un tazón sobre la cabeza—. Sólo necesito una lanza y un caballito. —Recogió dos palos de madera—. ¡Aquí está! —y puso uno de ellos entre sus piernas—: mi caballo. —Luego alzó el otro sobre su cabeza como un conquistador alocado del Apocalipsis—: mi arma.

La conquista se convirtió en nuestro juego en esa ciudad virreinal. Volvíamos a jugarlo día tras día así como un jugador que entra vacilante en un casino para tocar el fieltro de una mesa. Compra las fichas. Gana el pozo. Gana una guerra, gana un beso, gana el Perú. ¿Quieres probar mi espada? *Zas*. Mueres. Descuartizo como ellos descuartizaron a Túpac Amaru. De la manera como amarraron sus cuatro extremidades a cuatro caballos y sus jinetes partieron. De la manera como encurtieron su pene.

Me olvidé de *qosqos* y *apus* y las burbujas de energía y la piedra negra de Antonio por un pedazo de la Conquista. Quizá me convencieron mis textos escolares, con sus elogios exagerados de Pizarro y sus ilustraciones grabadas espléndidas de la subyugación del inca. Quizá fue la ciudad que me sedujo, con sus palacios de concreto y su pompa. «¿Ves esta magnificencia?», decía Papi cuando atravesaba a pie la Plaza San Martín con los brazos abiertos al aire y volteaba su torso como César ante Roma. «Éste es nuestro patrimonio. Éste es tu derecho de nacimiento. Tus antepasados construyeron el Perú. Tu bisabuelo vivía allá durante sus últimos días en el piso más alto del Hotel Bolívar. Todos los días se ponía escarpines y chaleco y se encaminaba al Club Nacional para una copita de jerez con sus amigos. Nuestra familia vivía en estas calles. ¿Ves estos postes en la plaza? Yo ayudé a construirlos cuando tenía quince años y era un aprendiz en una fundición de artista. Tu mundo está aquí. Tu historia está aquí, Marisi. Eres el corazón y el alma de este país».

La conquista. En una época cuando el mundo estaba listo para tomarlo. Cuando los wari conquistaron a los moches y el inca conquistó a los wari y los españoles conquistaron a los incas, y los árabes llegaron a España y los vándalos arrasaron con Roma. ¿Qué puede ser más emocionante que saltar inesperadamente a una tierra ajena? Tómala. Reclámala. Pon una bandera. Hasta que algo más poderoso llegue.

«Te ordeno que te detengas», le dijo Canuto al mar. Pero las olas lamieron la arena como siempre lo habían hecho. Ah, pero hay siempre algo más grande. Llámalo Dios. Llámalo muerte. Se deben tomar las cosas mientras se pueda.

Menos de doscientos hombres tomaron al Inca. Caminaron de Tumbes a Cajamarca con caballos, un poco de pólvora y espadas. Capturaron un imperio que gobernó a más de veinte millones: el Tahuantinsuyo, dominio poderoso del Inca. ¿Cómo? Ciertamente no fue debido a que eran más astutos. Los incas habían alcanzado un nivel de civilización que la misma España no conocía. Los señores de los Andes eran ordenados: alimentaron a su pueblo, irrigaron sus desiertos, construyeron fortalezas inexpugnables, gobernaron con mano de hierro. Ciertamente no debido a que ese regimiento destartalado de ciento sesenta y ocho era suficientemente poderoso para detener a un mar de nativos. Si los incas lo hubieran querido, se los hubieran podido engullir, beber su sangre. ¿Por qué no lo hicieron? Aquí está: porque sintieron que funcionaba una magia, una fuerza indefinible del destino. Luz negra. Abre el *qosqo*: absorbe. España atravesó Europa alardeando sobre su victoria militar pero ésta no fue una victoria. No. La verdad estaba toda en esa ciudad, aunque fui lenta para verla. El Perú no era un producto de la conquista. Había sido forjado de una rendición trascendente.

Nuestra pequeña banda corría por el vecindario día tras día después del colegio, actuando la versión española de la historia. Yo marchaba hacia el terreno con cartones amarrados alrededor de las rodillas, un balde de lata sobre la cabeza, una tapa de basurero en una mano y un palo fuerte en la otra. Yo era Don Pedro, El Cruel. Yo era Boabdil. Yo era el Cid, listo para morir, hambriento de venganza.

Era un trabajo duro, este adoctrinamiento de mi misma. Este currículo improvisado en el poder. A menudo, apenas resistía. Uno de mis leones se salió de la jaula un día sorprendiéndome a mí y a mis hombres; había estado durmiendo junto al fuego, saturada con ron y pinchos de corazón. El rugido era débil al principio, como el ruido de un huayco distante —una roca chocando con la otra— y luego me desperté para ver que el animal venía hacia mí por el pasillo. Era masivo, rubio, cruzaba las losetas girando sus hombros. Su cabeza se movía con las justas.

Agarré mi manto y me lo ajusté alrededor del brazo. Mi guardia tambaleó hacia atrás, un flequillo de pelo lacio golpeaba su frente. Ella cayó en un barril vacío. El ruido despertó a mi ministro quien se puso de pie y sacudió el polvo de sus vestimentas. Sus ojos crecieron cuando vio al felino que se acercaba, pero no saltó con su vara; se escurrió detrás de mi sofá asustado como un hurón en su hueco. Avancé para encontrar a la bestia, blandiendo mi espada —Tizona— sobre mi cabeza. Luego sucedió algo muy mágico. El león se detuvo y observó mi avance, como si sólo mi forma lo hipnotizara. Rugió una vez, levantó su frente magnífica y dirigió sus ojos de un lado al otro.

Caminé hacia él, lo tomé de la melena, lo llevé de regreso a su jaula en el pasillo de al lado y allí lo metí. Cuando mi hermano entró ruidosamente con su armadura, listo para defenderme, volteé y levanté dos dedos para señalar que había sido bendecida por el escudo de Dios. Luego sacudí las manos.

Después de eso estábamos en el desierto en busca de los condes de Carrión. Habían cometido actos malignos contra mí y sus esposas. A mí, me habían traicionado con palabras, con promesas zalameras e insidiosas que nunca habían cumplido. A sus esposas, casi las habían matado. Las habían inducido a salir a un prado con palabras y vino. Pero una vez allá, las habían pateado, les habían dado de latigazos y las habían desnudado dejándolas allí para que murieran. Había escuchado sobre estas acciones cobardes por mi escriba, quien me las leyó de un rollo de pergamino manchado de sangre.

Rescaté a las esposas y curé sus heridas mientras que George siguió cabalgando para darles su merecido a los condes que huían. Los encontró en las afueras de Valencia, llorando al pie de la pared de apoyo, viendo la reflexión de sus seres pequeños y absurdos en el brillo de los ojos de su conquistador. Pusieron las manos en alto. Cuando llegué galopando en mi carroza con sus mujeres abrazadas a mis piernas, se rindieron ante mis cadenas.

Fallecí unos días más tarde, pero no antes de hacer planes. Reuní a mis hombres. Embalsámenme, les dije. Encuentren a Clam-Hand Wooten, tráiganlo aquí en la bala de plata con los perros voladores a los lados; díganle que me maquille la cara que tiene ahora tantas cicatrices por tantas batallas. Luego amárrenme a Babieca. Se resistieron ante esto, pensando que mi caballo sentiría que estaba muerta y que me tiraría a la tierra al costado de una carretera. Pero no, dije, Babieca es leal, cargará mi cadáver. Hagan todo esto, hombres, y luego dirijan al caballo hacia el campo de batalla. Envíenlo contra el rey Cucar, con mi cuerpo sobre su lomo.

Hicieron exactamente lo que les dije. Me limpiaron y me amarraron a Babieca y luego nosotros dos partimos para encontrar a los moros. Estaban aterrorizados cuando me vieron, apretando sus corazas al ver mi pelo volar en el viento. «¡Pero estaba muerta! —gritaron—. ¡Nos dijeron que estaba muerta!» Y luego se dispersaron como cucarachas locas. Se desvanecieron.

—Por supuesto que te gustan esos juegos —decía Abuelita cuando una tarde nos servía el té—. Ustedes dos son probablemente muy buenos para eso. —Papi nos había llevado a mí, a George y a Vicki a la casa de nuestros abuelos para lo que se había convertido en nuestra visita tradicional de los domingos. Mother se había excusado de asistir y se quedó en casa.

—¡Está en tu sangre, tú lo sabes! —continuó Abuelita—. No se olviden que el tatarabuelo general Joaquín Rubín de Celis de la Lastra fue el primer español que cayó en la batalla de Ayacucho. Hasta pueden decir que su caída del caballo marcó la independencia del Perú.

—¿Y qué tal Pedro Pablo Arana, el bisabuelo del otro lado? —se metió tía Chaba con el pelo recogido en un moño y un ojo puesto en mi abuelo encogido—. ¡Dirigió trescientos rebeldes a caballo! *¡Cataplún, cataplún!* Bajaba velozmente desde las montañas para combatir a los tiranos militares corruptos. —Tamborileó la mesa con sus uñas largas y rojas preciosas, como si fueran cascos. Sus ojos se alumbraron dentro de líneas de kohl exquisitamente dibujadas. Vicki sonrió triunfalmente.

El poder. Era un asunto familiar.

⧆ ⧆ ⧆

Conforme los hermanos Arana apostaban al poder —establecieron oficinas de Techo Rex en Lima, importaron los equipos de ingeniería americanos más modernos, complotaron como Keops para erigir algo monumental— en los confines de nuestra casa se jugaban todas las leyes de la termodinámica. El momento crítico estaba por llegar. El aire se llenaba de electricidad. Inclusive el nerviosismo que alguna vez permeaba a George ahora, por medio de alguna concatenación newtoniana de energía transformada, serpenteaba a través de la casa y penetraba a Mother. Su frente estaba perpetuamente hundida por las preocupaciones y sus ojos tenían el gris del cañón de una pistola. Sus dedos estaban comidos hasta quedar en carne viva. Ya no los veía bailando a lo largo del cuello del violín o moviendo el arco. Se le veía enervada, sin vida, moviéndose por las habitaciones, como si no supiera más dónde estaba. Buscaba claves que no estaban ahí.

Rara vez salía. Lejos de los gringos en las haciendas y libre de las obligaciones de una maestra, ella flotaba en una ciudad ajena, volaba sobre el bullicio como gasa en el aire.

Trataba de soportarlo leyendo filosofía. Los libros eran barómetros de su ánimo: *Así habló Zaratustra* de Nietzsche. *Las lecciones de la historia* de Will Durant. Los temas eran voluntad, control, subyugación: en trazos grandes, en gran escala. Cuando volvíamos del colegio, podíamos verla volver por etapas: el mentón arriba, el rápido parpadeo, la comprobación de que estábamos parados frente a ella y luego nuestra madre descendía la escalera de su mente y nos miraba desde alguna tierra lejana de la conciencia. Estaba allí. Pero también en otra parte, como un lince con su nariz al aire, oliendo huellas que pudieran llevársela.

Algo también se había introducido en Papi, pero era un problema diferente. Regresaba a casa cada vez más tarde. Salía con viejos amigos del colegio. Con ingenieros. Con compañeros del club. Con viejos amigos que encontraba en el bar. Salía.

Las excusas eran inacabables, arrastradas hasta las horas tempranas del amanecer. Palabras que se colaban bajo las puertas, sobre las almohadas, abriéndose paso en los sueños. En total había una sensación de *crescendo* destemplado como cuando una ópera se convierte en una danza del diablo. Las palabras enredadas, el largo gruñir, el martilleo en la puerta, el quejoso tono de la voz de mi madre cuando mi padre se tambaleaba ebrio. «¿Es esto lo que significa ser macho, Jorge? ¿Es esto lo que hacen los hombres en Lima?» Peleaban en las noches, se miraban despectivamente en la mañana, volteaban los ojos hacia arriba, se iban rápido del cuarto. Nuestro aire estaba repleto de su estática.

La electricidad era tan extendida que al final alcanzó también el agua. No teníamos nada de agua. Agua, el elemento que los chimú habían manejado tan hábilmente, que los incas habían dominado posteriormente —laberintos de agua que pulsaban a través del desierto como venas a través de un animal cálido—, el agua, se había detenido en Lima. Goteaba con dificultad de los grifos, amainando hasta convertirse en una sola gota y desaparecer completamente en el atardecer. Cuando la familia de los altos cocinaba o se bañaba, nuestra provisión se paralizaba y se nos llenaban las gargantas del hedor de inodoros fétidos.

Sucedió en agosto, cuando la garúa caía sobre la ciudad de la forma en que el humo se asienta sobre el fuego de musgo. Una neblina gris se encerraba entre el cerro San Cristóbal y el Pacífico de tal manera que no podíamos ver más allá de donde caminábamos. De tal manera que un sacerdote que se acercaba a su iglesia podía preguntarse si todavía tenía la cruz arriba. Era obvio que los *apus* estaban molestos, se burlaban de nosotros desde sus alturas. ¿Dijeron que necesitaban agua, ustedes, ollas podridas miserables de conquistadores chancheros y serranos descreídos? Aquí tienen. Llévenselo. Neblina.

Rara vez llovía en Lima. La ciudad no había visto lluvia de verdad por años. El agua colgaba del aire, golpeaba el litoral, pero la que se utilizaba era escasa. Incluso entonces, en la modernidad espléndida de Lima. Incluso entonces con ingenieros por todos lados. Toda el agua que había era la que veíamos. Se nos quedaba en la cara, envolviéndonos el pelo, enredando sus microbios tuberculosos en nuestros pulmones. No podíamos beberla, no podíamos lavarnos con ella, no podíamos hervir un huevo para la cena. Pero el peor de los fastidios era éste: Lima tenía sed. La cabeza sin cuerpo se acercaba. *Tac pum.*

Había una competencia para ver cuánta agua podíamos recoger en nuestros baldes, ahorrar para cuando los caños se quedaran secos. Al lado, en la casa completamente americana de Sandra, listo como estaba su padre para los misiles nucleares o un holocausto atómico, las repisas del sótano que crujían con jamones tenían problemas de encontrar suficiente agua para escobillarse los dientes. En nuestra casa, las cosas eran peores. Teníamos que competir con la gente de los altos.

Un sábado, Vicki abrió el caño, se mojó los dedos y se encontró temblando con electricidad y con su pelo crespo estirado. Nuestra agua estaba cargada, galvanizada, pero sólo en momentos determinados del día; comenzaba alrededor del mediodía, cuando Nora preparaba la comida principal y duraba hasta el atardecer.

Papi estuvo intrigado durante días, golpeaba cañerías, cerraba los grifos, metía cables de goma. Finalmente encontró la razón. Alguien estaba introduciendo un alambre eléctrico en nuestras cañerías desde el baño de los altos y lo estaba haciendo cuando más necesitábamos el agua.

Papi se plantó en la puerta de nuestro vecino con la prueba en la mano. Ellos negaron todo. Pero al día siguiente volvimos a tener un magnífico goteo. Nos dimos baños escasos de agua en la tina disfrutando de su tibieza.

Me fui a acostar contentísima esa noche, con la sensación de que las cosas habían mejorado. Mis padres habían ido a una boda. Nora nos había preparado un flan con un toque de anís y cubierto de azúcar quemada. Me deslicé bajo mis cubiertas y observé los ojos de Vicki parpadeando rítmicamente a través de las hojas de su libro, hasta que un dulce sueño me tragó.

Me desperté sobresaltada por un fuerte *zas* al otro lado del corredor. Me senté derecha. Vicki estaba profundamente dormida en su cama. Estaba oscuro, pero el fulgor tenebroso de la neblina iluminada por la luz de la luna derramaba su plata por el suelo. La voz de mi padre brincaba por el corredor, sobre las losetas. —¿Sin zapatos? —le dijo—. ¿Vas a salir así, sin zapatos?

—Sí —le respondió mi madre—. ¿Acaso me pediste mi

opinión cuando decidiste emborracharte hasta quedarte con los ojos como platos y me dejaste deambulando en esa fiesta idiota como una mujercita idiota, para darle pena a un extraño que me trajera a casa? No. Así que aquí tienes algunas noticias, hombre. Yo puedo caminar las calles de la ciudad cuando quiera y como quiera. Descalza si me da la gana. Estoy saliendo.

—¡Ándate entonces! ¡Chau! —Y pude escuchar a mi padre dar tumbos en el cuarto, agarrándose de las paredes.

La puerta de la entrada se cerró de un portazo. Luego hubo silencio, preñado y cargado como el ojo de un huracán.

Me deslicé de la cama, fui de puntas a la puerta, la abrí y me incliné hacia el pasadizo. Estaba tranquilo. Apreté los ojos en la luz. Había una marca en la pared del fondo donde mi madre había aventado su libro de filosofía. El volumen estaba abierto en el suelo. De repente mi padre apareció por el rincón y se quedó allí con un hombro pegado al portal. Me estaba mirando, tratando de enfocarme.

—Miaaah —dijo subiendo y bajando la mano como marioneta con un guante suelto—. ¡Nada, nada! *¡Ta ta ta!* ¡Imagínate! ¡Salió sin zapatos! —Se alejó, entró tambaleándose a su dormitorio y se tiró a la cama.

Corrí a la ventana de la sala y presioné mi cara contra la ventana, buscando a mi madre en la calle. La escuché antes de verla. El trajín de pies descalzos. Allí estaba lanzándose en la noche de Lima, desaparecía en la maldita neblina con la cola del camisón que la seguía. Una estela de cohete.

Fue el año de la salida, el gesto airado de largarse fue crucial: el clímax, la función teatral, el espectáculo. Papi buscaba la libertad. Mother se escabullía de la desesperación. Nuestras dos anclas se arrastraban libremente, bailaban en el fondo de un océano, se dirigían a playas diferentes.

Los regresos eran más humildes. El crujido suave de la

puerta, el retiro al cuarto de atrás arrastrando los pies, las caras
avergonzadas en el desayuno. Como si nada hubiese pasado.
Como si la pesadilla hubiese terminado. Como si los niños no
supiesen, no hubiesen oído. Como si el autor de la obra no fuese
un loco con una sola fórmula: salga del escenario por la derecha
con furia. Entre al escenario por la izquierda, olvidadizo. Hágalo
nuevamente, noche tras noche, aunque el público esté aburrido
y sus críticos, irritados.

Generalmente, la verdadera actuación venía entre los espec-
táculos. Las miradas evitadas. La simulación de que todo estaba
bien en nuestro mundo escindido. Nosotros íbamos al colegio.
Papi iba al trabajo, Mother se ocupaba de la casa y nuestras
comidas. Juntos eran la esencia de la sobriedad, el alma de la
civilización, el modelo de la voluntad.

¿Cuánto poder puede uno ejercer en un matrimonio?
¿Cómo podía cualquiera de mis padres cambiar el alma del
otro? Me he planteado estas preguntas al parecer toda la vida,
aún cuando fui madurando y mi propio matrimonio falló, se
derrumbó sobre sí mismo y finalmente implosionó dejando un
hueco en el corazón. En la mejor de las circunstancias —en una
buena unión entre gente de una misma cultura— fusionar dos
vidas es una tarea ardua. Era difícil saber si Mother y Papi estaban sencillamente luchando con los contextos o si eran una
mala unión y punto. Ponderamos sus incompatibilidades, nos
crispamos frente a sus pleitos, preguntándonos quién saldría vic-
torioso. Sabía que tarde o temprano uno de ellos prevalecería.
Un ganador forzaría la mano. Un perdedor se sometería. Así era
el mundo. El orden natural de las cosas.

■ ■ ■

Fue alrededor de esta época que aprendí algo más sobre el
poder —que por más que te esforzaras no siempre sabías lo que

estaba en juego, no podías estar siempre seguro de quiénes eran tus enemigos.

George y yo estábamos en el terreno una tarde de primavera, golpeando pelotas de béisbol con nuestro bate, cuando escuchamos la voz de Papi que nos llamaba por encima del muro. Se le sentía alegre, hasta emocionado. Corrimos a ver cuál era la razón.

Junto a él, frente a nuestra entrada, estaba de pie Juan Díaz, el pongo de mi padre, el muchacho mensajero de Cartavio. Su pelo estaba engominado, su cara se extendía en una sonrisa y su bicicleta se reclinaba a su costado.

—¡Miren quién pedaleó seiscientos kilómetros desde Cartavio, Georgie! —dijo Papi con una genuina simpatía.

George, cruzó la calle corriendo, atravesó el pasto y saltó en los brazos del hombre sonriente. —¡Juan Díaz! —gritó—. ¡Dijiste que vendrías a verme algún día!

—Sí, mi amigo —dijo el hombre—. Mantengo mi palabra. —Era pequeño, delgado. Sus labios eran finos y anchos, casi morados, tenía los huesos de la mejilla angulosos y rojizos, los ojos volteados como los de un puma. Soltó a George y me miró.

—Hola, Juan Díaz —dije.

—Marisi —movió su cabeza hacia mí.

—¿Pedaleaste todo el camino desde Cartavio? —le pregunté.

—Dijo que lo haría —George chilló.

—Sí, me tomó días, pero lo hice.

—Eres como el chasqui —le dijo Papi, dándole una palmada en el hombro—. Llevas mensajes para el Inca desde el Cusco a las cuatro esquinas del Tahuantinsuyo.

—Juan Díaz —dije con una semilla de esperanza que se levantaba en mi pecho—. ¿También viene Antonio? —Recordaba que él y Antonio eran amigos. Aunque habían pasado casi tres años que no veía a Antonio, todavía lo quería.

—No, no —el hombrecito movió su cabeza peinada con goma—. ¿Antonio venir a Lima? No es posible. No, si su esposa panzona tiene que ser quien lo decida.

—¿Se ha casado? —dijo mi padre, sonriendo—. Bueno, bueno, me imagino que ya nunca dejará Cartavio.

—Un hijo dentro de su esposa y otro en su cadera. No va a ninguna parte pronto —dijo Díaz con satisfacción.

—Te dejaré con los niños, Juan —dijo mi padre—. Voy adentro a terminar un trabajo. ¿Por qué no te quedas? Sírvete algo de almuerzo. —Le hizo adiós y entró a la casa.

George y Juan Díaz jugaron con la pelota de béisbol luego de esto y se pasearon en la bicicleta. Me quedé parada en el borde del terreno, trataba de imaginar a Antonio con una esposa e hijos, sintiendo celos en mi corazón de nueve años. George estaba jugando con su propio amigo especial: se habían olvidado de mí completamente. Regresé lentamente a la casa, soñaba inútilmente y consideraba que si no podía tener a Antonio, el primo Nub consentiría en casarse conmigo algún día. Ambos parecían ahora tan lejanos.

A las cinco, después de un almuerzo tardío, luego de que Nora le había servido a Juan Díaz un plato lleno de arroz con pollo en la cocina y los miembros de la familia se habían retirado a hacer una siesta breve, me puse a curiosear en el garaje donde mi padre guardaba su tren eléctrico. No nos permitían tocar el tren cuando él no estaba allí, pero podíamos prender la luz y mirar tanto como quisiéramos. Me encantaba estudiar el idilio pastoril instalado en esa mesa: topiarios verdes, puentes arqueados, cerros con túneles. Había una estación de ladrillo rojo con una plataforma, una laguna de vidrio, dos cisnes de plástico, una iglesia con techo de aguja, una escuela color verde con una terraza. Nada allí parecía peruano. Quizá era suizo, pulido hasta la perfección. No había gente que nos diera una señal. El pueblo tenía el aire de un abandono a gran escala, como si todas sus almas hubieran partido por un imperativo tan inequívoco, tan veloz, que aún no había digerido la ausencia. Las puertas de la iglesia y la escuela estaban sin seguro y se mecían abiertas en sus bisagras para admitir a cualquier persona que pasara, cualquier ladrón. Las sillas en la estación de tren esperaban que los viajeros regresaran a ellas, miraran sus relojes, se preocuparan por los horarios. La banca del parque cerca de la laguna esperaba el retorno de un anciano que había estado sentado, hacía unos minutos antes de agarrar su periódico y caminar lejos del alcance de la vista.

—Marisi.

Me sobresalté. La lámpara que colgaba sobre la mesa no iluminaba bien los rincones del garaje. Achiqué los ojos para ver quién estaba allí. Baúles y maletas estaban uno sobre otro en una esquina, maquinaria oxidada en la otra y cajas de cartón cubrían las paredes.

—*Chist*. Por aquí. —Era la voz de un hombre que me llamaba desde una sombra en el lado lejano de la puerta de la cocina. Me incliné y lo vi.

—Juan Díaz —dije con alivio—. Me asustaste. ¿Qué estás haciendo aquí?

—¿Me puedes ver? ¿Me ves?

—Sí, pero dónde…

—¿Por qué no vienes aquí para que veas mejor?

Caminé a lo largo de la mesa, pasando la mano sobre el borde verde y suave. Podía ver su cara y sus hombros. Había un brillo opaco en la parte de atrás de sus ojos. No parpadeó.

—¿Viste que le di un paseo en bicicleta a tu hermano?

—Sí.

—Nunca tuve la oportunidad de darte un paseo a ti, Marisi.

¿Viste cómo se reía George? ¿Viste qué feliz estaba? —Se le veía tieso, forzado y su voz tenía un timbre raro. Era un timbre alto. Más alto de lo que recordaba y un tanto meloso.

—Sí.

—Bueno, ven aquí, bebita. Tengo algo para ti. Antonio me dijo que te gustaría.

—¿Antonio dijo eso? —me acerqué.

—Sí, niñita, Antonio. Me habló de ti, sobre lo sabida que eras para tus años. ¿Cuántos años tienes ahora? ¿Nueve? ¿Diez? Qué inteligente, qué graciosa, qué bonita. Ven acá muñeca.

Vi lo que él tenía para mí cuando di vuelta al rincón y estuve al frente de él. Estaba agarrando su cosa de hombre y moviéndola lentamente en la palma de su mano. Allí estaba, insolente como un niño prepotente, derecha, gruesa, dura. Me señalaba como una pistola apunta a un animal en una feria.

—¿Ves mi caballito? Ven, siéntate sobre él, gordita. Date un paseo que rebote. —Su voz era ligera, pero su cara estaba severa, su cuello tenso y rígido como una caoba tallada.

—No, Juan Díaz —le dije.

—Ven, niña, juega conmigo, siéntate sobre mí. ¿Cómo puedes decir que no? No le dijiste no a Antonio.

Moví la cabeza y me deslicé de regreso a las afueras del pueblo de mi padre. Tenía la garganta seca y las rodillas débiles.

De pronto, él se aventó hacia mí. Me tomó por los hombros y me empujó al suelo. —¡No quiero jugar contigo! —grité. El cemento estaba frío. Podía sentir su aspereza bajo mi falda. Me sujeté y luché contra él, empujando sus rodillas con mis pies. Su palanca se mecía sobre mi cara, la parte movediza de una máquina pesada. La alcancé y la agarré con mis dos manos. Él resolló.

Y entonces jalé con todas mis fuerzas.

Gritó y rodó agarrándose la ingle. Yo me escapé y me quité el pelo de los ojos. Luego subí a trancos las gradas de la puerta de la cocina, la empujé y corrí por la casa hasta mi cuarto.

■ ■ ■

Me senté sobre la cama sola y temblando, no grité, no pedí ayuda. Mi cerebro se desplazaba hacia delante a poquitos arando dentro del lodo. ¿Qué le había dicho Antonio a Juan Díaz? ¿Había sido la verdad inofensiva la que me había hecho esto a mí? Yo había tocado a mi amigo una vez. Le había enseñado un lugar de mi cuerpo. Pero eso fue todo. ¿Es que un simple relato de los hechos había sido suficiente para enviar a Juan Díaz detrás mío? ¿O es que Antonio había adornado la verdad? ¿Había él convertido nuestro ligero encuentro en algo más de lo que fue? O, como prefiero imaginar, ¿era Juan Díaz el que había adornado la verdad?

No le dijiste no a Antonio. Era cierto. No lo hice. Antonio me había dicho no. Tápate, dijo y luego había hablado de una fuerza mayor.

Mantuve los ojos puestos en la puerta esperando a que irrumpiera el mensajero y me tumbara en el suelo nuevamente. Pero pasó el tiempo y nada se agazapó en los corredores salvo mi propia mente confundida. Los juguetes con los que George y yo habíamos jugado esa mañana todavía estaban desperdigados sobre la cama: un rifle, balas rosadas, un bate. Los miré contemplando el mensaje que acababa de ser entregado. ¿Había un hombre torcido las palabras de otro? ¿O es que mi amigo había tejido un cuento tan distorsionado, tan feo, que el mensajero se había sentado allí por años, fascinado por este fenómeno de la naturaleza, esta niña, esta apoteosis de la perversión? ¿Se habían reído los dos simplemente y golpeado la mesa? ¿Puedes creerlo? ¿*Esa* duendecita?

Había otra posibilidad: que un incidente que había parecido natural tres años antes, libre de todo salvo una simple curiosidad, se había multiplicado por sí solo. Que mi curiosidad —aunque inocente— había violado algo tan prohibido, tan insondable, que un aire enfermo lo seguiría para siempre. La caja de Pandora. Levantas esa pequeña tapa, estiras esos dedos de bebé, jalas esa pequeña falda, luego ríes y te vas. Pero lo que se abulta atrás es tóxico. Lo que parece apenas fugaz, crece.

Siempre había sabido —por cada fragmento de mito y escritura bíblica que había sido plantado en mi cerebro— que aun cosas aparentemente inconsecuentes, tenían secuelas. Una manzana podía expulsarte del jardín. No sólo a ti, sino a todas las generaciones que seguían. Aquí, mira esto, déjame darle una mirada a eso y las toxinas fluyen, el mal se multiplica en mal, persiguiéndote tres años después. Un hombre en bicicleta viene a cobrar.

¿Quién puede decir dónde obtienen su adaptabilidad los niños? ¿Quién puede decir cómo dejamos atrás al terror y seguimos por el camino? No reclamo aquí una cualidad especial más allá de una bendita insensibilidad, una comprobación de que la vida estaba bastante fuera de mi control. Los padres tomaban nuevos empleos, las abuelas morían, los padres peleaban, las casas se encogían, las burbujas de energía chocaban, los venenos se escurrían, Campbell resultó ser Clapp, los leones se escapaban de sus jaulas. El don era seguir adelante.

Así fue que cuando George abrió violentamente mi puerta y dijo: «Bueno, vamos». Suspiré y corrí tras él, jalando mi armadura de lata. Juan Díaz se había ido. Había partido durante la siesta.

—¡Qué raro! —comentó mi madre, moviendo la cabeza—. Estaba segura de que iba a pedirle trabajo a tu padre. Esto demuestra que el hombre es más orgulloso de lo que pensaba.

No se lo dije a nadie en ese entonces ni después, controlando mi lengua cuando se referían a Juan Díaz una y otra vez por el resto de mi niñez, como la quintaesencia de una lealtad pasada de moda: su paseo de amor en bicicleta. No quería revelar mi complicidad, el hecho de que me hubiera mostrado a Antonio, el riesgo de que Juan Díaz pudiera delatarme, la posibilidad de que Antonio me hubiera traicionado: todas estas partes pequeñas de una verdad más oscura.

Dejé todas esas complicaciones atrás, hice lo que cualquier buen guerrero hubiera hecho: corrí a nuestro terreno y marché nuevamente hacia el campo de batalla.

◼ ◼ ◼

Conforme América Latina se deslizaba hacia una era anticapitalista y antiyanqui, George y yo entramos en una fase nueva propia de nosotros. Insistimos en jugar sólo juegos americanos. No teníamos idea que el clima político en el Perú era tan inhóspito para los Estados Unidos como lo era. No nos dimos cuenta de que el Perú estaba harto del coloso del norte. Tres años atrás la Agencia Central de Inteligencia había derrocado al gobierno izquierdista de Guatemala y los intelectuales peruanos estaban irritados por esto. Dos años antes, Fidel Castro había dirigido una banda de revolucionarios en el sudeste de Cuba para reunir apoyo popular en el derrocamiento del dictador respaldado por los Estados Unidos, Fulgencio Batista. Los Estados Unidos se estaban poniendo muy arrogantes con sus vecinos latinos. La insurrección estaba en el aire. En la Ciudad de México el Che Guevara estaba insuflando un fervor, planeando una revolución dirigida por una guerrilla contra los capitalistas, que esperaba se extendiera como fuego en el bosque desde la América Central, a través de los Andes, hasta Argentina.

No sabíamos nada de esto. Era extraño, entonces, que escogiéramos este momento para lucir nuestra musculatura americana, abandonar la conquista y jugar a los vaqueros. Habíamos ejercitado a nuestra manera un cálculo considerable en este cambio. Lo hicimos para dejar sentir alrededor nuestro peso y nuestra superioridad. Resultamos bastante exitosos en esto. Éramos más americanos que los americanos: más pretenciosos, más conspicuos, más vaqueros que nadie que se atreviera a aventurarse en nuestro pequeño espacio de la Avenida Andamos. Hay algo más, tan claro en retrospectiva, sin registrar en absoluto entonces: estaba jugando a dos mundos desde el centro. En el colegio Roosevelt, era muy peruana, cuidadosa de no hablar inglés bien, burlándome de los anglos torpes. Pero una vez que salíamos a la calle, era un rodeo chillón, haciéndome la anglo al máximo.

Me jactaba ante Albertito Giesecke, el niño de la cara de ángel que soñaba con ser sacerdote, que había mascado Big Red.
—Lo he mascado y escupido. Realmente lejos. Te apuesto a que podría escupirle a una caca de vaca si estuviera a una cuadra. ¡Tengo un primo que me enseñó cómo hacerlo!

—Nuestro abuelo es un vaquero —le gritaba a cualquiera que me escuchaba—. ¡Un abuelo vaquero! Un Doc Holliday viviente. Es dueño de una parte de Norteamérica que se extiende hasta donde alcanza a ver el ojo. Tiene ganado. Tiene caballos. Maneja un carro grande y brillante. Usa un sombrero de alas anchas. Somos mejores que ustedes.

Nuestra arrogancia florecía a pesar de que todo lo demás parecía esfumarse —conforme los pleitos de mis padres se hacían más públicos, Mother reñía a Papi abiertamente en las fiestas, él la desafiaba sorbiendo otro trago, mi abuelita se cansaba cada vez más de la gringa porfiada, los yanquis en general se convertían en parias, el fidelismo comenzó a crecer, la economía se desplomaba, conforme las pintas en la pared de nuestro

terreno denunciaban «Estados Unidos es una nación vampiro».
Un *pishtaco* pistolero vendedor de rock y cola, chupándose a sus
víctimas hasta dejarlas secas.

Mi madre, por otro lado, se volvía cada vez más patriótica.
En la mañana del 8 de mayo de 1958 nos despertó con una
directiva. —Niños, vístanse. Nos vamos al aeropuerto. El vicepresidente de los Estados Unidos va a llegar hoy. —Me puse un
vestido con fustanes de crinolina, tan adornado y femenino
como un tutú. Luego George y yo salimos. Tang estaba allí para
llevarnos.

—¿Cómo conoces al vicepresidente? —le preguntamos a
Mother mientras nos dirigíamos por la costa hacia el norte.

—No lo conozco —dijo ella—. Sólo quiero verlo. Es una
persona como ustedes o como yo. Quiero que ustedes se sientan
orgullosos de ser americanos.

La pista estaba bordeada de los pobres de Lima. Habían
salido de sus chacras polvorientas para ver pasar al gringo capitalista en su caravana motorizada con la bandera roja, blanca y
azul al viento. El aeropuerto estaba repleto de gente que empujaba por los pasadizos como niñitos en un día de carnaval,
tomaba refrescos y comía chicharrón. Le echaban el ojo a mi
madre mientras pasaba en su sastre de lana. Inflé mi pecho para
mostrar mejor mi atuendo.

Se abrió camino a codazos hasta un balcón abierto y nos
alineó a los tres en la baranda. Vicki y George estaban a un lado
de ella y yo, al otro. —Allí —dijo señalando. Luego, protegiendo
sus ojos como un general en un desfile, dijo nuevamente—:
Allí, niños, ése es nuestro vicepresidente, Richard Milhous
Nixon. —Un avión se dejó ver.

Era una máquina gigante, muy brillante, pintada llamativamente, que lucía las estrellas y rayas en ambos lados. Dio una
vuelta sobre Lima, entró, tocó la pista sin siquiera un ligero

sacudón y se deslizó hasta detenerse delante de nosotros. Se sintió un ruido en la muchedumbre mientras la gente se empujaba para ver.

Me empiné y me incliné sobre la baranda cuando se abrió la puerta del avión y salió un hombre en uniforme. Luego pasaron por la puerta dos americanos más. El primero tenía puesto un terno y el borde de su pelo tenía una v aguda. «¿Ves?», gritó una mujer detrás de mí. «¡El gringo Nixon!». El gentío avanzó nuevamente y yo me maravillé con la figura en la distancia. El hombre era una versión más clara de mi padre.

Parada allí, sentí que rebotaba contra la baranda, intrigada por el parecido, primero un ligero rebote y después como un velero en un viento fuerte. Algo me empujaba fuertemente hacia adelante. Volteé a tiempo para ver que mi madre levantaba su cartera para golpear a la persona que estaba detrás de mí. Un hombre en harapos estaba arrodillado empujándose hacia mi crinolina, sonriendo venenosamente al cielo. —¡Váyase, cholo! —gritó ella.

Le golpeó la cabeza con su cartera hasta que él se escurrió de rodillas y se paró. Estaba mirando libidinosamente con los pantalones abiertos. La gente retrocedió. Una mujer se rió nerviosamente.

—¡Váyase, loco! —gritó mi madre nuevamente. Su cara estaba roja, desaforada.

—¡Griiinga! —chilló el hombre inclinándose hacia afuera como una gárgola, retrocediendo erguido como una cobra que se preparaba para atacar.

—¡Vamos! —nos jaló de los codos Mother y salimos—. ¡Vayámonos de aquí! Jesús, Dios, estoy harta de este lugar.

Mientras nos apurábamos para refugiarnos con Tang, miré hacia atrás a través de la gente. El hombre hablaba solo, se levantaba los pantalones sin importarle los mirones. La gente se reía y señalaba a la gringa acalorada con sus niños elegantes y cabizbajos.

Intuitivamente comencé a llorar. Ser una niña en mi esquina del hemisferio se había convertido en una tarea peligrosa.

Ser americana era también peligroso. Ese día aprendimos lo que el Perú pensaba realmente de los gringos. En todos los sitios que visitó Richard Milhous Nixon fue amenazado. El pueblo de mi padre se lanzó a las calles con piedras en los bolsillos, botellas vacías de Coca Cola y basura putrefacta. Le escupieron, persiguieron a sus carros grandes y negros por las calles, agitaron sus puños, lanzando sus arsenales de Pachamama, y llenaron el aire con ira. Una piedra le rozó el cuello. Otra golpeó en la cara a uno de sus hombres del servicio secreto. Cuando depositó una ofrenda floral que representaba la bandera americana en el monumento del Libertador de América del Sur, San Martín, manifestantes estudiantiles la rompieron.

Nadie tenía que explicar lo que eso significaba. George y yo retornamos a nuestro lote de tierra castigados. Existía aquello del poder excesivo.

◼ ◼ ◼

Conforme se enfriaba el clima, vimos camiones de cemento que iban y venían de nuestro terreno del frente. No nos permitían jugar más allí. Estaban cavando la tierra, llenando el hueco con concreto, pero nunca terminaron la torre de departamentos que estaba dibujada en el anuncio. Techo Rex no construía mucho tampoco. Los hermanos Arana se encontraban con poco que hacer, mientras la economía se contraía, el socialismo ascendía y las empresas americanas comenzaban a irse del Perú. Pero ahora, gran parte de la familia Arana había sido reclutada para hacer viable Techo Rex. La tía Eloísa mecanografiaba la correspondencia. La tía Chaba se encargaba de la contabilidad. El tío

Pedro comenzó a buscar proyectos en el interior. El tío Víctor propuso erigir casas en serie porque se construían con facilidad y se arrendaban al instante. Papi se acercó a sus antiguos jefes de la Grace y consiguió un contrato para ayudarlos a construir una represa.

En la casa de Abuelita, las conversaciones giraban cada vez más en torno a la hacienda que mi abuelo acababa de heredar de la tía Carmen. La Hacienda Nogales que había pertenecido originalmente a mi bisabuelo, Pedro Pablo Arana, estaba enclavada en un valle lejano en Huancavelica donde los Andes comienzan a ascender hacia los cielos. La hacienda entró en la vida de los Arana de Lima casi como una revelación, pues sabían muy poco sobre la vida secreta de Pedro Pablo o sobre la historia de la hacienda que había llegado ahora a su poder.

Aunque se asumió que había sido propiedad de la esposa de Pedro Pablo, mi bisabuela reclusa y excéntrica, Eloísa Sobrevilla Díaz de Arana, todo lo que se sabía en realidad era que había sido su refugio mientras Pedro Pablo viajaba por el país promoviendo su carrera política y que le había prestado a la hacienda poca atención durante su vida. Tampoco sus hijos se habían apegado a ella. Tanto mi abuelito como mi tía Carmen habían sido enviados a la escuela en Lima a una edad tierna y habían regresado a Nogales a intervalos muy escasos. De manera tal que, cuando mi bisabuela murió en 1912, la casa con todas sus tierras y peones comenzó un declive de casi un siglo. Mi bisabuelo, que prefería vivir en el ajetreo y el bullicio de Lima, la ignoró y nadie pensó mucho acerca de ella hasta que, en 1926, murió Pedro Pablo.

Sin embargo, en vez de dejarle la hacienda a su hijo —mi abuelito, como era la costumbre— Pedro Pablo se la dejó a su hija, una soltera sin otra posibilidad de ingreso. Lo que no pudo haber previsto es que tía Carmen se casaría con un parásito que maltrataba a los peones, remató todo lo que era valioso y sangró la hacienda hasta secarla. Ahora el asunto era que, a finales de los años cincuenta, ¿se podía convertir en una empresa productiva nuevamente? ¿Podía dar cosechas que engrosaran las arcas familiares? Daba lugar a debates interminables sobre si sería más rentable: ¿el azúcar?, ¿los espárragos?, ¿el algodón?

Por más que trataban, los hermanos no podían interesar a su padre para que prestara atención al asunto. Parecía satisfecho por un momento, cuando el abogado de tía Carmen lo llamó para decirle que las tierras eran de él legalmente, pero una vez que terminó de decírselo, Abuelito sólo le agradeció, volteó y subió las escaleras hasta su cuarto. En realidad no le interesaba.

Un domingo fuimos todos a desearle feliz cumpleaños a Abuelita, inclusive Mother. No había visitado la casa durante años, pero pasábamos por ahí y Papi insistió en que entrara. En todo caso, los adultos estaban en medio de una de aquellas conversaciones sobre la hacienda cuando de repente se escucharon unos golpes lentos en las escaleras. Hicieron una pausa y voltearon. Para nuestra sorpresa era mi abuelo que bajaba para estar con nosotros. Descendía con cuidado, poniendo los dos pies en cada grada antes de proceder a la siguiente. Agarraba ambos lados de los balaustres, con las manos manchadas y los ojos fijos en sus zapatos. Cuando llegó abajo, se dirigió a su sillón de espaldar alto, no levantó la vista ni dijo palabra, pero el tío Pedro se apresuró a tomarlo del codo y conducirlo. Se le veía cansado y pequeño. Le salía pelo alrededor de las orejas.

Se sentó en el sillón, puso un codo en cada brazo y, con sumo cuidado, juntó las puntas de los dedos de ambas manos para que se tocaran. Las separaba y las tocaba, abriendo y cerrando como si tuviera algo que decir. Pero el diálogo siguió su curso estridente —claro que hay una ventaja con la caña, pero es difícil que dé en la sierra, pues tiene un gran mercado, el espárrago también sería bueno, ¿no?—, se esforzaban mis tías y mis tíos en aparentar que la llegada de Abuelito pareciera normal. Finalmente, las manos de mi abuelo dejaron de moverse y miró por encima de ellas a la cara de mi madre. El cuarto se silenció.

—¿Por qué me desprecias? —le dijo en inglés con una voz alta y chillona que yo casi nunca había escuchado. Mi abuelito dio una mirada a todo el cuarto. No tenía idea de lo que acababa de decir. Nadie tradujo.

Los ojos de mi madre crecieron y su cara, que hasta ese momento había sido la imagen del aburrimiento, se puso del color de una guayaba madura. —Yo no… —balbució—. Pero yo no…

Bajó él los ojos, se prendió de los brazos de su sillón y con gran esfuerzo se puso de pie, volteó y se fue arrastrando los pies.

—¡Pero, hijito! —dijo Abuelita en su tono alegre aunque la reunión se había enfriado—. ¿Haces el esfuerzo de bajar hasta aquí y dices algo en inglés —algo que ninguno de nosotros entiende— y ahora vuelves a los altos nuevamente? ¡Quédate Víctor! ¡Toma una copita de jerez, prueba el bizcocho!

Él elevó una de sus manos y la agitó, mirando siempre sus zapatos.

—¿Despreciarlo? —dijo mi madre en el carro rumbo a la casa—. ¿Despreciarlo? ¿Cómo podría despreciarlo? ¿Cómo puede alguien en esta tierra considerar a tu padre despreciable?

—Es un hombre anciano —dijo mi padre—. Quién sabe lo que le pasa por la cabeza.

Pregunté lo que quería decir despreciable. Pero no tenía necesidad de hacerlo. Me encontré pronto con la palabra nuevamente, en un contexto que hizo que su significado fuera abundantemente claro.

Estaba en la casa de Albertito Giesecke. Me había enamorado del niño y me las había arreglado para jugar al ajedrez en su casa una tarde de invierno, cuando su madre me invitó a tomar té. El apellido Giesecke era bastante conocido en Lima debido al abuelo de Albertito. Hacía más de veinte años, había volado sobre Machu Picchu para confirmar el «descubrimiento» de esa ciudad mística en la sierra por Hiram Bingham.

El padre de Albertito me resultaba peruano en todos los aspectos, aunque me habían dicho que el abuelo aviador era un americano famoso por sus valientes expediciones. El padre de Albertito había ido a Villa María, escuela preparatoria de Papi. Habían sido amigos. Me indicó dónde debía sentarme en la mesa y luego me observó mientras desplegaba la servilleta sobre su corbata.

—Bueno —dijo—. ¿Eres la hija de Jorge?

—Sí, señor —respondí y hundí los dientes en un alfajor, saboreando su caramelo dulce del centro.

—Claro, pues, pareces una Arana —dijo.

Mientras su esposa me preguntaba sobre el colegio Roosevelt, conversaba sobre la garúa de Lima y sobre lo imposible que era respirar cuando la neblina se cerraba sobre la ciudad, él me estudiaba. Pensé que quizá estaba admirando mis buenos modales. Yo había recibido excelentes lecciones de Abuelita sobre cómo debía comportarse una señorita en la mesa, aunque no empleara esa formación todo el tiempo. Estaba portándome como una pequeña señorita perfecta.

Finalmente, el señor Giesecke se limpió los labios con su servilleta, se inclinó sobre la mesa hacia mí y habló en un inglés cortado. —¿Sabes?, siempre me he preguntado si tu padre estaba relacionado con el cauchero.

—¿El cauchero? —dije—. ¿Se refiere al Arana que vivía en la selva? ¿El rico con todo ese caucho? La gente siempre me lo pregunta. Mis tías y tíos dicen siempre que no.

Se rió alegremente y tomó un sorbo ruidoso de su taza.

—Por supuesto que tienen que decir que no —dijo entonces, golpeando la taza sobre el plato—. Yo mismo diría que no, aunque fuera cien por ciento cierto. Era un hombre desagradable, Julio César Arana. Un monstruo. ¡Uy-uy-yu! ¡Pedro, José y Santa María! Era completamente despreciable.

❖ ❖ ❖

Ese mismo invierno comencé a dar clases de ballet. Mi madre se había dado cuenta de mi tendencia a la exageración. «¡Es el alma de un temperamento artístico!», le aseguró a mi padre y reaccionó en consecuencia matriculándome en la Academia de Danza Británica. En lo que a ella le concernía, no escatimaba en ningún tipo de educación. Era una mansión con techos altos en la calle Esquilache de San Isidro. Allí asumí el ballet como si hubiera nacido para bailar. Me ejercitaba en la barra, adelgazaba como un galgo, deslizándome por los espejos y deteniéndome en los umbrales como una diva altiva de cuello tan largo como el de un cisne. Ésta era una nueva forma de poder, un arma delicada.

Mi profesora era una inglesa diminuta. El primer día entró a la clase caminando como un pato desnutrido y sus puntas de pies apuntaban a paredes opuestas. Pero una vez que la música alcanzó sus extremidades, se volvía ágil como una ninfa: de frente suave, de alas de tul con toda su gramática en los huesos. Moría por ser como ella, trabajé duramente para imitar los tendones de su pequeño cuerpo.

Regresé de la clase un día llena de noticias importantes. Había sido escogida como campanilla en el Vals de las Flores de Cascanueces. Salté por la puerta, planté un talón sobre la mesa del comedor y giré en chainés por el hall. Mother se reía y aplaudía. Me fui a la cama más satisfecha de lo que me había sentido en mucho tiempo.

Pero a las dos de la mañana Papi apareció por la puerta de entrada, completamente borracho. Mother había estado sentada en la sala esperándolo con su cigarrillo que se alumbraba en la oscuridad. El *crescendo* de su intercambio fue lo que me despertó: primero fue la Valkiria, luego vino el *basso*. Un invento en dos partes. Con platillos.

El primer plato voló hasta el suelo del pasadizo. El segundo hizo un hueco en la pared de la sala. Vicki y yo nos sentamos. George entró, frotándose los ojos.

—De nuevo están en lo mismo.

—Lo sé —dijo Vicki—. No te preocupes. Siéntate con nosotros. Pronto se acabará.

Nos sentamos a escuchar, viendo que la luz flameaba sobre las paredes. Los carros pasaban por la Avenida Angamos, aún a esa hora de la noche.

—¡Estoy harta, Jorge! ¿Sabes lo que significa eso? ¡Harta! —y las paredes se remecieron con otra explosión.

—¡Ay, por Dios! —respondió y oímos los fragmentos bajo sus zapatos.

Pero no terminó. Los vecinos de los altos zapatearon para quejarse. Mother salió disparada a la calle, detuvo a un taxi y dirigió al chofer a la casa de mis abuelos. —¡Espérate! —le dijo al chofer, mientras éste miraba su ropa de dormir; entonces salió del carro y se trepó al borde de la ventana de mi tío. —¡Víctor! —gritó en la noche—. ¡Ayúdame!

Inmediatamente tío Víctor estaba parado en el umbral de nuestro dormitorio, con su silueta definida contra la luz del pasadizo. Movía la cabeza.

La visión de él —negro contra el fulgor de la luz— está dibujada en mi memoria como una cuerda antes que module la clave, como una señal de que el tempo debe cambiar. No había disparos, ni cadáver, ni heridas, pero esta vez supe que las cosas habían ido demasiado lejos. Hasta ese momento nosotros, los niños, habíamos sido espectadores de un drama privado. Habíamos visto subir y bajar la cortina, cambiar los disfraces y luego habíamos visto a nuestros actores salir otra vez y arreglarse el pelo. La silueta de mi tío cambió todo. Éramos patéticos. Éramos repelentes. La simulación no tenía sentido, no servía ahora. La gente lo sabía.

Nuestros padres se esforzaron para arreglar ante nosotros la desafortunada escena. Un domingo lánguido por la tarde, Papi nos llevó en carro por la accidentada Carretera Central a la meca de pollos a la brasa del Perú, un rancho a dos horas de Lima, La Granja Azul. Estaba con nosotros nuestro primo Cito. Tenía seis pies y dos pulgadas de alto y era derecho y tieso, un clon de su padre, el comandante distinguido, extravagante y bigotudo, tío Salvador. Ocupamos una mesa en un patio enlosetado junto a un jardín de flores, bajo la cresta de un cerro.

Los pollos fragantes y calientes con comino y achote llegaron en canastas de paja repletas, acompañados de yucas fritas y una salsa de ají picante. Los adultos bebieron Pilsen, los niños, chicha morada. Fue un banquete de comedores de flor de loto. Una orgía para el olvido, al estilo peruano.

Había mucho para encantarnos. Las historias familiares tejían su magia tropical en nuestros cerebros como una droga. Parecía que tío Salvador, quien era uno de los esgrimistas más hábiles del Perú, había retado a alguien a un duelo recientemente e hincado a alguien con su florete. Aparecía en todos los periódicos. Estaban fascinados con esto, se ocuparon de la historia del mono y el oso hormiguero y recordaron al padrino de Papi, un viejo galán a quien habían disparado en la espalda camino a la casa de su amante.

George y yo estábamos cautivados por esas historias y nos quedamos más rato después del almuerzo para escucharlas, pero la conversación tocaba pronto temas menos interesantes para nosotros: como cuatro camiones nuevos de la firma de Techo Rex estaban estacionados en Lima sin hacer nada. Aburridos, decidimos dejar a los adultos en sus lamentaciones. No habíamos estado tan cerca de Pachamama por un buen tiempo. Decidimos dirigirnos al cerro detrás de nosotros.

Trepamos la tierra gris, mirando nuestros pies, buscamos en el camino pruebas de un *apu* benévolo. El cerro era árido, una joroba triste de tierra y piedra. Una caminata inútil, pensé. No había trofeos, ni dientes, ni huesos. Pero me equivoqué.

«¡Mira aquí! —gritó George— ¡una calavera!». Trepó hacia ella, moliendo piedras al correr arriba de la empinada ladera. Volteé para ver si encontraba una calavera para mí. En la distancia vi un reflejo blanco. Decidí ir en su busca. Subí por el acantilado pelado, con nada de qué agarrarme, ningún arbusto hirsuto, ninguna roca quebrada. El suelo estaba seco y, conforme ascendía, cascadas de piedritas crujían bajo mis zapatos y caían. El polvo se levantó alrededor de mi cabeza, me invadió las narices, podía saborear la tierra sobre la lengua.

No necesitamos ir lejos para encontrar lo que habíamos venido a buscar: el hueso de un dedo aquí, un pedazo de la columna allá. Agarré una protuberancia cuando pasé, jalé una mandíbula, le arranqué los dientes y los metí en los bolsillos de mi vestido amarillo nuevo. «¡George! ¡Tres dientes!», grité. ¡Dientes! Entonces vi cuán alto había subido.

George estaba tan lejos que parecía estar en otra montaña. Se le veía chiquito, como un moscón negro y espinoso. No me escuchó cuando lo llamé. Estaba casi en la cumbre de su risco. Si yo pudiera gatear sólo un poco más arriba, podría llegar al mío primero, vislumbrar el Olimpo al otro lado. Comencé a marearme con la altura, el polvo, el sol en la parte de atrás de la cabeza, pero finalmente llegué a unos cuantos pies de la cresta.

Volteé para ver a George, no lo pude encontrar y seguí trepando ansiosa por ver.

Llegué a la cumbre y miré al otro lado. Tan sólo veinte pies más allá, elevándose desde la tierra, había una Virgen de yeso con las manos abiertas en señal de bienvenida y una tumba a sus pies. Había un hueco en su pecho y dentro de él un corazón azul latente. Tambaleé. Unas piedras negras se movieron bajo mi peso. Un pie se resbaló. Lo volví a recuperar.

Volteé a donde estaba la Granja Azul, tan pulcra y ordenada como la escena del garaje de mi padre. Podía ver el jardín, podía ver las mesas, pero no podía ver a mis padres. Me asomé para encontrarlos. En ese momento el mundo comenzó a dar vueltas.

Me estaba cayendo. Aventada desde esa cumbre como un gato deshuesado, me resbalé, reboté, me precipité, di vueltas de cabeza y di brincos por la ladera, cráneos contra cráneos, desparramando huesos en el aire. A mitad de camino, aterricé en un borde, agitando mis brazos inútilmente, y miré desesperadamente el jardín abajo. Mis padres estaban parados junto a la mesa, me miraban rígidos como unas estatuas. Pero mi posición no era firme y, mientras me tambaleaba nuevamente, vi la cara de mi madre por un instante fugaz. Se volteó y su cabeza dorada desapareció de mi vista.

Poco recuerdo después de eso. Sé que Cito subió rápidamente para levantarme. Sé que Georgie gritaba que no era su culpa. Sé que mi padre aceleró hasta Lima volteando para mirarme una y otra vez con lágrimas que le chorreaban de los ojos. Sé que mi madre estaba doblada sobre mí cuando pasó el desmayo. «Mira lo que has hecho Mareezie —dijo—. Has arruinado tu vestido».

Parpadeé y volví en mí. Estaba en lo que parecía ser el cuarto de un hospital, envuelta como una momia, con la piel que me ardía. Alcancé a tocarme la cabeza. Estaba pelada como una bola de billar y con un pedazo de gasa encima. Mi madre sostenía un trozo de vestido amarillo. Estaba destrozado y marrón de sangre. —Mira lo que hiciste —dijo.

—El *apu* —dije con una lengua gruesa por el narcótico— y la Virgen María.

Inclinó su cabeza y enfocó sus ojos en los míos. —¿Qué quieres decir?

—George y yo estábamos buscando dientes y huesos. Por eso el *apu* se molestó. Él me hizo caer. —Me dolían las piernas, mi cabeza latía.

Mother sonrió y dejó caer el vestido sobre la camilla.

—Veamos. Bueno. El doctor dijo que has podido tener una conmoción cerebral, pero por lo que veo estás completa. Si estás hablando sobre George, huesos y *apus*, eres la niña que recuerdo. Tu cabecita está funcionando bien.

Hizo una pausa, me puso una de sus manos en el hombro y me miró intensamente a la cara. Aún ahora, casi cuatro décadas después, recuerdo sus palabras. Las repetiría una y otra vez en adelante. —Mira, Mareezie, no había un espíritu. Ningún mal espíritu de la montaña. Era Dios: Dios lo hizo. Y ya que estamos tocando el tema, no hay nada malo en que estuvieras buscando huesos. No me entiendas mal. A mí no me gusta. Pero hay una diferencia entre que no me guste lo que haces y que lo que hagas esté mal. Eso es lo que hacemos las criaturas, cavar en la tierra. Es lo que siempre hemos hecho. Lo hacemos porque somos parte de ella. Tú, yo, tu padre, el doctor que te pone los vendajes, los pájaros en los árboles, este pedazo de vestido amarillo. Todos venimos de una montaña, de una forma u otra y adonde vamos es de regreso a una montaña.

Hizo una pausa para que lo pudiera digerir. —La montaña no te lo hizo, querida. Los indios pueden haberte dicho eso, pero eso no es cierto. Dicen que los duendes esto, que los *pishtacos* lo otro. Escúchame. Te caíste porque fue la voluntad de Dios. Algunas veces Dios nos golpea un poquito para hacernos recordar que no somos tan grandes y poderosos como creemos.

Estudié su cara. —El señor Gonzáles dijo que los *apus* se molestarían si desenterrábamos a los muertos y el abuelo Doc dijo que había indios en la montaña Elk que creían lo mismo.

—Bueno, a veces la gente dice eso por muy buenas razones. No toquen los huesos —dicen—, o los espíritus los castigarán. La verdad es que si yo me muriera y vieras que alguien jalaba y sacaba los dientes de la cabeza, probablemente no te gustaría mucho. Así que decimos, no, no hagas eso. Y para que la gente realmente preste atención, amenazamos. Les gritamos.

—¿Es eso lo que hacen Papi y tú?

—¿Por qué?

—Porque ustedes se gritan todo el tiempo.

Me miró duramente. Luego se inclinó y me besó en la frente.

—Yo grito porque algo me fastidia. No sé exactamente qué. Tu padre bebe porque piensa que es macho. En realidad es un hombre muy bueno. Tenemos dificultades para entenderemos algunas veces, Marizee. Somos gente diferente con cabezas diferentes.

—Pero acabas de decir que vienes de la misma montaña y a la misma montaña irás.

—Sí. —Luego echó su cabeza hacia atrás y se rió. Sus ojos se pusieron como pétalos de campanilla—. Eso es cierto, mi ángel precioso. Así es.

Bastante tiempo después de mi caída, treinta años exactamente, un arqueólogo gringo desenterró una princesa inca del Nevado Ampato, un pico nevado a veinte mil pies de altura a ciento treinta millas al sur del Cusco. La momia tenía quinientos años de antigüedad, pero la niña no tenía más de doce cuando su familia la cargó hasta arriba como una ofrenda al *apu* de la montaña. Tenía pelo largo y negro, según el hombre que la encontró, un cuello de bailarina y un cerebro secado por el sol. Encontraron los restos congelados de una comida de pollo y chicha en su estómago. Llevaba puesto un *Aksu* amarillo.

Juanita, la Doncella de Hielo, la llamaron. Su carne estaba seca por el congelamiento y pegada a sus huesos. El arqueólogo gringo la bajó de la montaña, la descongeló y, un día, apareció bajo una vitrina en Washington D.C. Sin duda esto provocaría a los dioses.

Pero nada pasó. El sol se levantó, el sol se acostó, la luna se fue y vino y no hubo represalias. Si los fantasmas estaban trabajando, tenían paciencia. Si Dios estaba trabajando, su taller no había culminado el trabajo. La niña fomentaba los ingresos de los museos, no los brotes sobre una ladera. Dios y los duendes estaban en un juego. Algo había cambiado el curso.

Acostada en esa cama de hospital y mirando el techo comprendí mi caída exactamente de esa manera. Algo había interferido; algo había cambiado el curso. El *apu* había visto a mi madre en el preciso momento en que ella me había dado por muerta. Había agitado mis brazos como una muñeca de trapo y ella había dado la espalda. Pero fue ese simple movimiento, al darse la vuelta, que había detenido en seco al *apu*.

Vio que su pelo giraba como una rueda de ruleta. Ante esa prueba se dio cuenta de que yo no era una niña cualquiera, cuyo sacrificio no hubiera tenido consecuencias. Yo era especial, tenía poder. Él podía comprobarlo por la luz que irradiaba de mi madre como una mañana sin nubes. Los dioses incas habían encontrado siempre irresistible el color del sol, como Pizarro con su pelo amarillo llegó a saberlo muy bien. Si entre Dios y el *apu* yo había estado rodando hacia un cobro sangriento, el oro de mi madre me había comprado justo a tiempo.

⬛ ⬛ ⬛

Me estaba volviendo muy buena para las mentiras. Inventaba historias para explicar aquello que no era posible saber. Inventaba excusas para mis problemas en la vida. Hay algo, después de todo, indescriptiblemente satisfactorio en decir una buena mentira. Creas tu propia verdad. Es la esencia del poder. Haces lo que puedes.

Regresé al colegio luego de convalecer una semana asistiendo a los ensayos de Cascanueces con puntos negros de costura que salían de mi coronilla. —Quizá puedas hacer otra cosa que bailar —me dijo la profesora inglesa de ballet, observando con desaliento mi cabeza—. ¿Quizás puedas tocar el piano?

—Quiero bailar —le dije con vehemencia—. Quiero estar en el escenario. Quiero ponerme el disfraz.

—Entonces lo harás —dijo ella y me acarició la cabeza—. Bien.

—¿Puedes tocar el piano? —dijo una gordita con su cara llena de admiración—. ¿Tocas?

—Sí —le dije dándome importancia—. Llámame y te tocaré el piano por teléfono.

Cuando llamó esa noche, estaba lista. —Hola, Cristina. Voy hacia el piano en este momento. Me estoy sentando en el banco. Estoy colocando la partitura. Chopin. Vals, opus 64. Estoy doblando mis dedos. ¿Lista?

—Lista —ella gritó.

Un disco giraba en nuestro tocadiscos. Le bajé el brazo. Arthur Rubinstein comenzó a tocar. —¿Me escuchas? —dije.

Un silencio breve en el auricular. Y luego me transmitió su sorpresa. —¿Puedes hablar y tocar al mismo tiempo?

—Claro. El teléfono está encajado en mi hombro. Esto se lo hago todo el tiempo a mis primos en los Estados Unidos.

—Caramba, Marisi. No tenía idea que fueras tan buena.

Elevé un poco el volumen, hice la música *più mosso* y luego levanté el brazo del disco. —Bueno, no puedo tocar mucho rato —dije—. Mis heridas, ¿sabes?

Mentiras. Qué buena era para ellas. Para ser precisa, me encantaban. ¿Por qué no? Si yo podía deslizarme del inglés al español, de los chicos al ballet, del juramento patriótico norteamericano a jurar por mi vida que era peruana, de iglesia a iglesia, de Campbell a Clapp, ¿por qué no de papel a papel, de verdad a verdad? Mentiras. Te doy gracias, Dios. Me diste talento.

—Mi madre está esperando un bebé —le dije a la clase de la señora Arellano. Espera un bebé. Margarita acababa de anunciar que su madre estaba embarazada y la profesora estaba haciendo arrullos en dirección a ella.

—¿Verdad? —la cara de la señora Arellano se volteó hacia mí e inclinó su amplio busto sobre el escritorio—. ¡Qué maravilla! Estamos esperando no sólo un bebé en esta clase, sino dos.

El próximo sábado por la mañana Margarita tocó con su pequeño puño huesudo a la puerta de nuestra casa y mi padre la abrió.

—Buenos días, señor —dijo con sus ojos tan grandes como pelotas de ping-pong—. ¿Está la señora esperando un bebé?

—Buenos días, Margarita, ¿quién te dijo eso?

—Marisi. Nos lo dijo en la clase el otro día.

—Bueno, entonces Marisi no dijo la verdad.

—¿Mintió?

—Si eso es lo que dijo, sí, mintió.

Después de una admonición severa, Papi me llevó afuera, llamó a nuestros amigos y me denunció exactamente allí en nuestro terreno. —Escuchen todos ustedes. La mamá de Marisi no va a tener un bebé y les agradeceré que así lo digan en el colegio. Cuando Marisi les diga algo en el futuro, quiero que sean escépticos. Díganle que no pueden confiar en ella. Díganle que están preocupados de su reputación. Necesita aprender que mentir no lleva a nada.

Me convertí en la leprosa de la Avenida Angamos. Al principio estuve furiosa con Papi, pero con el pasar de los días me importó menos. —¿Ven a mi hermana? —Vicki les decía a sus amigos en el recreo, en el—. Ella miente, ¿no es cierto, Marisi? ¿No es así?

—Sí —dije y me reí para mí misma, imaginando que acababa de decir una mentira. Pero nadie más se estaba riendo.

—Ésa de ahí, no es nuestra única casa —le susurraba al hijo del Embajador, parada bajo su entrada fucsia y señalando la calle—. Tenemos casas por todo el mundo. Una en Cartavio, otra en los Estados Unidos de América, otra en un pueblo pequeño de Suiza, con cisnes. Sencillamente no nos gusta hacer alarde.

—¡Mentirosa! —gritó y tiró la puerta.

—Marisita —dijo mi abuelita—. ¿Qué parte te toca bailar en Cascanueces? Yo voy a ir a verte, sabes.

—La estrella principal —dije sin empacho—. Clara. —Pronto se presentaría en el Teatro Municipal con rosas rojas y una caja de chocolates elegante y se enteraría de la verdad.

Yo no veía a Abuelita con tanta frecuencia como quería. Ella y Mother apenas se hablaban. Y Mother ya no asistía a las reuniones familiares. Después de que mi abuelo descendió las escaleras para plantear su pregunta sobre si era o no era despreciable, Abuelita había decidido que la presencia de la gringa era demasiado para sus nervios. Pero un día, después de que habíamos estado en la casa de Lima por casi dos años, Abuelita apareció para el cumpleaños de George.

Se presentó con un vestido azul marino con cinturón y una hilera de perlas alrededor del cuello. Sus zapatos eran puntiagudos y altos, sus uñas de un rojo profundo. Caminaba en una nube de jazmín, le entregó su regalo a Georgie, se sentó en el sillón más cercano a Mother, metió a la cartera sus anteojos oscuros y apretó la cerradura con un chasquido anunciador.

—Sabes —le dijo en voz baja a Mother—, una mujer que conozco tuvo una pelea con su marido. Él había salido a tomar unos tragos con sus amigos. (Los hombres son así, Marie. Especialmente si tienen sangre ligera. Especialmente si son personas de una cierta clase, acostumbradas a gente alegre y a costumbres gregarias. Hasta Alejandro Magno se emborrachaba un poquito entre las guerras). Bueno, la mujer se puso irracionalmente indignada, frustrada con su matrimonio, harta hasta aquí. Así que le tiró un plato a través del cuarto. ¿Sabes lo que pasó? Le golpeó en la cabeza. Lo que supo inmediatamente después es que su marido había muerto. —Abuelita abrió su cartera y rebuscó en ella—. Todo debido a unas copitas —agregó.

Mi madre vio que la anciana sacaba un pañuelo, lo desdobló, lo batió en el aire como un ala frágil, volvió a doblarlo y lo puso en sus faldas.

—Eso no le pasará a tu hijo —Mother le aseguró—. Yo le puedo aventar un plato hacia la pared si me molesta, lo puedo dejar, puedo llevarme a los niños y huir. Puedo hacer un millón de cosas. Pero no soy una mujer tonta, Rosa. No lo mataré.

Mi abuela la miró a los ojos por un largo rato, suspiró profundamente y movió la cabeza hacia arriba y hacia abajo indicando que le creía.

Menos de una semana después de que forcé a Margarita a robarse una lata de jamón del refugio para bombas de Sandra, después que mi Santa Claus marrón y flaco pasó corriendo y sudando en el calor de diciembre, después que Drosselmeyer puso un cascanueces bajo su brazo y se fue a una fiesta, después de que el rey de los ratones fue perseguido al cruzar el escenario del Teatro Municipal, después que bailé el vals durante los sueños estrellados de la niña en mi disfraz de pétalo azul, Mother demostró que lo que le había dicho a Abuelita era cierto.

Su arsenal no estaba dirigido a mi padre. Estaba dirigido hacia afuera.

Sucedió de esta manera: Papi entró tambaleándose luego de toda una noche de borrachera con los hombres. Mother instaló su estación de batalla junto al árbol de Navidad, un coloso llamativo que giraba mediante un mecanismo eléctrico ingenioso hecho de aros grandes que él había inventado. En el momento preciso en que la porcelana hubiera comenzado a volar, ella retrocedió, pateó e hizo caer el árbol. Cuando los veinticinco aros rojos y verdes se desparramaron sobre el piso, cuando el ruido estrepitoso captó totalmente su atención, ella planteó sus condiciones. «¡Basta, Jorge! He estado en tu país durante catorce largos años. ¡No más, me voy a mi casa!»

10

INDEPENDENCIA

Independence

No fue sino cuando había estado en los Estados Unidos por un tiempo que comprendí lo sofocante que el Perú había sido para mi madre: un mundo cerrado, nuestro mundo mezquino en el que, como peruana, yo había florecido y al que había amado. Había reglas en la familia que yo había entendido instintivamente. Respeta la tradición, métete en negocios con tus hermanos, dales tratamiento preferencial a tus parientes, quédate en el barrio, visita a tus abuelos todos los domingos a la hora del té. Se perdonaba a los excéntricos: espadachines, reclusos, extrovertidos, hijos pródigos con hijos ilegítimos. Pero el descuido era inexcusable. Se suponía que una esposa respetara a su suegra, buscara consejos sobre los niños, pidiera ayuda si su esposo se portaba mal. No establecer sus límites, como había hecho mi madre.

Sin embargo, al cruzar al otro lado de América con Mother, no encontramos ninguna familia. A los Clapp, Brook, Reed y

Adams no se les veía por ningún lado cuando volamos a Miami esa primavera de 1959. No se les avisó y no estaban ahí. Se quedaron en rincones distantes del país sin tomar en cuenta nuestra existencia. Si yo hubiera llegado a estas costas esperando vínculos cálidos con mis parientes del norte, iba a descubrir pronto cuán diferente la vida familiar podía ser. Nunca más volvería a poner el pie en la tierra del abuelo Doc. Nunca más posaría la mirada en las hermanas de mi madre. Nunca más conocería a la totalidad de sus hermanas, nunca sabría realmente quiénes conformaban la mitad gringa de mi familia. Emigramos a los Estados Unidos de la manera americana quintaesencial: declaramos nuestra independencia, barajando nuevamente el naipe.

Papi había cedido totalmente a Mother. «La señora está forzándolo a hacerlo», escuché a Nora decirles a las empleadas de arriba cuando la mudanza se llevó nuestras cosas de la Avenida Angamos. Los hombres desfilaban al borde de la vereda con nuestros muebles sobre sus cabezas. La mesa rubia del comedor, las consolas talladas, los retratos de Sir Joshua Reynolds copiados por manos indígenas. Todos nuestros bienes terrenales se paseaban para ser vistos por el Embajador de los Estados Unidos, el soldado de al lado, y el electrocutador de los altos. El piano de Mother, una antigüedad demasiado delicada para un viaje por mar, fue transportado a la casa de mis abuelos y encajado en la sala. Todo lo que quedó de nuestro Perú material se empacó, envolvió y metió en un contenedor de madera, luego fue cerrado con clavos y despachado.

Tío Víctor y tío Pedro vinieron a ver cómo esta caja enorme partía sobre un camión chato. Se pararon en la avenida, fruncieron el ceño, se frotaron las sienes, mascaron cigarrillos y se preguntaron cómo sobreviviría Techo Rex. «No se preocupen —les dijo mi padre—. Haré lo que pueda desde ahí». Pero «ahí» significaba New York City. Había vuelto donde sus jefes en W. R.

Grace y trabajaría en Manhattan. Iba a planear proyectos a ingeniería de gran escala para varios países latinoamericanos, pero
estaría a un hemisferio de distancia.

—Cuidado con esos gigantes del norte, Marisi —me dijo tío
Víctor, que me cargaba y me dejó besar su mentón perfumado
con lavanda—. Cuidado. Te van a pisar, eres tan chiquita.

Mother se movía de un lado a otro enérgicamente, hacía
promesas a cada rato. Podríamos comer del suelo una vez que
llegáramos, ya que su lado de América era tan limpio. El agua
correría a borbotones. La leche no estaría contaminada. Todo
vendría empacado en cajas con figuras de colores. Podríamos
comer fresas de las matas. Podríamos nadar en los arroyos con
nuestras bocas abiertas. ¡Un país libre de gérmenes!, con pistas
perfectas y casas impecables, exactamente como el pequeño
pueblo en el garaje de Papi.

Di mi última mirada a la Avenida Angamos y vi al hijo altanero del embajador acechando por su puerta. —¿Tendremos cisnes? —pregunté.

—Sí, los tendremos —me confirmó alegremente—. O gan-
sos o patos o pelícanos o lo que desee tu corazoncito.

■ ■ ■

No había cisnes en el Motel Dutch Maid de la ruta 22 en
Springfield, Nueva Jersey. Los almacenes de oferta se asomaban
a su lado como carros alegóricos en un día de desfile de carnaval. Mother Goose Shoes, decía un anuncio y, detrás de él, como
comprobando la advertencia de mi tío, un zapato gigante, tan
grande como un edificio con gringos sonrientes que atravesaban
sus puertas. Big Boy Lumber, decía otro aviso y se inclinaba
sobre él un hombrón musculoso en una camisa roja a cuadros
con su cabeza afeitada como una tina.

El Motel Dutch Maid era de color rosado como una concha,

con cortinas de encaje blanco en sus ventanas y una cerca blanca que indicaba el camino. Dos muñecas de pelo amarillo en delantales con bobos enmarcaban el letrero sobre el prado delantero; se empinaban en sus suecos de madera y se agachaban hasta mostrar los calzones. En el jardín de atrás, arbustos recién plantados se erguían en atención y sillas de jardín blancas esperaban a que los nadadores salieran de la piscina. Era la antítesis de cualquier cosa que hubiéramos podido conocer en Wyoming. Nunca habíamos visto una carretera tan congestionada, con tanta gente y esas tiendas inmensas. Nunca habíamos visto unos carros tan largos y brillantes, semejante telaraña de pistas. Buscábamos lo familiar alrededor: pradera abierta, ganado, caballos y botas. Pero no había evidencia de ninguno de éstos. Esta América era diferente.

Habíamos llegado a Nueva Jersey por los colegios públicos. No porque fuera lo más conveniente para mi padre. No lo era. Le tomaba casi una hora de viaje para que el tren Erie-Lackawanna cargara un ejército ruidoso vestido de lana hasta el río Hudson todas las mañanas de la semana. Hasta donde podíamos entender, no estábamos allí a causa de mi madre. No tenía un pariente dentro de un radio de cinco estados.

«¿Por los colegios públicos?», dijo Papi, rascándose la cabeza intrigado. Para él la noción de construir una vida alrededor de los hijos le era extraña, rara, inexplicable. En el Perú había sido al revés: los niños construyen vidas alrededor de sus padres. Los mayores definían el mundo.

Mientras Papi viajaba a Hoboken entre saltos y chirridos del Erie-Lackawanna y luego se trasladaba al barco para cruzar el Hudson hasta Fulton Street, abriendo su periódico con tanto estilo como cualquier hombre itinerante de alguna compañía, Mother salía a la calle con evaluaciones sobre las escuelas y un mapa del mercado inmobiliario en la mano.

George y yo nos dirigimos hacia la sala de espera del Dutch Maid. Nos iba a ir bien en estos Estados Unidos. «¿Ves eso? —le dije a George, señalando con un dedo a Lucy y Desi en la tele del salón—. Ella es la esposa y su esposo habla español. ¡Su familia es exactamente como la nuestra!» «¿Ves eso? —dijo mi hermano, mientras Hoss Cartwright mecía su pierna sobre un caballo—. Es un tipo con un rancho así como el abuelo. ¡Este lugar va a ser estupendo!» Sólo Vicki se reservaba sus opiniones, observándonos desde un rincón lejano y percibiendo que esas sombras alumbradas no tenían nada que ver con la carretera de afuera.

«¡Oye! ¡Mangia, mangia!», gritó una camarera italiana con el pelo recogido en el Howard Johnson que estaba al otro lado de la pista del gigante maderero. Sus labios, de un beige brillante, y sus ojos, alados como los de Nefertiti; el peinado de su pelo negro se inclinaba como una torre que estaba por caer. «¿Ustedes son gente *paesan*? ¿Acaban de llegar o qué?».

—No, no —dijo papi, lanzando una sonrisa y coqueteando—. Es español lo que escuchas.

—¿Sí? —Nos miró por un rato, haciendo globos con su chicle y pensándolo—. No se oye mucho de eso por aquí. Yo misma no hablo italiano pero por un minuto ustedes me sonaban a *paesan*. —Se retiró inclinándose contra la caída de su peinado, limpiándose las manos en las caderas.

Yo subsistía de batidos de fresa. ¿Existía un néctar tan sedoso, tan dulce en la lengua, tan agradable a la vista dentro de su vaso lindamente esculpido? Llegaban las tardes y Mother traía *hot dogs* y papas fritas envueltas en papel encerado con mostaza y condimento a un lado. George los devoró feliz. Estaba ahora un poco gordito y comiendo constantemente. Las píldoras amarillas que había estado tomando desde Boston lo habían puesto feliz y gordo. Liquidó sus salchichas, elogiando su impecable ingenuidad, pero yo apenas podía comer un mordisco. Me tomaría un tiempo antes de que pudiera comer algo servido en cartón sentada en el borde de la cama y con servilleta de papel extendida sobre mis rodillas. Ansiaba una fragante sopa de albahaca de la mesa de mi abuelita, con sus servilletas bien planchadas y cucharas grandes. En la práctica, consumí muy poco en ese paraíso de venta al por mayor.

Me senté en el motel rosado, esperé mis batidos en vasos aflautados, revisé el progreso de Desi en el país de su mujer, escuché el ruido de la pista y leí mensajes de neón que se retorcían sobre el pecho del gigante como las predicciones que manaban de las trenzas de la bruja. *Compre aquí, América. Te construimos.*

◼ ◼ ◼

Ni Paramonga, ni Cartavio, ni Rawlins podían haberme preparado para Summit, Nueva Jersey. Mother lo escogió por la excelencia de sus escuelas, pero podía también haberlo escogido por su polaridad a todo lo que habíamos conocido. Mudarnos de Lima a Summit fue como llegar a Belgrado desde Bombay, tan marcadas eran las diferencias.

Era el suburbio de un pueblo pequeño de la ciudad de Nueva York, una comunidad que servía de dormitorio para presidentes de compañías y hombres de negocios. Dividida entre anglos e italianos, los residentes eran bastante prósperos, pero había una jerarquía en esa prosperidad que fui lenta para apreciar. Los ricos eran los viajeros cotidianos, los WASP egresados de universidades Ivy League que jugaban al golf en el Beacon Hill Country Club, compraban en Brooks Brothers y enviaban a sus hijos a escuelas preparatorias cercanas: Pingry, Lawrenceville, Kent Place. Los menos ricos eran los italianos —mercaderes, paisajistas, propietarios de restaurantes, mecánicos— que prestaban servicios en el pueblo. Había otra categoría notable: científicos que trabajaban cerca en los laboratorios Bell o Ciba-Geigy y sus hijos inteligentes y musicales. Pero no había indigentes, no había mendigos en las calles, no había señoras que pregonaban fruta.

La nuestra era la única familia hispana. Había pocos judíos. Los tamaños relativos de las iglesias del pueblo contaban la historia. La iglesia presbiteriana de Summit era la más grande y prestigiosa. Esa estructura de piedra imponente descansaba directamente en medio del pueblo y se podía ver a los ricos entrar y salir de ella, luciendo sus mejores galas. La iglesia católica de Santa Teresa, con gradas que ascendían hasta sus portales, como si condujeran a la misma salvación, estaba situada a varias cuadras más lejos junto a su propia escuela. Las iglesias episcopal, metodista y bautista estaban diseminadas en el pueblo, dando señales de menor importancia.

En junio estábamos en Troy Court, un conjunto de edificios de apartamentos de ladrillo en New England Avenue. Era un distrito modesto al otro lado del pueblo y de las mansiones y hubiera sido obvio para cualquiera salvo nosotros, los niños, que albergaba a gente a los márgenes de la sociedad. Había hileras de apartamentos a lo largo de la avenida, donde entraban y salían transeúntes, y casas destartaladas donde vivían las enfermeras y las camareras.

Mother había puesto el ojo en una casa en el nivel medio del espectro de Summit, pero pasarían meses antes que los dueños la desocuparan. Ella había decidido que sería prudente esperar. Cuando nos mudamos al apartamento estaba vacío salvo por el piano vertical, lo único que habíamos comprado en la ruta 22. Comíamos sobre él, golpeando el teclado mientras masticábamos y dormíamos en el suelo, esperando que llegara nuestro contenedor.

En una semana habíamos recreado Lima en la Avenida New

England: huacos en las repisas, pieles de llama esparcidas por los cuartos. El arreglo parecía raro, aun para nosotros. La Lima de la que veníamos había sido una mezcolanza, un lugar donde los objetos españoles e indígenas se mezclaban libremente, donde lo moderno y lo antiguo se acompañaban entre sí, donde la casa de un hombre rico podía estar flanqueada por un tugurio, pero aquí, en este escenario suburbano y tranquilo, nuestras posesiones parecían fuera de lugar. Cuando finalmente el camión se fue, vinieron dos vecinas para vernos.

Tenían dieciocho años, tan radiantes e inquietas como las doncellas holandesas en el anuncio al lado de la carretera. «¿Son nuevos? —dijo la mayor de ellas—. Nosotras somos nuevas. Acabamos de mudarnos hace unos días».

Eran de Westfield, unos cuantos pueblos más allá. George y yo les contamos que éramos del Perú, pero ellas fruncieron los labios, levantaron los ojos y nos dimos cuenta de que no sabían dónde quedaba.

—¿Sus padres son gente de Westfield? —pregunté tratando de hacer conversación, imaginando que Westfield era un país como el Perú.

—Eran —dijo la alta—. Nuestra madre se casó la semana pasada.

Estaba registrando esa información, pero ella cambió de curso rápidamente. —Mi nombre es Suzi Hess. Esta es mi hermana, Sara. Mi madre se apellidaba también Hess como nosotras. Pero ahora es la señora Loeb.

Eso era. La ruleta gringa.

—¡Ah, eso me lo conozco muy bien! —dije, alardeando de mi sofisticación—. Mi madre tiene también un nombre diferente.

—¿Diferente al tuyo?

—No —me apresuré a explicar—. Pero diferente al de sus padres.

—Bueno, por supuesto, tonta. Todas las mujeres casadas tienen un apellido diferente al de sus padres.

Sentí mi cabeza tan gorda como un pez globo. Necesitaba decir que en el Perú las mujeres ataban sus apellidos de solteras y casadas juntos y que, cuando mi madre hizo eso, su nombre de soltera había resultado ser también el de casada, pero iba a tomar demasiada explicación. Era más complicado de lo que estaba tratando de decir: me avergonzaba de mi madre, me avergonzaba de que ella estuviera avergonzada. En el Perú el divorcio era inimaginable. Estas niñas, por otro lado, hablaban sobre él tan libremente. Yo quería que fueran mis amigas. Balbuceé, tartamudeé y miré hacia abajo jalándome la oreja. No tomó mucho tiempo para que Suzi sintiera lástima.

—Bueno, veamos ahora, tu mamá es divorciada como la nuestra, ¿verdad? —dijo ella tratando de ayudarme.

—Ehe, sí —le dije y mi cabeza se colmó con el milagro de que pudiéramos tener esta gran falla en común.

—¿Entonces ella tiene hijos de otro matrimonio? —dijo.

—Ehe, sí. No sé.

—¿No sabes? ¿No sabes si tienes hermanos o hermanas en algún lugar?

—No sé —repetí.

—¿Quieres decir que ellos podrían estar por acá y tú no tendrías idea de que estuvieran aquí?

No había pensado en eso. Ahora yo sinceramente traté de forzar esa posibilidad en mi cerebro. —No tengo idea —respondí.

—Caramba. Hacen cosas raras en el Peirú —dijo Suzi. Se rió alegremente, un tilín alto y campante como el canto de un canario. La pecosa Sara mostró sus dientes salidos y sacó una mano. —¿Amigas?

—Sí. Seguro.

Mientras George y yo corríamos de arriba para abajo el

camino detrás de esos departamentos, esforzándonos por sellar una amistad con estas niñas, Mother estaba atareada en las habitaciones, instalándose en la vida con la que había soñado durante tanto tiempo. Salía de prisa de vez en cuando, se acomodaba el pelo, se trepaba a un taxi, dirigiéndose a la cara de nuestra hermana mayor en la ventana. «Tú te encargas Vicki, ¿me oyes?».

Cuando le preguntábamos adónde iba, respondía «al mercado de Summit» o «a la escuela» o «a ver algunas cosas para la casa».

Parecía fascinada con su nueva vida, era un manojo de energía. La veía preparar comidas, lavar los platos, limpiar el suelo, hacer tareas que nunca la había visto antes hacer, lo hacía con entusiasmo, cantando, con la mirada despejada y contenta y, cuando yo entraba, me miraba con alegría quitándose el pelo de encima de los ojos.

Si nunca antes había resultado claro, era claro como el cristal ahora: mi madre había sido una mujer triste en el Perú. No tenía nada de triste ahora. Parecía no importarle que no estuviera con los Clapp. No los necesitaba, ni los llamaba o les escribía, hasta donde yo sabía. Parecía no necesitarlos para nada. Comencé a darme cuenta de que no era a ellos a quienes había echado de menos en el Perú; había extrañado estas calles americanas y su libertad para vagar por ellas.

Papi era otra historia: se forzaba a la estación del tren cada vez más temprano en las mañanas, regresaba a la casa agotado al final del día. Se puso cada semana más desconectado. Echaba de menos a su familia peruana y a sus compadres. Uno podía verlo en la manera como pasaba la puerta cabizbajo y se hundía en su sillón con un suspiro. «Escríbele a tu abuelita —me decía día tras día, señalando la pila de sus cartas—. Quiere saber cómo estás».

En el pueblo tenía dificultad para entender a los suburbanos que hablaban rápido y utilizaban jerga; me daba una mirada cansada para indicarme que le tradujera. Al principio yo también estaba intrigada como él por los acentos. Pero el que confiara en mí me impresionó. En el Perú, yo siempre había pensado que él y yo éramos similares, que Mother era la diferente. Pero aquí en Summit, me sentía más identificada con mi madre y mi padre era el extraño.

«Niños, ustedes se están convirtiendo en gringos», decía mirándonos con asombro. Pero yo sabía que nuestra madre era la única gringa entre nosotros; lo era un cien por ciento. Mi padre era el único peruano, él también lo era cien por ciento. Eran un todo. Estaban completos. Eran quienes eran. Nunca llegarían a convertirse para nada en el otro. Mientras tanto, nosotros los hijos, cambiábamos todo el tiempo, pasando de un lado para el otro. Éramos los cincuenta-cincuenta. Éramos los remendados.

■ ■ ■

Summit no era nada parecido a Mother realmente, ni nada parecido a la escuela americana en Lima, ni como Rawlins, Wyoming, cuya jerga escuchábamos en nuestros sueños. Al principio, George y yo nos pavoneábamos como vaqueros, bostezando y dando zancadas, creíamos que conocíamos lo que eran los Estados Unidos.

Pero cuando los de la costa este nos miraban, recogían sus mentones en sus cuellos, metían las manos en los bolsillos y se apartaban. Corríamos por Springfield Avenue, remangándonos los *jeans*, zangoloteando nuestros talones sólo para comprobar que lo que atraían a estos gringos eran las tiendas de ropa Roots y Summit Athletic. No los bares con faunas decapitadas. No las tiendas con perdigones. Había bastantes hombres con sombreros, pero salían rápidamente de la estación del tren de Summit con las caras hacia abajo y los cuellos jalados hacia arriba, deteniéndose en Brookdale Liquors, para después dirigirse hacia sus casas con sus esposas detrás del timón. En los fines de semana, invadía Main Street gente diferente: en rebecas color pastel, con bolsas de carbón, palos de golf y mercadería de Roots colgándoles de las manos y peniques guiñando desde sus zapatos.

Su forma de hablar era lo más intrigante. ¿Por qué no sonaba como el inglés que habíamos escuchado antes? Definitivamente no sonaba como Nub, o el abuelo Doc o el viejo Krozier. «Llevaré un paquete de esta goma Juicy Fruit, señor», le dije a un hombrecito pulcro en chaqueta blanca y anteojos detrás del mostrador de Liss Pharmacy, en la versión de Summit de la tienda Wong de la esquina.

—¿Discúlpeme, señorita?

Aclaré mi garganta y ensayé nuevamente, levantando la voz esta vez. —Éste de aquí, Juicy Fruit, mister. ¿Cuánto cuesta?

—Oh, oh, no hay necesidad de gritar, querida. Eso le costará un *nickel*.

—¿Nequel? ¿Qué quiere decir nequel? —le susurré a George.

—Esa moneda grande de ahí —me dijo en voz baja, señalando mi palma—. La de cinco céntimos.

—Ah. —se la entregué al hombre y frunció sus labios.

—¿Alguna vez has masticado hierba? —le pregunté a Suzi sentándome en la grada de nuestro departamento que miraba al pasto prístino donde no podían ir los niños.

—¿Mascado hierba?

—Sí. Mi primo Nub, él es vaquero, y me aprendió cómo hacerlo.

—Me enseñó cómo hacerlo.

—Oke, oke. Me enseñó cómo hacerlo. ¿Alguna vez lo has hecho?

—No, nunca. Oye, Marie, tienes que dejar de hablar raro. Dices cosas equivocadas. Y no sé por qué. Escucho hablar a tu mamá como todo el mundo. Si no hablas bien, nunca vas a encajar en la escuela. Los chicos se van a reír de ti sin duda.

Suzi y Sara se convirtieron en nuestras tutoras, pasando los días de verano hasta que las luciérnagas se daban contra nuestras caras enseñándonos qué decir. Di *okay*, no *oke*. Fuiste a un *movie* no a un *cinema*. Pescaste un *cold* no un *constipation*. Escribiste sobre una nueva hoja de papel, *sheet of paper*. No sobre una fresca caca de papel, *fresh shit of paper*. Era obvio que habíamos iniciado una nueva etapa, lejos de las ilusiones de nuestro terreno baldío de la Avenida Angamos. No esperábamos que fuéramos considerados mejores. Sólo esperábamos que no se «burlaran» de nosotros. Esperábamos que ni se dieran cuenta de nosotros.

■ ■ ■

Brayton era una escuela hecha para gigantes. Sus ladrillos se asomaban tan altos como los de la Penitenciaría de Rawlins ese primer lunes de setiembre, cuando Mother nos empujó por las escaleras de concreto en la oficina del director. Estaba inclinado sobre el borde de la ventana, golpeaba el metal con una regla, hablando solo.

—¿Señor Nelson? —se aventuró mi madre.

El hombre giró con su regla en el aire. Era corpulento, calvo, como un leñador de Big Boy y con una cara tan brillante como un juguete. —Pase, pase. Primer día y esta macana me está dando problemas. ¡Uy! Qué calor hace aquí, ¿no cree?

—¿Qué es? —le susurré a George.

—La calefacción —respondió en voz baja—. Para cuando viene el frío —Estudié la serpiente de hierro. Nunca había visto nada parecido antes.

El mundo está lleno de todo tipo de señales, me enseñó Antonio una vez. Si sólo tenemos la sabiduría para verlas. La regla sobre el radiador era una. Iba a tener más frío del que pensaba que era posible tener, un viento del ártico que atravesaba mis huesos. Me congelaría para el tiempo que ya tuviera una amiga íntima, antes que a la profesora se le ocurriera mirarme, antes de que contara cuarenta días en mi escritorio. El otoño se desenvolvió como un torrente, templando las hojas con escarcha. Las congelaba y ponía tan duras que las ramas las rechazaban y caían al suelo una por una. George y yo corríamos por Tulip Street como dos caracarás en una tormenta de hielo, tiritando y hablándonos todo el camino hasta los espirales sobrecargados del señor Nelson.

No había otros latinos en la escuela. Hasta donde podíamos ver, no había ninguno en ese pueblo deshojado en el otoño del 59. Vicki era la única hispánica en la pre-secundaria. La única cara como la mía en los corredores de la escuela primaria era la redonda y radiante de mi hermano.

Mi primera amiga íntima fue Kit, una belleza pálida de pelo negro, lánguida como la heroína trágica que colgaba de las paredes de mi abuela. Delicada como un camafeo y muy inteligente. Musical. Maliciosa. Y compartía mi pasión por el terror.

—¿Has leído a Poe? —me preguntó, inclinando su silla hacia la mía en la clase de inglés del quinto grado de Mr. Schwartz.

—*Only once upon a midnight dreary* —le respondí con uno de sus versos sellando así un vínculo diabólico.

Simulábamos ataques catatónicos, veíamos apariciones en las ventanas, dirigíamos a fantasmas por el patio de recreos, convocábamos sesiones de brujas, complotábamos para robarnos el alma de Johnny Britt. No pasó mucho tiempo para que Suzi y Sara Hess me observaran nerviosamente, cruzando la calle para caminar por el otro lado.

Un día de invierno, caminaba sola hacia mi casa, cuando escuché el sonido de pies en el pavimento detrás de mí. Me di la vuelta y vi a la flaca Kelly O'Neill que se me acercaba, con la cara roja, el pelo golpeando sus mejillas manchadas. Me detuve y esperé.

—¿Sabes lo que eres? —me dijo ella, jadeando y resollando en dirección hacia mí.

—¿Qué?

—Eres una pesada. No has traído sino problemas.

—¿Problemas?

—Sí, problemas. Todo ese vudú. Has envenenado a Kit y ahora estás tratando de envenenar al resto. ¡Adoradora del diablo! ¡Eres repugnante!

—No lo soy… soy una… ¿Te refieres a los recreos? ¿Nuestros juegos? Es sólo una diversión, Kelly. Lo hacemos para divertirnos.

—Te vas a quemar en el purgatorio, tú eres, tú eres una…¡*Spic*! ¿Ustedes se dicen cristianos? Mi padre dice que ustedes son un grupo de arrastrados cochinos. Vienen aquí con su…

—Oye —le dije en una voz delgada y pequeña—. Yo soy una americana. Mi abuelo tiene una…

—¡Tú no eres americana! ¡No mientas! —chilló—. Ningún americano habla de la forma que tú lo haces. Dices las palabras mal. ¿No ves que nosotros nos reímos de ti? ¡Me pones enferma! ¿No escuchaste lo que estábamos diciendo sobre ti esta mañana? —Se detuvo y puso uno de sus dedos en el labio tratando de recordar lo que era—. El hombre de la carne —dijo finalmente enunciando cada sílaba marcadamente y moviendo la mano como un metrónomo—. ¿Cómo dices la palabra que se usa para el hombre que vende la carne?

Fruncí el ceño, pero decidí tomar la prueba.

—¿Te refieres a carnecero?

—¡Carneeecero! ¡Ja! —Explotó ella—. ¿Oíste como dices eso? Carne-cero. Es carnicero, idiota.

—Car-ne-ne-ne-cero —dije asintiendo con mi cabeza que estaba de acuerdo. A mí me sonaba igual.

—Espera... —dijo, poniendo nuevamente el dedo sobre su labio y luego soltó otra orden—: ¿Cómo dices la palabra de la cosa de donde lees? ¿La cosa como las que estás llevando allí, lo que sacas de la biblioteca?

—Lebros —grité triunfalmente.

—Lebros —gritó contestando—. ¡Escúchate! Es libros li-li-li-bros!

—Kelly —le dije en una voz inaudible con el mentón que me temblaba incontrolablemente—. Tú, escúchame... tú, escúch...

Pero Kelly no estaba escuchando. Gruñía mientras su baba saltaba al aire frío entre nosotras. «Esa manera como hablas y todos tus asuntos estúuupidos de brujería. ¿Sabes lo que haces? Haces que este barrio apeste. ¡Apeste!» Se apretó sus libros contra el pecho y pasó delante de mí raudamente, con su falda escocesa roja meciéndose sobre sus rodillas. Luego giró y ...¡puaj! Un escupitajo espumoso golpeó mi abrigo y se quedó colgando, tan pesado como una interrogación.

Quería tirar mis libros al suelo, alcanzarla, cogerla de su pelo grasiento rubio y arrancarle el cerebro. Pero me quedé parada y sentí que mi cara temblaba. Mis ojos comenzaron a llenarse. Contra todos los instintos, bajé la cabeza y sentí que el calor me subía hasta las orejas.

—Así es que eres una bebé llorona —dijo, dio una vuelta y se alejó por la calle.

La vi alejarse con la garganta tensa por el esfuerzo de no llorar. Luego, me compuse e irrumpí en la casa planeando venganza. ¿Cómo se había atrevido a hablarme de esa forma? Yo era tan americana como cualquiera, mi madre me lo había dicho. ¿Escupirme? Me salía humo. Pero en ese momento la idea de su escupitajo me hizo detenerme bruscamente. Escupe. Yo sabía algo de eso. Reconocía la señal cuando la veía. Al día siguiente —mi cuadragésimo día en un pupitre del gobierno americano y, además, día de Halloween— saqué una flecha peruana de nuestra pared, me pinté de verde las mejillas, puse plumas en mi pelo y corrí a la escuela en un disfraz improvisado. El instante en que O'Neill se sentó en la parte delantera de la clase, le escupí una bola de papel mojado en la parte de atrás de su cráneo. *Zas*, muérete. El gigante aulló. Mi carita verde rió burlonamente. La cabeza del señor Schwartz se levantó al instante y me vio.

Hasta ese momento probablemente yo le parecía al Mr. Schwartz una niña plácida. Una muchacha buena, una estudiante normal, una pequeña cosa gris, ni fu ni fa. Pero en ese acto único realizado en disfraz amazónico le mostré las dos caras de mi ser: la imitadora por excelencia.

Muchos años después cuando estaba estudiando en la Universidad Británica de Hong Kong —lingüística para ser precisa—, después de haber estudiado chino, luego de haber estudiado ruso y francés, probando lenguas como vestidos, encontré una teoría que planteaba que el bilingüismo te puede herir. Esta no era una de esas teorías sobre el proceso educativo o las capacidades del cerebro. Era una monografía delgada, no muy bien escrita, que observaba que al actuar dos personalidades distintas con dos lenguas distintas, una persona bicultural será altamente sospechosa para aquellos que sólo tienen una cultura. La persona bicultural es tan completamente de una manera en un lenguaje y tan completamente diferente en otro. Sólo un impostor escondería esa otra mitad tan bien. Un mentiroso.

Una morena amiga mía, Carol, me contó una vez que eso

les pasa también a los negros en una cultura blanca: hablar como una blanca en tu lugar de trabajo, como una negra en tu barrio. Usas dos dialectos, dos personalidades, dos sentidos del humor, dos maneras de dar la mano, dos maneras de decir hola: una para el mundo al que estás tratando de entrar y otra cuando estás en casa con los tuyos. Ahora, Carol era una mujer muy reposada, elegante en su porte, prudente con las palabras. Me encontré con ella inesperadamente un día cuando me abría paso a codazos en una fiesta: allí estaba ella, en un grupo de mujeres negras, meciendo sus caderas, agitando sus manos, comportándose de tal manera que apenas la reconocí. Se rió sobre esto después, pero pude observar que era una risa nerviosa. Me confió que siempre había pensado que si los blancos la vieran en otro contexto, no lo comprenderían. Le preocupaba que no confiaran en ella cuando volviera al inglés normativo, pues podían llegar a la conclusión de que no era sincera. Le mencioné la monografía del lingüista. Ella y yo coincidimos en que no importaba cuán diferentes eran nuestros antecedentes, el temor de ser llamada falsa o impostora tenía significado para ambas.

Pero la monografía no consigue contar la historia. La verdad sobre el bi-culturalismo es más complicada. Que los otros duden de ti no es el meollo del asunto. La duda se introduce también dentro de ti también. Lo que me decía Carol era que no sólo le daba miedo que la gente la considerara de dos caras; estaba confesándome que tenía miedo de tenerlas. Lo entendí porque yo también había dudado de mi propia confiabilidad. Había estado engañando a la gente durante años. Si yo me introducía en mi piel americana los condiscípulos nunca sabrían que yo era realmente peruana. Si me introducía en la latina, los peruanos no sospecharían que yo era yanqui. Pero aun a los diez años de edad, había dado un paso gigante en relación con Carol: yo estaba saltando de una identidad a otra tan ágilmente que era igualmente fácil adoptar una tercera. Podía mentir, podía fingir, podía actuar. Era una forma para una recién llegada de sobrevivir en los Estados Unidos. ¿No logras sonar como tus compañeras de escuela? ¡No importa! Invéntalo, conviértete en una nueva persona. *Representa el papel* dice la frase bajo mi fotografía de mi álbum escolar, *y tú puedes llegar a ser lo que desees ser.* Invención. Era un nuevo tipo de independencia.

⬥ ⬥ ⬥

Mother estaba de un ánimo tan alegre, instalándose en nuestra nueva casa de Tulip Street, que no pareció importarle que me hubieran hecho quedar después de las clases y escribir 100 veces en la pizarra *los disfraces de Halloween no son para herir a mis amigos.* Estaba tan contenta por los tres pisos de habitaciones, el salón de dos pianos, nuestra cocinera por horas, inclusive por las rumas de manzanas congeladas en nuestro patio atrás, que se desentendió del veneno de O'Neill considerándolo poco más que un pleito escolar. Leyó las notas de mis maestros sobre la importancia de un Halloween seguro, las metió en un cajón, se volteó hacia mi cara pintada y preguntó dónde estaba la cerbatana.

—Aquí— le dije, sacando el arma de bambú de adentro de mi poncho. La colgó nuevamente en la pared.

—Lo que hiciste está mal, muy, muy mal, pero creo que has tenido todo el castigo que una niña de la selva de mejillas verdes puede soportar —dijo—. Ven, quiero darte un trozo de pastel.

—Chillé, la abracé por la cintura y la arrastré en un tango, hasta que ella se quedó sin aliento de tanto reírse que la tuve que sostener con el mostrador de la cocina.

Pasé el invierno tratando de hacer las cosas a la manera de O'Neill, aunque nunca lo hubiera admitido. Con cuidado evité palabras como «libro» o «carnicero», me atraganté con Wonder

Bread, gemí con Chubby Checker, me conseguí un par de mocasines, asistí sin faltar a la escuela episcopal Canabry los domingos y me aseguré de que podía bailar el Peppermint Twist. Pero cuando nadie me miraba, Kit y yo afilábamos nuestras artes oscuras y alimentaba a mi mejor amiga con un atado de mentiras.

—¿Sabes lo que es esto? —le dije un día, agitando un pomo pequeño frente a su cara.

—¿Perfume? —se aventuró a decir y era bastante razonable, ya que tenía adentro un líquido dorado con la figura de una flor a un lado.

—¡No! —dije—. Sólo parece perfume. Es una poción mágica. Mi padre lo trajo del Perú. Un trago de este elemento y tengo poderes especiales. Puedo llamar a fantasmas, brujas, espíritus. ¿Hay alguien de entre los muertos que quieras que traiga?

—¿Qué tal Edgar Allan Poe? —dijo excitadamente.

—Que sea Poe —dije y chasqueé mis labios en anticipación.

—¿Cómo sé que lo has llamado? —preguntó Kit como una buena criatura racional—. ¿Lo podré ver?

—¡Ah! —dije volteando mis ojos hacia arriba y golpeando el cubrecama sobre el que estaba sentada—. Créeme, sabrás cuando yo lo vea. Confía en mí, lo sabrás. Esto es poderoso. Directo de la selva. Mi padre fue por el río Amazonas para conseguirlo. ¡En una canoa! Él mismo se lo compró a un caníbal.

—Pienso que me creyó. Podía verlo en el gran negro de sus ojos.

Era verdad que mi padre lo había comprado para mí. Él había curioseado en un pequeño mercado latino en Manhattan. Agua de azahar.

Torcí la tapita dorada y llevé el pomito a mis labios. Una dulzura intensa me inundó las narices. Puse la lengua en el borde. Era amargo. Pensé que estaba sosteniendo la mentira demasiado, pero entonces la ilusión de mis poderes extraordinarios me subyugó. Cerré los ojos apretándolos y me tragué el contenido.

—Oh —dijo Kit y se le voló la mano a la garganta.

—Oh —dije y tiré la botellita sobre la cama. El líquido me estaba quemando conforme me pasaba por la garganta; no tenía problemas para simular convulsiones. Me prendí del cubrecama detrás de mí y arqueé mi espalda como una serpentina. Cuando me sobrepuse, reboté sobre mis posaderas como un mono demente. Mostré dientes, rugí y miré maniáticamente por encima de la cabeza de Kit. —¡Es él!

—¿Dónde? —chilló y saltó para quedar frente a la pared que estaba a su espalda.

—¡No! —grité—. ¡Por aquí, en la ventana! —Y llegué allí a tropezones desde la cama.

Mientras pasaba a su lado podía ver que la cara de Kit estaba roja, sus ojos aterrorizados. Retrocedió tambaleándose.

—¿Ves? —grité y, en realidad, imaginé la cara amarillenta de Poe, flotando afuera de mi ventana con su pelo totalmente desarreglado—. Aaayyyy —grité y señalé a la cabeza decapitada—. ¡Está entrando!

De pronto, Kit salió disparada del cuarto y, paralizada de miedo, salí detrás de ella. Nos escabullimos hacia los bajos, dando alaridos, saltando y abrazándonos en la luz radiante del vestíbulo. —¿Lo viste? —jadeé con la tráquea que me quemaba de toda la onza de perfume que había pasado por allí.

—Creo que sí —dijo Kit—. Sí, yo lo vi, lo vi.

—Oh, Mareezie —dijo mi madre saliendo de la sala, mientras sonreía y movía la cabeza—. Ya veo que ustedes dos han estado metidas en la casa demasiado rato. Están jugando a los fantasmas, ¿no? ¿Por qué no se abrigan y las llevo a la pista de patinaje para que tomen aire fresco un rato? —Movimos nuestras caras encendidas vigorosamente y corrimos por nuestros patines. Si había algo mejor que el terror era patinar a velocidad como un demonio sobre el hielo.

Agua dura. Mi primera vez sobre ella había sido torpe como un tucán sobre mármol y las rodillas se me habían abierto sobre mis patines. Pero muy pronto me enderecé el gorro, despegué, empujando contra la reja de alambre, balanceé los brazos y navegué libremente sobre el hielo haciendo que los ojos de mi madre bailaran. Le encantaba verme patinar. Esa noche, mientras nosotros dábamos vueltas alrededor de la pista de patinaje, ella se sentó en el carro con los codos sobre el timón —un cigarrillo en la mano y una sonrisa en su rostro— su cuello subido hasta las orejas. Vi cómo me observaba volteando para mirarla por encima de mi hombro; sentía el orgullo y el alcohol dentro de mí, pensando que mi pecho podía reventar.

Un atardecer, no mucho tiempo después de eso, regresábamos las dos de la pista de patinaje cuando Mother señaló un lado de la carretera. Una mujer estaba caminando de puntillas sobre el borde, abrazando su cuerpo y haciéndonos señas para que paráramos. No tenía cartera, ni llaves, ni bolso: nada en sus manos. «Mira eso —dijo Mother—, una túnica corta y delgada en una noche congelada como ésta. ¿Qué está haciendo esta pobre mujer?» Desvió el carro y lo detuvo, bajó el vidrio de la ventana y le ofreció llevarla. Nunca la había visto hacer algo remotamente parecido en Lima. Allá siempre había estado aprensiva de la gente desconocida.

La mujer era mayor y canosa. Tenía el pelo retirado de la cara. «Gracias, sí», dijo y se metió en el carro con la agilidad de un pájaro. Tiritaba y hablaba desde atrás, sentada en el borde del asiento, agarrada del espaldar delantero, indicando por dónde ir.

Mira, niña —me dijo, pero no estaba mirando—. ¡Tu nariz está fría como un rabanito!— Luego señaló con un dedo frenético al parabrisas—. Estoy justamente aquí en Prospect. A la vuelta de Tulip. ¡Muy cerca ahora! ¡Muy cerca! —Su voz era alta y temblorosa, como si se hubiera estado riendo por un buen rato.

Mother miró por el espejo retrovisor.

—Se ve que tiene mucho frío —le dijo.

—¡Al contrario! —la mujer contestó, cortante—. Aquí estamos. Ésta es la entrada de carros. Voltee aquí.

Fair Oaks, decía el aviso. Nuestra casa estaba exactamente a la vuelta y allí estábamos a unos cuantos metros de nuestros manzanos, pero nunca antes me había dado cuenta de este lugar. Estaba escondido por los pinos, retirado de la vía. Mother dirigió el carro a la entrada y finalmente lo detuvo. Un edificio masivo estaba frente a nosotros, con luces brillantes. «Registro de Pacientes», decía una puerta. «Sólo Empleados», decía otra. La mujer saltó del carro y sin una palabra se lanzó adentro.

Me pregunto —dijo Mother conforme volvíamos a la pista— ¿Qué hacía esta pobre alma deambulando así por Tulip Street? ¿Viste Mareezie? ¿Te das cuenta de lo que es esto? —Ella estaba entre sorprendida y alarmada. Moví la cabeza negativamente.

—Una casa de locos, querida. Eso es. —Me miró de costado y soltó una pequeña risa.

Estábamos viviendo cerca de la casa de los locos. El depósito de los locos. Detrás de nuestro jardín. Tan cerca como el arbusto de frambuesas.

George y yo patrullamos rutinariamente el otro lado de nuestros manzanos después de eso, con cierta expectativa de que los espíritus acecharan, babearan y trataran de arañar nuestros ojos. Pero todo lo que vimos fueron cabezas con caras vacuas que miraban desde las ventanas, restregándose las manos. Algunas veces me parecía escuchar al atardecer aullidos penetrantes, tan tristes como los de un lobo en la montaña Elk. «Ese es un perro», Mother se apresuraba a decir. Pero yo sabía que no era así. Era una mujer en una túnica de algodón de puntillas, buscando su hogar en la noche.

⚌ ⚌ ⚌

Si Summit no era todo lo que Mother había esperado, lo estaba disimulando bien. Se la veía radiante al navegar de arriba para abajo por Springfield Avenue, con un viento fuerte a su favor. Hacía cosas que nunca hubiera imaginado que la hubieran hecho feliz: iba al mercado, corría a las tiendas de descuento, se apresuraba a dejar en la escuela cosas que habíamos olvidado llevar, con ganchos para rizar el cabello prendidos de su cuero cabelludo. Aun con una empleada una vez a la semana para ayudarla, había mucho trabajo por hacer. Estaba cansada, tensa y apremiada, pero no había ceños fruncidos.

En lo que se refiere a Papi, ahora iba y venía en la oscuridad —salía antes del amanecer y regresaba pasada la hora del crepúsculo— y se derrumbaba en el sofá. Se pasaba los fines de semana detrás de una máquina escribiendo largas misivas al Perú. *Deberías ver cómo están creciendo los niños*, tecleaba, pero él nos veía cada vez menos, día tras día.

Su vida se desenvolvía en Manhattan, al subir en un ascensor lleno de gente, detrás de un escritorio desordenado, sobre papeles dibujados con columnas de acero imaginarias. Si el trabajo culminaba en una fábrica pujante, un horno color carmín, una pieza de maquinaria en movimiento —si había *pishtacos* amputando manos— él no los veía. Sus días eran largas hojas de papel blanco, bien encuadernadas y estampadas de azul.

Era un peruano en New York City, con sombrero gris y enfundado en un abrigo de lana del mismo color que colgaba en el interior de un tren, explorando el laberinto con su corazón en otra tierra. En todos nuestros años en el Perú, no había pasado una semana sin que el hombre no saludara a su padre, recibiera las bendiciones de su madre, estirara sus piernas bajo la mesa con un amigo. Ahora era una cara más, confundida, en la fila que caminaba desde la estación. «¡Ahí está! ¡Lo veo!» Yo cantaba desde el asiento posterior del carro que se dirigía hacia la oscuridad de un invierno de Nueva Jersey. Pero con dificultad era el padre que había conocido. Flotaba a través de la casa como una ceniza sobre carbones encendidos, plantaba su Smith Corona sobre la mesa, enrollaba el papel de cebolla, llenaba un vaso, aplastaba una colilla sobre el cenicero y tecleaba despachos nostálgicos desde el norte.

La vida de los gringos, con fines de semana en sus carritos de golf, los comentarios sobre los deportes de los lunes en la mañana, los mandiles y sombreros de barbacoas, lo dejaban perplejo. Gente de negocios se movía por las oficinas haciendo alusiones despectivas sobre «el Tercer Mundo», hablando de nosotros como si fuéramos el trasero de la civilización, como si él fuera un hombre invisible. «¡Oye, Freddy! Asegúrate de llevar chicles y cigarrillos cuando vayan para allá a la tierra de los plátanos. ¡Esos cholos te besarán el culo!»

Sus días en Tulip Street tenían un aspecto degarrado, una corrosión lenta del alma. Semanas largas y estériles se hacían llevaderas por la expectativa de los interludios peruanos. Los Arias nos habían invitado a comer en un suburbio a dos horas. Carmen Cunningham, que ahora vivía en Irvington, iba a traer ceviche hecho con corvina que había descubierto en algún mercadito de pescado. Uno de los primos de Papi llegaba a la ciudad. Ni un Señor de los Milagros, ni Santa Rosa de Lima, ni un *apu* del cerro San Cristóbal podía bendecirlo con mayores bienes.

Pero había veces que llegaba en el último tren y subía a los altos en las horas tempranas de una mañana de sábado, oliendo a ron y a humo. En el Perú, la botella había sido para hombres simpáticos, para gente ligera amante de la vid, como había dicho mi abuela. En este país era para los deprimidos.

Llegó finalmente el día en que se dio cuenta de que tenía que liberarse de ese campo de concentración, de sus camisas de golf, de sus zapatos de suelas anchas, que llevaba puestos en la fila de presos que era el tren de las 7.25. Sucedió un viernes por la noche en febrero. Kit y yo acabábamos de recibir un paquete enviado por correo de la Biological Supply Company de North Carolina: dos ranas arbóreas, un corazón de cordero, dos lagartijas, una serpiente manchada. (Encurtida en aldéhido fórmico, dentro de un plástico transparente. ¡Sólo en los Estados Unidos! ¡Un intermediario envía los restos!) Sacamos el corazón de cordero y lo pusimos sobre una mesa de madera en el sótano, lo hincamos con nuestros bisturís, imaginándonos que la sangre del cordero lo recorría y luego lo volvimos a envolver y lo pusimos afuera en un montículo de nieve entre la escalinata posterior y el garaje. Emparejé la nieve encima, le dije adiós a Kit y dejamos para otro día nuestras disecciones.

Horas después me acosté y me desperté con los sonidos de Mother moviéndose de una puerta a otra, asegurando los pestillos desde adentro. *Tuc, tuc, tuc*. Me imaginé que Papi había vuelto a casa, por lo que jalé mi frazada de alpaca y me acurruqué en su calor. En realidad, en ese mismo momento, él estaba llegando a la estación. El último tren Erie-Lackawanna traqueteó desde Hoboken, lo expectoró a él y a otros pasajeros y luego partió silbando en la oscuridad.

Todavía era de noche, estaba oscuro, cuando me volví a despertar con un aullido que sonaba como si se elevara de una bóveda bajo el piso. Un grito alto y urgente como el lamento de un animal atrapado. O un loco suelto y lejos.

Salí disparada de la cama y corrí hacia mi ventana. La luz del vestíbulo posterior estaba encendida y un foco amarillo iluminaba la nieve con un brillo de limón. Afuera, donde los árboles de manzana marcaban las fronteras de nuestro jardín, afuera donde la gente de Fair Oaks se restregaban las manos, no había rastros de una huella. Si un loco estuviera bajo mi cuarto, habría llegado volando. Miré la casa marrón grande a la izquierda: no había señal de movimiento. Luego miré hacia la casa del otro lado: totalmente oscura.

¡Pum! ¡Pum! Dos golpes fuertes sacudieron mi cuarto y retumbaron por las paredes del corredor. Agarré los bordes del marco de mi ventana. ¿Era un terremoto que sacudía el subsuelo de Nueva Jersey? Me estiré para ver sobre la punta del gablete, pero éste me impedía ver el vestíbulo. Nada temblaba. Nada se movía. Había sólo un silencio terrible, una luz sulfurosa como el brillo de un ojo encantado.

De pronto, algo gris saltó debajo del techo y volvió a esconderse. Era rápido, pequeño, tranquilo, como la parte trasera de un animal. Me trepé para lograr un ángulo mejor, pero el borde del tejado me impedía ver más. Todo lo que podía ver eran las tres gradas del vestíbulo, la nieve compacta en la entrada de carros, el morro blanco donde yacía el corazón de cordero del laboratorio y la calma de un jardín más allá.

Luego vino un suspiro que nunca olvidaré. El objeto gris salió de abajo del tejado nuevamente. Súbitamente, estaba mirando a mi padre que se movía como un bailarín que se deslizaba soñoliento como si yo estuviera observándolo desde los asientos frente a un proscenio. Sus pies patinaban sobre el hielo y la parte inferior de sus pantalones de lana gris que cubrían las pantorrillas cedían ante el peso de su cuerpo. De atrás para adelante, de atrás para adelante, luchando por alcanzar ese escalón traicionero. Su cabeza oscilaba bajo mí: una cresta oscura, negra como la de un cuervo de invierno.

Era algo simple. Acabó pronto. Debió haberse agarrado de

algo porque ya no lo vi. Hubo una larga pausa y luego el golpe de puños contra la puerta.

«¡Querida!», gritó. Su voz reverberaba a través de los dedos del pie, me subía por las piernas y llegaba a mis entrañas. «¡Abre la puerta!». Sujetó la perilla y la jaló y sacudió la puerta de tal forma que los pequeños vidrios traquetearon en sus marcos.

«¡Querida!», gritó y luego retrocedió, tambaleándose y dándome una perspectiva de por encima de su cabeza.

Miré más allá en la oscuridad. Una por una, se iban prendiendo las luces de las casas de nuestros vecinos. Me imaginaba sus caras en las ventanas, hablando por encima de sus hombros. No amor, todo está bien, nada serio. Es sólo el extranjero de al lado.

❖ ❖ ❖

Luego de eso, se fue al Perú. Iba a ser un solo viaje, una visita de campo a Paramonga como las visitas que los gringos de Nueva York hacían cuando vivíamos en esa hacienda, quedándose en la casa de huéspedes durante meses. Partió en febrero y dijo que estaría de vuelta en abril cuando los brotes aparecieran en los árboles. Mother parecía seguir con su vida normalmente sin él. Había poco que ella no pudiera hacer. Lampeaba la nieve de la entrada de carros, me conducía en el carro a los ensayos, se quedaba hasta tarde leyendo con Vicki. Ahora disfrutaba de su libertad, como si no necesitara un hombre.

En lo que se refiere a nosotros, los niños, ahora éramos americanos. Casi no nos acordábamos de nuestro pasado; casi no hablábamos español. Conforme pasaban los meses, minimicé el Perú completamente, me refería a él sólo cuando consideraba que me daría la oportunidad, la atención de la maestra. Cuando regresó Papi, deseaba que no me hablara en español frente a los vecinos. Esperaba que no les revelara a mis amigos que yo era una impostora, rogaba que no apareciera en nuestra puerta cayéndose de borracho.

Pero él se iba cada vez más después de eso. Comenzó con dos meses y luego, antes que nos diéramos cuenta, fueron seis. En la época cuando el verano calentaba nuestros manzanos y les daba nuevamente vida, Papi había partido por un proyecto de ingeniería a largo plazo en algún lugar de Colombia. Luego fueron ocho meses a México. Le dejaba a Mother cheques firmados para que pudiera manejar las finanzas familiares; dejaba poderes legales absolutos. En la época que a mi propia silueta le aparecieron brotes tímidos, se quedaba lejos durante nueve meses; regresaba solamente el tiempo suficiente para quedarse boquiabierto conforme cambiábamos hacia otros estilos de vida.

George había crecido hasta pasarlo de alto: un muchacho delgado y seguro. Vicki se había comido bibliotecas enteras, alimentando su mente enciclopédica. Marisi se había convertido en Marie, un cambio que por primera vez vi reflejado en un espejo del sexto piso del edificio de Carnegie Hall donde comprobé que mi cuerpo había sufrido una metamorfosis bajo el elástico de las mallas. Tenía doce años y asistía dos veces a la semana a clases de ballet en Nueva York, tomando el ómnibus hasta el terminal de la calle 42, Port Authority, o tomando el tren hasta la estación Grand Central. Brincaba por las calles del centro de la ciudad pasando por el Biltmore Hotel, navegando hacia Carnegie Hall. «No hay nada que no puedas hacer,» Mareezie, —Mother me decía—. Decide lo que quieras, no tengas miedo, persíguelo. No hay nada que no puedas hacer.»

Cuando un día el carro de Mother seguía su camino hacia Tulip Street para recogerme después de la escuela, miré al otro lado del patio de recreo y vi una cabeza de pelo negro sentado donde ella debía estar. ¿Podría ser? Mi padre no había regresado en casi un año. Corrí a la reja para estar segura. Salió del carro y se paró junto a los gringos, buscando a sus retoños en el patio lleno de gente. Sus ojos me revisaron tres veces antes de que yo saltara y gritara, «¡Papi! ¡Papi! ¡Aquí!».

—Has cambiado —me dijo, riéndose—. Casi no te conozco ahora —y luego me entregó una llama de juguete blanca, peluda, rellena y risueña, con un adorno brillante alrededor del pescuezo.

Las mañanas llegaban y yo me despertaba con el sonido de las voces de mis padres, conversando al otro lado de la pared. Estaban desenvolviendo las vidas que cada uno estaba viviendo, compartían los eventos luego de haberlos vivido. Él tenía sus temas, ella, los suyos.

—Papi —le dije durante una de sus visitas largas—. Estoy escribiendo una tarea sobre los Andes para mi clase de Estudios Sociales del grado siete.

—¿Sobre los Andes? ¿Por qué? —Miró desde el sofá de la sala y apartó el *New York Times*.

—Porque —me detuve allí, frustrada. Su cara mostraba una sorpresa genuina y esperaba mi respuesta—. Porque soy peruana, Papi —le dije.

—¿Tú? —dijo— ¿peruana? —y luego se rió, moviendo la cabeza fuertemente por un rato—. No, Marisi. Tú eres gringa, como tu madre. Tú ya no eres peruana.

Salí y pensé sobre eso, con el corazón empequeñecido por sus palabras. ¿Se me había caído el Perú como una hoja en el viento invernal?

¿Y mi lenguaje, mi patrimonio, el poder de mi *qosqo*? ¿También se habían ido? Miré hacia las monedas de cobre que me hacían guiños desde mis mocasines. Adoraba el país de mi madre, le juraba fidelidad todos los días, soñaba con sus sueños de oro, compraba sus loterías del alma a diario. Pero estaba segura que en algún lugar dentro de mí, también era peruana.

Fue Lucilla quien me lo hizo recordar.

Lucilla era una chica de pre-secundaria tan negra como la piedra de Antonio, segura de sí misma y que escogía a sus amigas por el color de su piel. Era desenvuelta, graciosa, con una aversión hacia mucho de lo que significaba Summit —y parte de eso era yo.

«Apúrate chica», me gritaba cuando pasábamos velozmente de una clase a otra y luego me daba una patada en el trasero. «¡Apura! ¡Apura! ¡No puedes demorarte!», y luego ¡*zas!* su zapato puntiagudo conectaba con mi cola. Esto había comenzado en la clase de gimnasia donde el alineamiento la ponía detrás de mí. Estaba más adelantada que yo de forma especial, superior en cada fibra de su cuerpo. Si yo podía hacer cien abdominales, ella podía ciento cincuenta. Un día, quién sabe por qué, decidió meterse en mi vida. Me hacía caer con una zancadilla en los campos de juego, me pateaba por los corredores, pateaba con sus botas la puerta de mi cubículo en el baño y me impedía salir hasta que sonara la campana, hasta que le rogué que tuviera compasión. Entonces Lucilla y sus compinches se reían a carcajadas y palmeaban sus rodillas mientras yo corría en pánico por el corredor.

Una vez que estaba parada sola en el campo de hockey lejos de su pandilla de chicas, decidí arriesgarme a preguntarle

—Lucilla, ¿por qué quieres meterme en problemas?

—Ya estás en problemas, chica —dijo con sus ojos saltones.

—¿Qué?

—Tú, una espalda-mojada con el trasero movedizo —agregó—, no causas sino problemas. Regrésate a donde perteneces.

Ahí estaba. La prueba de Lucilla. La verdad, así mi padre quisiera o no reconocerlo sus hijos no habían pasado de una situación a otra. Éramos «gente ni de aquí ni de allá», una cosa cuando estábamos aquí, la otra cuando estábamos allá. O para siempre de algún otro lugar. No éramos ninguno, éramos ambos.

Es curioso que fuera una negra que me hiciera recordar eso. He pensado con frecuencia en Lucilla cuando me siento en mi rincón de Washington ahora, viendo cómo ha cambiado su país desde que yo era una niña. Había días que sentía que George, Vicki y yo éramos los únicos latinos en los Estados Unidos con certeza no veía a otros a mi alrededor. Sabía que éramos los únicos en el sistema escolar de Summit. Pero he regresado a Summit con frecuencia a lo largo de los años y he observado sus transformaciones sutiles. Hoy en día, no se puede caminar por una calle principal en Nueva Jersey y no escuchar español o pasar una bodega latina o ver una cara latina. La última vez que fui, había una niña con mi apellido —sin parentesco— en los corredores de la Escuela Secundaria de Summit.

Hay miles de familias con apellidos españoles en la capital estadounidense. Hay casi cuarenta millones de nosotros en tu país ahora, Lucilla. Pertenecemos aquí. Tanto como tú.

Cuando ya estaba adaptada a pre-secundaria, mis padres optaron definitivamente por la tierra norteamericana. Nunca nos imaginamos que no se mantendrían juntos. Se querían profundamente. Y eso se reflejaba en sus rostros cada vez que Papi cruzaba la puerta de entrada y se veían por primera vez. Ella lo esperaba nerviosamente, corriendo a los altos para retocar su maquillaje y ponerse perfume bajo la blusa. De alguna manera, conforme pasaron los años, las separaciones se convirtieron en la norma para nosotros. Aprendimos a vivir sin nuestro padre; estábamos felices de verlo cuando regresaba; felices de que nos entregara tantos regalos y luego, cuando se ponía impaciente por regresar a Lima, nos sentíamos felices de verlo partir.

Nos mudamos de la casa alquilada en Tulip Street a una propia en Parkview Terrace. La nueva casa estaba cubierta de enredaderas que partían de los maceteros y trepaban por la pared de ladrillos. El sol caía y Mother estaba todavía afuera cortando el follaje, cavando la tierra. Me sentaba y la veía trabajar silenciosamente, preguntándome por qué no me hablaba sobre ella misma. ¿Por qué no deseaba contarme los detalles de su niñez, derramarme sus historias como Antonio, el jardinero, lo había hecho? Me maravillaba con haber observado las manos de Antonio hacer la misma labor. Los dedos de violinista de mi madre eran así de fuertes.

Antonio. Recordaba cada historia que me había contado, pero el hombre me parecía historia antigua ahora. «¿Cómo eran esas historias del ombligo que solías contar?», me preguntaba mi madre. Me encogía de hombros y sonreía. Mi *qosqo* no tenía poder ahora. Desenchufado, desactivado, muerto.

Me reía cuando recordaba la profecía de la bruja. ¿Una enredadera iba a trepar por mi casa y agarrarme por el cuello? Parecía tan tonto ahora en mi madurez episcopal, en mi integración confirmada a la Iglesia del Calvario. La religión de mi madre había ganado mi alma. No se hablaba sobre una luz negra, ni los hechizos de una bruja con trenzas podían desplazar a mi Dios o a la estructura del mundo visible.

Los árboles no se lamentaban. Los cielos no lloraban. Las enredaderas no saltaban por tu ventana en venganza.

⌗　⌗　⌗

—¿Por qué viven separados tu madre y tu padre? —me preguntó Kit un día—. ¿Están divorciados? —Fue de manera educada que lo dijo, peculiar y victoriana como tendía a ser.

—No, no están divorciados —le dije—. Mi padre vive en el Perú, mi madre vive en los Estados Unidos, eso es todo. Él vive allí porque trabaja allá. Ella vive aquí porque vamos a la escuela acá. —Era lo más lógico para mí.

—Ah —dijo Kit y lo dio por terminado. Su padre era un científico; su madre tocaba la viola. Eran versiones funcionales de mis padres, pero vivían en una casa, hablaban un solo idioma, visitaban a sus suegros dentro de una milla el uno del otro, se miraban a la cara todos los días.

—¿Por qué viven separados tu madre y tu padre? —la misma pregunta la hizo otro día una niña alemana que vivía detrás de nuestra casa nueva.

Le di la misma respuesta. «Ah —dijo, pero su reacción fue más interesante que la de Kit—. Eso hace las cosas mejor, ¿no? De esa forma tienes dos casas, no una, dos idiomas, dos vidas totalmente diferentes». Su nombre era Erika y había nacido en Frankfurt durante la ocupación de los aliados. Su madre había sido bailarina; su padre un militar británico. Erika nunca había visto a su padre salvo en un álbum fotográfico. Estaba vivo en alguna parte de Inglaterra. Sobre el papel parecía un hombre estirado, extrañamente buen mozo, con los rulos rubios de Erika y el hoyito en su mentón. Había sido destacado a Alemania para ayudar a reconstruir el país, pero obviamente había dejado un caos a su partida. Preguntas sin respuestas rondaban a Erika. Interrogantes en torno a nombres, matrimonios, nacionalidades. Su madre había dejado Alemania huyendo de todo eso. Teníamos nuestros orígenes extranjeros en común, pero había algo más también sobre nuestras madres, sobre el peso de sus pasados.

—¡*Heil Hitler*! —gritaban los niños cuando nos paseábamos por Memorial Field del brazo.

—¡Oye, déjate de eso! —les decía por encima de mi hombro—. ¡Yo no soy alemana!

—¡Recuerda El Álamo entonces!

Cacareaban sobre eso, moviendo sus hombros como buitres.

Era la idea de la dualidad de Erika la que me atraía. Medio alemana, medio inglesa. Era exótica en un paisaje suburbano, una muchacha indiscutiblemente excéntrica. El idioma que

compartíamos era el ballet. No había mucho más que tuviéra-
mos en común. Era gordita mientras que yo me había vuelto
flaca. Ella era miel y yo caoba. Su madre hacía pasteles y le cosía
vestidos elegantes mientras que la mía conocía solamente los
rudimentos de los quehaceres domésticos. Sentada en su sala
familiar veía el juicio a Adolf Eichman y la escuchaba insultarlo
en alemán. Miraba la ruma de revistas con fotografías inexplicables de fosas comunes, y los dedos de mi amiga bailaban a través
de las páginas, señalando detalles que detenían el corazón. Yo
tocaba el piano cuando ella y su madre me lo pedían, Beethoven
después Mozart, después Brahms, hasta que se recostaban hacia
atrás y miraban al techo como muñecas.

La madre de Erika, Minna, había sido detenida durante la
guerra y forzada a trabajar en una planta de municiones en
Frankfurt. Esa información mínima salió de sus labios un día
que me enseñaba cómo hacer *sauerbraten*. No era claro —no me
lo podía decir— por qué los nazis la habían escogido en la calle
y llevado a las máquinas. ¿Era judía, como los muertos de las
fotografías? Tenía el pelo oscuro, ojos oscuros, nada como Erika.
Pero se ponía cruces y mantenía un rosario en su cartera.
Cuando los bombarderos subían al aire desde las pistas de
Alemania, ella pulía instrumentos de acero, bailando en las
noches en un cabaret en el sector alegre del pueblo.

Se le escapaban explicaciones cuando estábamos sentadas,
amasando o prendiendo un alfiler en un molde sobre la tela.
Éstas eran cosas que no le decía a su propia hija, pero que me
las lanzaba a mí, desempaquetando las cargas de su corazón,
como si fuera un sacerdote en el confesionario.

Erika estaba por otro lado, cantando una canción frente a un
espejo o bailando al son de alguna idiotez en la televisión y
Minna derramaba su historia en mis oídos de doce años,
haciendo lo que ansiaba que mi madre hiciera. Había mucho

sobre nuestras familias que era diferente. Tenían una televisión mientras que mis padres muy intencionadamente no la tenían. Eran decididamente frívolas en el vestido, diversiones y sueños —mientras que mi familia sin duda no lo era. Había un padrastro pentecostalista, el marido de Minna: un americano pelirrojo, alto y flaco, que había asumido la protección de los emigrantes como la misión de un clérigo. Iba y venía consumiendo sus comidas en silencio; apenas dejaba huella en la almohada, apenas tocaba sus vidas. Ir a visitar a Erika y Minna era como volar en territorio extranjero. Había siempre algo nuevo allí. Mirándome a las manos como lo hacen los americanos, me encontré con otro secreto.

Minna se había pasado la vida sacando la cabeza de su madre de un horno. Había comenzado cuando era una niña de seis años. Un fin de semana de invierno gris, cuando estábamos en su cuarto de costura sin nada que hacer, recibió una llamada de Frankfurt. Su madre había vuelto a las andadas.

Eso no era ni la mitad. Si Minna supo quién era su padre, nunca lo dijo. Su mundo era profundamente femenino y los varones —incluso los padres y esposos— accidentales. En su mayoría, incomprensibles, algunas veces irresistibles, pero en última instancia, consumibles. En la historia de la vida de Minna, iban y venían como vientos frescos.

Durante la guerra había vivido en un barrio bohemio de Frankfurt. Sobre su departamento vivían prostitutas. Noche tras noche podía escuchar las pisadas fuertes de las botas nazis cuando los oficiales borrachines se abrían camino hacia los altos para saborear los encantos de la venta al por menor.

Esos nazis eran torcidos, perpetradores de lo monstruoso, forzando a las mujeres a que los trataran como animales, rugiendo sus placeres a través de las paredes. Un día, cuando prendí con alfileres la vuelta de un cuello perfectamente redondo, me contó sobre uno de ellos —uno de los generales de Hitler, nada menos— que pedía que le sirvieran las heces de su anfitriona en porcelana de Dresden, con su orina en cristal al costado. No se me ocurrió preguntarle a Minna cómo había extraído esa información de la vecina de los altos.

Me quedé perpleja por esas confesiones en el fulgor de un paisaje suburbano, y salté el cerco hacia mi casa de ladrillo ordenada. «¿Mareezie? —me llamó mi madre cuando entré por la puerta de atrás—. ¿Terminaste tu costura?». Cuando notó que mi cara pálida transitaba hacia mi cuarto, su voz se elevó con alarma: «Pero, vamos, ¿y qué está pasando en esa casa?»

Tenía temor de contarle las historias de Minna, así como había tenido temor de contarle sobre el mundo de los espíritus de Antonio. Éstos eran cuentos de poderes oscuros que mejor me los guardaba para mí. Minna era de otra dimensión, de otro lado: una bruja que hablaba verdades terribles. Si yo le transmitía sus palabras a mi madre, sin duda la sacaba de mi vida.

De esa forma estaba sometida a los fantasmas del pasado de Minna. A mi madre le decía que iba a su casa para coser, cocinar y hablar sobre ballet, pero en realidad lo que hacía era escuchar. Sus historias nunca me decepcionaban. Los nazis venían para sus francachelas al cabaret donde ella bailaba, me contó, pidiéndole cada noche una sola actuación. Yo era hermosa entonces —señalaba—, de pelo oscuro y diferente, por eso venían». Me contaba sobre una malla de seda transparente que cubría su cuerpo y cómo arrastraba los largos madejas de gasa perfumadas y bailaba descalza con su pelo que caía en espirales por la espalda. Un pañuelo cubría la mitad inferior de su cara. Sus ojos estaban pintados de negro como los de una egipcia. «¡Era una fas-ci-na-ción!» pronunciaba con voz profunda y ronca. Podía imaginarme su pulcritud de seda colgante estremeciendo la noche y llenando de deseo a los monstruos.

—Me voy donde Erika —le dije a mi madre—, si te parece bien.

—¿Para qué? —me preguntó Mother, achicando los ojos.

—Su madre me está enseñando a bailar. Sabes, ella fue bailarina alguna vez.

—¿De verdad? No sabía. ¿A qué música bailan?

—*It was Fascination* —respondí y canturrié algunos compases.

—Ah, conozco esa canción —dijo Mother—. Era popular durante la guerra. Está bien. Anda. —Se quedó tarareando la canción.

Minna y Erika nunca preguntaron por mi padre. No tenían ninguna curiosidad por él. Cuando llegó en un taxi con sus maletas abultadas de regalos, comprendieron que me verían menos durante un tiempo. Minna estaba más interesada en mi madre, haciéndome preguntas que no podía responder. ¿Qué había hecho durante la guerra?

Un día cuando Papi había estado cumpliendo un largo proyecto en el interior del Perú, Minna apartó los arbustos y vio a mi madre arrodillada en nuestro jardín. Tenía el pelo amarrado atrás con una pañuelo de algodón de colores; el sudor le chorreaba desde su mentón hasta el suelo; estaba removiendo la tierra con una pala. Minna la observó trabajar por un rato y luego avanzó hasta el cerco para preguntarle: «¿Está todo bien? —Mother levantó la mirada sorprendida—. Está cavando tan intensamente ahí —le comentó con su acento alemán fuerte—. ¿Le pasa algo? ¿Está bien?».

Como debía suceder, las cosas no estaban del todo muy bien. Mi padre no había escrito en meses. Las cuentas se acumulaban en el cajón de la cocina sin pagarse.

«Estoy bien» dijo mi madre incorporándose, poniéndose de pie y sacudiendo sus rodillas. «Muchas gracias». Pero cuando entró y contó sobre este breve encuentro y me preguntó sobre lo que yo les había estado contando a los vecinos, deduje que los poderes de Minna en realidad iban más allá de lo normal. Había llegado al corazón de mi madre.

■ ■ ■

Aprendí muchas cosas de Erika y Minna, pero la más importante entre ellas fue que yo no era extranjera. No tenía la distancia requerida, la lejanía emocional. Había mucho sobre mí que podía haber parecido diferente, sentido diferente, pero yo era profunda e indudablemente estadounidense, de este hemisferio, me habían enseñado a serlo desde la infancia, estaba lista para defenderlo con mi alma.

—¿Cómo puedes comer esa cosa pegajosa que aquí llaman pan? —me dijo Erika, fastidiándome con su arrogancia.

—Ya basta, Erika. No es tan malo como dices.

—Es horrible. Deberías probar el pan alemán. Tienen tantos tipos: negro, blanco, de centeno, de huevo, salado, dulce, grandes moldes con semillas encima y panes pequeños de hojaldre que se te derriten en la boca. Es pan de verdad. No como aquí.

Recordé a los vendedores ambulantes en el Perú, con sus montículos de pan oloroso de costras duras y doradas, suaves y ligeros en el centro, recién horneados y llevados a la puerta de la casa. Pero yo defendía la variedad del supermercado.

—¡No te puede gustar! —Erika sostenía—. ¡Ni siquiera eres de aquí!

—¡Sí lo soy! —dije—. Soy americana desde tiempos lejanos, mi tátara, tátara, tátarabuelo nació aquí. ¡Uno de mis antepasados fue presidente!

—Ah, ¿sí? —dijo—. Entonces, ¿por qué vives en esa casucha?

Podía haber vivido en un palacio y Erika hubiera dicho que no era tan bueno como un alemán. Todo lo que fuera alemán era mejor. El sabor del chocolate era más intenso. La leche tenía más crema. Las salchichas eran más sabrosas. Los vestidos más elegantes. Las casas más acogedoras. Jabones, zapatos, perfumes. No había producto en todos los Estados Unidos de América que pudiera compararse con su contraparte en Frankfurt.

Discutíamos sobre esto mientras caminábamos torpemente de ida y vuelta al colegio, esquivando a los chicos del barrio. «¡Las muñecas alemanas son más bonitas!», gritaba ella. «Las navidades alemanas son más elegantes». «La ropa interior alemana es más cómoda» y una hilera de brazos de chicos volaban cuando pasábamos en saludos rígidos nazis. George estaba entre ellos, sonriéndome, cortándole el aire a Erika: un niño americano de mejillas sonrosadas.

—No fastidien —gritaba—. ¡Paren! Ella es mi amiga —y se ponían rojos de tanto reírse.

Pero yo tenía mis propias batallas que pelear en aquellos años a principios de los sesenta. No podía soportar ni las críticas sobre los Estados Unidos, ni que se hablara mal del Perú. La verdad es que yo las recibía de ambos lados. Los peruanos que venían de visita se olvidaban de que yo también era gringa y lanzaban andanadas verbales sobre los estadounidenses que veían por las calles. «Son bobos, ¿no? Payasos y torpes. Cruza a un idiota con un prepotente y ¿qué obtienes? Un norteamericano».

Los estadounidenses, por otro lado, se olvidaban que yo era peruana, menospreciando mis raíces en mi cara. «Los latinoamericanos son gente pobre e indolente —mi maestro explicaba a la clase—, acosados por la ignorancia y la enfermedad». Todo lo que podía hacer era mirarle la boca, la saliva que bailaba en sus labios.

«Prefiero tener una sirvienta negra que una mexicana», decía una señora suburbana. Su hija y yo, en el asiento trasero del carro, escuchábamos su cabeza llena de laca. «Al menos puedes confiar en las muchachas negras. Las mexicanas te roban sin que te des cuenta».

Si había otros híbridos en Summit, eran demasiado sutiles para nosotros. No los conocíamos. Descubrí con el tiempo que Erika era tan diferente de mí como cualquiera que había conocido. Su extranjería me había resultado familiar, pero no existía una verdadera hermandad entre nosotras. Ella era alemana. Carecía de esta dualidad. El padre británico le había dado su cara, pero nada más. Cuando llegó a los Estados Unidos desde Alemania, vino como inmigrante, en un viaje directo de la A a la B. Yo, por mi parte, era doblemente americana, tenía la parálisis de un alma dual.

■ ■ ■

No habíamos tenido noticias de Papi por tanto tiempo que empecé a preguntarme si no me había equivocado respecto a que su matrimonio era indestructible, si sería posible que se hubiera olvidado de nosotros completamente. Los cheques firmados que generalmente él enviaba por adelantado, no habían llegado por el tercer mes consecutivo. El cajón de las cuentas estaba ahora repleto y en la Universidad Vassar, Vicki necesitaba comprar libros. La ropa comenzaba a quedarle chica a George. Había el asunto de mis clases de ballet. Mother salió y encontró trabajo.

Era un trabajo que mi padre jamás hubiera aprobado si hubiera estado presente para decir algo. Entró a una tienda de vestidos en Springfield Avenue y preguntó si había algún puesto vacante. La mujer encargada la contrató inmediatamente. Debía comenzar la semana siguiente como la vendedora de menor jerarquía. En su primer día, caminé por allí después de las clases para mirar por la ventana. Estaba barriendo el piso.

Fue en esta época, cuando tenía trece años, que Abuelita

reapareció repentinamente en nuestras vidas. Llegó al aeropuerto de Idlewild en Nueva York un día de setiembre con el tío Víctor y Rosita, su nueva esposa. Abuelita los acompañaba en su luna de miel. Tomaron un taxi a Manhattan y se registraron en el hotel Biltmore. Cuando el tío Víctor llamó y dijo que habían llegado, me encaminé un sábado por la mañana y toqué a la puerta de su habitación, esperando escuchar el taconeo de sus zapatos. Cuando la vi, enterré mi cabeza en su pelo.

—Ay, Marisita —dijo luego que me tuvo a un brazo de distancia para darme una buena y larga mirada—. Estás tan grande —estiró su vestido y tomó sus guantes—. Ven, vamos a tomar desayuno juntas. —Bajamos solas.

Caminamos del brazo varias cuadras de la calle 48 antes de darme cuenta que estaba más alta que mi abuela. Agujereaba el concreto con sus zapatos de Chanel brillantes sin talón, con un aire nervioso, prendida de su cartera de cocodrilo. —Qué fea ciudad —dijo—. Tanta desgracia. No es París. Nada como París, no.

Me reí de eso. No se me había ocurrido que Nueva York pudiera ser sino encantador de la forma que era. Me fascinaban sus vidrios plomos, su remolino humano, su displicente tumulto. Había estado viniendo a la ciudad desde antes de tener doce años. Al principio iba desde el colegio al tren de Hoboken, que por el túnel llegaba hasta la calle 33 y luego tomaba el ómnibus de la octava avenida. Al final tomaba el ómnibus desde Nueva Jersey a la terminal, que era la manera más sencilla para ir, y luego caminaba hacia el norte de la ciudad, meciendo mi bolsa de ballet sobre el hombro. Le había rogado a Mother que me dejara estudiar ballet y canto en New York. No era su idea. Pero cuando vio cuán emprendedora estaba yo —llamaba a los estudios, preguntaba sobre las tarifas, hacía citas para audiciones, me apoyó. Las primeras veces iba conmigo, pero cuando comprobó

que sabía como orientarme, decidió que podía ir sola. Nueva
York podía parecerle desafiante a mi abuela, pero era una ciudad que conocían mis pies. Así lo dije. Me echó una mirada
aprensiva.

Ocupamos una mesa en un café bullicioso. Luego que el
camarero había escuchado nuestro pedido, luego que había tra-
ducido todos sus deseos, Abuelita se volteó hacia mí y desdobló
una servilleta en sus faldas. Una de sus cejas bien delineadas
estaba arqueada en dirección del camarero. —Así que eres
coqueta, Marisi —me dijo.

No era nada de eso, insistí. Simplemente le había dictado al
hombre lo que habíamos escogido del menú.

—Le sonreíste —dijo.

—Sí, fui educada, sonreí. Eso es lo que la gente...

—Las señoritas no les sonríen a los camareros —me dijo con
un gesto de autoridad—. Alguien te debería estar enseñando eso.

No tenía sentido discutir con ella. Abandoné el asunto.

—Vicki está en la universidad —comenzó ella, poniendo
sus muñecas cuidadosamente sobre la mesa—. Quién sabe
dónde está Georgie. Tu padre está lejos en algún proyecto. Y tu
madre y yo, por algún motivo, no podemos tener una conversación civilizada. Quiero que este momento sea sólo contigo,
Marisi —dijo—. Tengo algo que decirte. —Su cara giró brevemente y luego se hundió con gravedad. Levantó la vista, tragán-
dome con la mirada.

—Esto no tiene nada que ver con lo que yo siento por tu
madre —comenzó enunciando palabras que no puedo olvidar—.
No tiene nada que ver con lo que ella siente por mí. Tiene muy
poco que ver con nuestras molestias de una forma u otra. Tiene
que ver con el amor. —Se detuvo ahí, dejó que el camarero
retintineara los platos sobre la mesa, desafiándome a sonreírle
gratamente y sujetándome con la mirada.

—Amor —dijo nuevamente, cuando se fue el camarero—. Tú sabes ahora, hijita, cuán diferentes pueden ser algunos países. Las formas en que vivimos, las cosas que hacemos, lo que creemos. Pero hay una cosa que sigue siendo la misma. Esa cosa Marisi, es el amor.

Sacudí ligeramente la cabeza como una perfecta tonta, pensando que se estaba refiriendo a su cariño por mí, lista para decirle que yo la quería también. —Estoy hablando, por supuesto —dijo— sobre tu madre y tu padre. ¿Hace cuánto tiempo que no lo ves, Marisi? —Había pasado meses que no veía a Papi. No sabía cuántos—. Eso es precisamente lo que quiero decir —continuó—. No porque él no te quiera, ¿sabes? No es entre tú y él. Estoy hablando de algo más.

Hizo una pausa, dejó descansar su tenedor y prosiguió.

—Por favor, no me digas que tu madre no está con tu padre porque ésa es la manera como se comporta la gente casada en este país. Hasta yo sé algunas cosas sobre los yanquis. Si se quieren, están juntos. Es su cometido estar juntos. Punto. Eso es todo. Durante años he tratado de comprender esto acerca de tu madre, hasta darme cuenta de que no hay nada que entender. El amor no se presenta de forma diferente según las nacionalidades. Es siempre uno y el mismo.

No tuve nada que decir, mordí mi tostada, preguntándome por dónde iba esta conversación. Prosiguió sin ningún incentivo de mi parte. —Tu mami y yo tenemos algo en común. Cuando me casé con tu abuelo, no sabía nada sobre los Arana. Eran un misterio para mí. En muchos aspectos, todavía lo son. Una tierra extraña. Tú sabes. Siempre sospeché que había una buena razón para que tu abuelito sea como es. Algo que explica por qué él es tan taciturno, tan reacio a relacionarse con la gente, tan remoto del resto del mundo. Pero al final, sus pequeñas peculiaridades no importan. Mi vida no es particularmente fácil, pero entregué mi vida a un hombre y la fortaleza de nuestra familia es mi recompensa. Cuando se abandona a los hombres a sus propios recursos, Marisi —no me importan si son de Picadilly o de Ucayali— cuando las mujeres no están al lado de los hombres, las cosas se deshacen. Otras mujeres penetran. Otras oportunidades aparecen. Es simplemente natural. Me pregunto a veces si tu madre comprende esto. Si en realidad le importa. ¿Por qué insiste en vivir en un lugar si su esposo está en otro? ¿Quiere que este matrimonio termine? ¿Es eso lo que quiere?

Me quedé desconcertada por lo que me estaba diciendo. Ésta era una conversación de la vida real y ella estaba hablando de tabúes libremente de una forma que sólo le había escuchado a la madre de Erika. Me miraba con esperanza, como si fuera una mujer crecida con opiniones importantes para compartir. Luché por encontrar las palabras para responderle.

—Ella está feliz aquí, Abuelita. Éste es su país. Le gusta que vayamos a la escuela aquí, que estemos aprendiendo a ser como ella. —Dos huevos pálidos me miraban desde el plato.

Suspiró y recostó su espalda en la silla. Sus hombros se veían flácidos en su vestido.

—Quiero que hagas algo por mí, Marisita, quiero que le digas a tu madre que si quiere a tu padre, haga un esfuerzo para estar con él. Dile esto: vivir separados no resolverán las diferencias. Solamente las agrandará. No hay posibilidades de que el amor sobreviva con un hemisferio de distancia. Quiero que hagas algo más. Una cosa más. Cuando le digas esto, no le digas que yo te he pedido que se lo digas. Eso agregará confusión a lo que quiero decir. Quiero que este mensaje le llegue de la manera más sencilla posible.

Al atardecer, vino Mother al hotel Biltmore para visitar a Abuelita. Estaba agotada de pasar los días parada —podía verlo en sus tobillos hinchados—, pero no le contó a Abuelita sobre la tienda de vestidos. Conversaron ceremoniosamente en español sobre cuánto habíamos crecido y lo bien que nos iba en la escuela. Fue un tipo de tregua extraña. A la mañana siguiente, mi abuela visitó Summit. Se paseó por el jardín de mi madre, le dio la vuelta a los macizos de flores e insistió en que no podía quedarse. «Tu hogar es agradable, Marie, —le dijo alcanzando las manos de su hija política y apretándoselas con las suyas—. Muy acogedor. Puedo darme cuenta por qué quieres a tu país.» Luego me dejó a mí para decir el resto.

▨ ▨ ▨

Durante días me preguntaba cómo podía trasmitir el mensaje de mi abuela a Mother. No era buena en la diplomacia. En aquellos días pródigos, las palabras salían sin pensar sustituyendo la franqueza con el desatino, con mucha frecuencia iba demasiado lejos. Me preocupaba que pudiera revelar mi fuente o —al menos— provocar nuevamente hostilidades entre las mujeres que más admiraba. ¿Cómo aconsejar a una adulta sobre el amor?

El amor parecía tener que ver tan poco con eso. Aunque mi padre decía querer a este país, parecía ser un perfecto inadaptado, así como Mother lo había sido en el suyo. El asunto, hasta donde yo podía saberlo, se trataba de logística. ¿Pero de amor? Parecía un engranaje tan remoto, tan abstracto, que inclusive no podía imaginarme los contornos de la máquina.

Si ella quiere a tu padre, hará un esfuerzo para estar con él. Eso significaba sólo una cosa: si había amor entre mi madre y mi padre, vivíamos todos en el Perú. ¿Podía el amor ser tan dictatorial, tan unilateral como eso?

Decidí esperar y observar hasta que llegara el momento ideal para mi transmisión del despacho secreto. Pero pasaron los días, luego semanas y meses, y la confabulación nunca se llevó a cabo. No fue debido a que yo estaba evitando la misión, sino a que un rayo de razonamiento deductivo me había iluminado el cerebro.

La prueba aparecía —como aprendí yo, después de ese momento, que sucede con las cosas importantes— en forma reducida. Mi padre llegó ese otoño, llenándonos de regalos; rebosaba de alegría por nuestros logros, registraba nuestros hábitos adolescentes con alarma. Su primera semana en la casa fue la más fácil. Todas las cuentas se pagaron. Mother arregló con la tienda de vestidos para que le dieran vacaciones y los dos se apoderaron de la cocina para preparar banquetes criollos. En la segunda semana, ella volvió al trabajo y él se molestó que su esposa estuviera atendiendo a otras mujeres en un establecimiento tan común. Qué labor tan indigna. El insulto. Ninguna mujer de su familia había tenido que hacer eso. Qué importaba que a ella le gustara tener su propio dinero, que estuviera saboreando la libertad que le proporcionaba. Plantaba el Johnnie Walker sobre la mesa y maldecía la vulgaridad americana, dando vueltas por la casa como un jaguar enjaulado. El segundo mes estaban peleando sobre las nuevas cuentas pendientes, las costumbres peruanas frente a las norteamericanas, sobre cómo cada uno de ellos utilizaba mal el pretérito del lenguaje del otro. El tercer mes, las maletas de Papi estaban listas. Antes que el invierno nos golpeara, un viento amargo lo sacó volando por la puerta una vez más.

Iba a regresar. El ciclo no era nada nuevo. Había sucedido el año que Castro tomó Cuba. Había sucedido en la primavera que un avión espía fue derribado sobre Rusia. Había sucedido en el otoño del primer presidente católico. Había sucedido el verano que la Alemania Oriental construyó un muro. Había sucedido justo después que vimos la cabeza de nuestro presidente explotar en las calles de Dallas.

Pero la prueba, como digo, estaba en los detalles. Estaba buscando el amor con la carga de una abuela sobre mis hombros y, finalmente, lo encontré en voces quietas y calladas. Lo escuché en las mañanas cuando llegaba a casa, en el golpeteo cotidiano, suave y continuo al otro lado de mi pared. Al amanecer, cuando mis padres estaban solos en su cuarto, cuando el mundo no había sido usurpado por sus fronteras, geografías, sesgos y resentimientos, conversaban durante horas. Era un intercambio ligero, lleno de sueños y diversiones y una preocupación mutua sobre nosotros. Mother le contaba sobre su vida, Papi acerca de la suya, y cada uno escuchaba al otro con pequeñas exclamaciones de gusto. No había nada extraordinario sobre esto. Habían polaridades marcadas, mis padres irreprimiblemente diferentes, ellos mismos con obstinación, pero ardiente, irrefutablemente enamorados. Abuelita estaba equivocada sobre ellos. No había tenido ninguna experiencia por la cual juzgar la unión que a ellos tanto les había costado. Yo no tenía que decirles que debían vivir juntos. Ellos eran quienes eran: inconformistas, independientes. Les iba bien con un hemisferio de por medio.

Así han sido durante más de medio siglo de matrimonio, día tras día de su fusión turbulenta. Bastante después del pedido de Abuelita en el café, mis padres se han buscado afanosamente el uno al otro de América a América, persiguiendo su amor por los vericuetos del tiempo. Como el abuelo Doc voló al cielo atrás de la abuela Lo. Como las parejas de águilas hacen círculos en el cielo haciéndome recordarlos. Como el molino de Dios remueve el polvo de mis abuelitos. Como Antonio engendró generaciones futuras en los campos de caña de Cartavio. Como Juan Díaz desapareció en los cerros de Pachamama. Como Vicki se convirtió en una profesora de literatura y hermana mayor de miles de personas. Como George se convirtió en un psiquiatra, reparador de mentes quebrantadas. Como yo salté caprichosamente del ballet a la ópera, a los libros. Las dos mitades de mis padres se mantuvieron juntas.

Ésa es la maravilla de esta historia.

EPÍLOGO

Venecia puede tener su Puente de los Suspiros pero en Lima hay otro Puente de los Suspiros. Cada vez que regreso al Perú, me encuentro atraída hacia él. Parece que guardara un secreto, un significado más profundo sobre la vida y el amor. No es el puente colgante imponente que tanto admira mi padre; el tipo de coloso de acero que lo hace apretar el freno, llevar el carro hacia un lado, salir y mirar. Nada como el Verrazzano, Golden Gate o Chesapeake Bay. Y ciertamente nada como aquella estructura melancólica elaborada intrincadamente entre el palacio y el calabozo sobre las aguas del noreste de Italia. Éste es un puente modesto construido sobre caballetes, que se extiende sobre una quebrada seca y pequeña en el distrito histórico de Barranco. Hecho de madera hace alrededor de cien años, es corto, cuadrado y sencillo. No fue concebido para inspirar a viajeros hacia tierras más nobles o nuevos desafiantes mundos. Es adonde van los amantes.

¿Por qué me atrae un puente? Quizá es la forma en que se arquea, se extiende y se lanza a un terreno nuevo. Quizá es la forma en que aún el más modesto —un puente andino tejido de mimbre, una escalera angosta de tablillas— puede mecerse sobre un abismo, resistirse a la voluntad de dividir de la naturaleza. Aun una enredadera —tendida de una roca alta a otra— es milagro. Conecta puntos que nunca podrían haberse tocado. Quizá es simplemente que un puente depende de dos lados para sostenerse, que es una promesa, un compromiso de dos.

Me encanta caminar por un puente y sentir ese instante en el que no estoy ni en un lado ni en el otro. Cuando me encuentro entre el ir y venir, cuando soy una criatura de Dios en tránsito, suspendida entre tierra y tierra. Pueden decir que se debe a que soy la hija de un ingeniero y, por lo tanto, me dan curiosidad las estructuras sólidas. Siempre me ha fascinado el ajuste de una unión, el equilibrio de los caballetes, la resistencia de un plinto. O pueden decir que se debe a que soy hija de una música que conoce algo sobre la arquitectura de los instrumentos. He tendido la cuerda de un violín sobre su puente y la he estirado hasta tensarla en anticipación de sonido.

Quizás se debe a que no soy ni ingeniero ni música. Porque no soy ni gringa ni latina. Porque no soy una sola cosa. La realidad es que soy como un perro cruzado, vivo sobre puentes; he ganado mi lugar sobre ellos, me siento cómoda allí parada. Me siento contenta. En el medio y entre dos.

Me he pasado la vida contemplando a mi madre y a mi padre y estudiando sus diferencias. Considero ambas culturas como mías. Pero estoy feliz de ser quien soy, dividida entre identidades, pasando de una a otra, cambiando de cerebro a cerebro. Soy el producto de personas que se lanzaron de una tierra a otra, que se metieron en las pieles de otros, vivieron otras costumbres… y nunca abandonaron sus culturas.

Lo que abandonaron fueron sus pasados. Mi padre huía de la historia. No conocía los detalles, pero había vivido con sus consecuencias. Los Arana se habían vuelto expertos en la evasión, sordos a las excusas, maestros de la contorsión. No podíamos ver —no tratamos de averiguar— lo que yacía en el fondo de la rareza de mi abuelo. Tejimos velos de subterfugio, rehusamos ver las cosas como eran. Con el tiempo, consideramos a mi abuelito con cierta petulancia. Si hubiéramos admitido la verdad sobre nuestra conexión con Julio César, habríamos podido voltear la petulancia contra él.

¿Quién sabe? Quizás, incluso reconociendo nuestra conexión con la Casa Arana, hubiéramos sustituido la culpa. Habríamos acusado a los gringos. Ellos eran los que necesitaban el caucho; abrían caminos con anticipación y alistaban sus fábricas para funcionar. Como decían los indios de Cartavio, los «pishtacos» andaban sueltos en los bosques; los fantasmas de la máquina estaban hambrientos, y se requería la grasa de la gente oscura.

Pero resultó que no importaba dónde estaba la gente oscura. Después que los ingleses aplastaron a Julio César, transplantaron los árboles de caucho a Malaya con lo cual llevaron la maldición al lado lejano del planeta y los afligidos acogieron la enfermedad. Los malayos soportaron las dificultades del comercio del caucho con valentía. Los británicos cobraron el efectivo.

El destino hizo que yo también fuera transplantada a Malaya. Tenía veintitrés años en esa época: la joven esposa de un banquero americano. Caí en Kuala Lumpur tan insospechadamente como un pequeño brote de caucho. Para ese entonces, Malaya se había convertido en Malasia y el país había dejado de ser británico. La industria del caucho se había ido no sólo del Perú a Malasia, sino de los árboles a las retortas químicas y los antiguos puestos de vulcanización eran ahora lugares de interés turístico.

Me ubiqué con mi primer marido en una casa en lo alto de una colina más alta que la selva. Era una estructura colonial de estuco con un *frangipani* que se inclinaba sobre el balcón, monos que chillaban y copulaban en el techo negro y papayas que colgaban en el calor. Una mujer malaya me condujo por la entrada para carros y me depositó en la puerta. «Esta fue la casa de un barón del caucho inglés», dijo. «Un magnate poderoso. La construyó en lo alto para poder mirar la bóveda del follaje». Subí a la terraza, vi un mar magnífico de árboles y sonreí por su verdor. Aspiré el aire. Traje una niña al mundo para que lo mirara conmigo, una gringa pequeña con el pelo dorado de su abuela. No sabía que estábamos mirando los árboles del infierno de Julio César Arana. No sabía que los *apus* me habían designado para estudiar el follaje. Había olvidado a la bruja y la enredadera.

Signos hay por todos lados, solía decirme Antonio. Marisi, tienes que aprender a mirar.

Las conexiones no han sido fáciles de seguir. Pero allí están cuando las busco. Allí están.

La mentira sobre nuestra relación con los Arana de la selva nos carcomió lentamente, y se comió una a una las almas. Mi abuelo se volvió un ermitaño. Mi abuela tuvo que satisfacerse con ver el mundo a través de sus hijos, metiéndose en sus vidas en tacones y perfume. Social por naturaleza, se movió por Lima limitada como una viuda, para luego morir en su sillón con los pies demasiado desfigurados para poder caminar. Mi padre nunca pudo comprender por qué su padre se quedó en los altos día tras día, escondiéndose en su estudio, evadiendo sus responsabilidades de hombre y fallándole a su esposa. Por algo Papi se lanzó a una nueva vida. Por algo necesitaba él un poquito de alcohol para fortalecerse. Por algo había algo de desechos a lo largo del camino.

La historia de la que huía mi madre, era diferente —escrita no hacía más de un siglo, sino durante un puñado de años— muy apresurada, muy gringa. En una noche explotó su vida. Dejó la casa de sus padres en una travesura con su hermana mayor y se despertó a la mañana siguiente convertida en la esposa de dieciséis años de un bruto. Estaba atrapada, maltratada y decidió abandonar el matrimonio. Cuando encontró el amor con un canadiense —en un sitio lejano, en la guerra de otro país—, se lo arrancaron pronto. Todo lo que pudo hacer fue guardar el dolor y enterrarlo en algún rincón profundo de la conciencia. Subió a un tren decidida a dejar atrás su pasado. Cuando se bajó, encontró al hombre que la pondría en otra parte del mundo.

Papi se extrajo del crisol de los Arana. Regresó al Perú con regularidad y se hizo cargo de cuidar a sus padres. Pero lo hizo desde lejos, distanciado de la charada de la negación. Cuando su padre murió durante una de sus visitas, no pudo velar su cuerpo; no pudo soportar el hecho de tener que subir la escalera para despedirlo.

Mi madre se reinventó completamente. Nunca más vi a los Clapp después de esa primavera en Wyoming. Mucho tiempo después, me enteré que Nub, mi primo, al que le encantaba mascar, se había pegado un tiro en el cerebro. Conocí a dos de los otros doce primos americanos cuando ya eran abuelos; los ubiqué con el fin de escribir este libro. Nunca más vi a las hermanas de mi madre. Ni siquiera conocí a dos de ellas. De mis padres, mi madre sigue siendo la criatura exótica, la más misteriosa. Me maravillo con frecuencia de que estos dos estén aún juntos, aún movidos por los atractivos del otro, aún desplazándose entre los Estados Unidos y el Perú.

Si dos burbujas de energía se encuentran, solía decir Antonio, hay un conflicto natural. Si se juntan, se elevan a un plano superior. Llámese iluminación, llámese amor. Llámese el principio de un alma bendecida dos veces.

Siempre pienso cuán afortunada he sido. Aquí estoy después de todo como el producto de un encuentro del azar en circunstancias del azar. Entonces me recuerdo a mí misma lo poco que el azar tiene que ver con ello. Fui destinada a ser la intermediaria entre los *apus* y la montaña Elk, destinada para sentarme sobre una jaula con Antonio, destinada para jugar a los conquistadores con Georgie, para contemplar los atardeceres con el abuelo Doc, para tejer sueños sobre mi madre, destinada para sondear el pasado de los Arana.

Algunas veces cuando me siento sola en la terraza durante la primavera, cuando la luz entra a mi jardín en cierto ángulo, me parece ver las mariposas negras con amarillo que solían rozar los arbustos de floripondios de mi niñez. Veo los colibríes del Amazonas lanzándose y saliendo de mi budleia. Veo bandadas de pericos color verde lima barriendo Capitol Street, para luego elevarse rápidamente en hileras y alejarse. Veo moverse el dedo de Antonio hacia mí.

¿Qué te dice, Marisi?, me pregunta. ¿Qué te dice este libro sobre las conexiones, las historias y el amor cuya combinación resultó en ti? Pero tan pronto me imagino que él lo pregunta, desaparece.

Vamos tontita, piensa, me digo cuando me siento en mi mecedora de mimbre. Hay un hombre que es todo ciencia, que viene de una cultura que lo empuja hacia adentro. Hay una mujer que es todo música que viene de una cultura que la echa fuera. Hay una selva, una guerra, el paso de un matrimonio a través del tiempo. Y luego... estoy yo. ¿Es así, Antonio? ¿Soy yo el punto de esta historia? ¿El factor crucial, el cruce de medio camino?

Yo, una latina que —hasta el día de hoy— quema incienso,

reza arrodillada a la Virgen, siente auras, escucha a los espíritus de los muertos.

Yo, una anglo que se sacude de esto, apaga las velas, enfrenta la realidad, bota las cenizas en el basurero, trabaja todos los días en un periódico.

Yo, una colisión Norte-Sur, una fusión del Nuevo Mundo. Una *American* chica. Un puente.

AGRADECIMIENTOS

Este libro es el producto de una memoria común. He tenido la suerte de contar con la participación de muchos miembros de la familia que me ayudaron a recordar escenas e intercambios de mi vida temprana. A ninguno se le debe responsabilizar por las inexactitudes ya que, si existen errores en estas páginas, son enteramente míos. Sin embargo, les tengo una deuda de gratitud enorme a mis parientes por su disposición para revisar el pasado conmigo —aun las partes difíciles— y agregar textura y color a mis memorias. Ellos son: Jorge Arana Cisneros, Marie Clapp de Arana, Rosa Victoria (Vicki) Arana, George Winston Arana, María Isabel (Chaba) Arana Cisneros, Eloísa Arana Cisneros, Víctor Arana Cisneros, Robert Hugh (Huey) Loseman, Erma Jean Grise y Joyce Loseman-Wheeler.

Un autor que es guiado hacia la verdad es afortunado y fui, en realidad, afortunada de ser conducida hacia ella por los historiadores Roger Rumrill García, de Lima, Umberto Morey, de Iquitos y Juan M. Cravero Tirado, ex senador por Ayacucho, quienes me ayudaron a reconstruir la conexión entre mi bisabuelo, Pedro Pablo Arana, y el cauchero, Julio César Arana.

Leonard Downie y Robert Kaiser me concedieron tiempo

libre de mi trabajo en el *Washington Post* para escribir. La *Hoover Institution on War, Revolution and Peac*e de la Universidad de Stanford me otorgó una beca de un mes, una oficina próxima a la biblioteca y, luego, me dejaron en paz para pensar.

Cuando picotié cinco páginas vagamente articuladas en una propuesta y se las envié con excusas humildes a Amanda Urban, fue ella quien me convenció que podía haber allí un libro en ciernes. Le agradezco a Binky, no sólo por los muchos años de amistad que me ha brindado, sino también por su antena láser para la verdad, su fe firme y su enorme buen humor. Ella es el motor que hizo posible esto.

He estado en el negocio de los libros durante largo tiempo, primero en el lado de las publicaciones y, ahora, en la esquina de los críticos, pero nunca he encontrado a nadie como Susan Kamil. Para todos aquellos escépticos que dicen que los buenos editores se fueron de este mundo con Maxwell Perkins, les pediría que consideraran a la mía: la nariz más exigente y el corazón más grande; la mente más aguda de la industria. Susan distinguió los árboles en medio del bosque cuando yo luchaba por distinguir lo que era y lo que no era importante sobre un sinfín de recuerdos. Me dibujó un mapa del camino y me ayudó a seguirlo. No hubiera podido hacerlo sin ella.

Le debo también gratitud considerable a mi hija, Hilary (Lalo) Walsh, que leyó el primer borrador y me ofreció el beneficio de su cerebro ágil e ingenio malicioso. Gracias a mi hijo, el inimitable Adam Williamson Ward, quien siempre ha sido generoso, no sólo con su amor sino con su inteligencia amplia. Gracias también al padre de mis hijos, Wendell (Nick) B. Ward, Jr. por su apoyo y estímulo.

Hay otros que me ayudaron. Christopher Warnasch, editor de Random House, al decidir de publicar este libro en español. Margarita Luna, traductora ejemplar, amiga generosa, quien sintió la historia en los huesos y la apuntó con corazón. Maritza Ascencios, cuya edición cuidadosa, línea por línea es excepcional y muy valorada. Todos los editores y diseñadores de Random House Español que me ayudaron con esta versión.

Pero, después de todo lo dicho y hecho, este libro simplemente no hubiera existido si no fuera por mi esposo Jonathan Yardley. Él fue el primero en decirme que había una historia para contar, me dio palabras de aliento finas conforme terminaba cada capítulo y, luego, leyó cada versión con paciencia, galantería y amor. Él está tan profundamente dibujado en mi vida y trabajo como las memorias en estas páginas. Le debo más de lo que me es posible decir.

ACERCA DE LA AUTORA

Marie Arana es la editora del *Washington Post Book World*. Ha sido miembro de los directorios de la *National Association of Hispanic Journalists* y el *National Book Critics Circle*. Ha trabajado como editora de libros en Harcourt Brace Jovanovich y ha sido vicepresidenta en Simon & Schuster. Ingresó al *Washington Post* en 1992. Fuera de su trabajo editorial ha colaborado con artículos especiales para *The Post*. Vive en Capitol Hill, en Washington D.C., con su hijo, Adam Ward, y su esposo, Jonathan Yardley.